河南省高等学校哲学社会科学应用研究重大项目（2019-YYZD-13）
河南省高校科技创新人才支持计划（人文社科类）（2021-CX-051）
河南省软科学项目（192400410102）

战略性新兴产业创新发展研究

联盟创新网络派系的视角

STRATEGIC EMERGING INDUSTRIES INNOVATION AND DEVELOPMENT RESEARCH

郑向杰◎著

中国经济出版社
CHINA ECONOMIC PUBLISHING HOUSE
·北京·

图书在版编目（CIP）数据

战略性新兴产业创新发展研究：联盟创新网络派系的视角／郑向杰著．--北京：中国经济出版社，2020.12

ISBN 978-7-5136-5713-6

Ⅰ．①战… Ⅱ．①郑… Ⅲ．①新兴产业-产业发展-研究-中国 Ⅳ．①F279.244.4

中国版本图书馆 CIP 数据核字（2020）第 255194 号

责任编辑 张梦初
责任印制 巢新强
封面设计 任燕飞

出版发行 中国经济出版社
印 刷 者 北京九州迅驰传媒文化有限公司
经 销 者 各地新华书店
开　　本 710mm×1000mm 1/16
印　　张 15
字　　数 202 千字
版　　次 2020 年 12 月第 1 版
印　　次 2020 年 12 月第 1 次
定　　价 68.00 元
广告经营许可证 京西工商广字第 8179 号

中国经济出版社 **网址** www.economyph.com **社址** 北京市东城区安定门外大街 58 号 **邮编** 100011

本版图书如存在印装质量问题，请与本社销售中心联系调换（联系电话：010-57512564）

序 1

应郑向杰博士之约为其新著《战略性新兴产业创新发展研究：联盟创新网络派系的视角》作序，主要出于两点考虑，一是认同出版这本书的价值，希望更多业界学界政界人士认知战略性新兴产业创新发展的重要性，并致力于促进我国经济社会创新发展的伟大事业；二是支持郑向杰博士这样潜心向学的青年才俊从事产业创新发展研究，为我国经济社会发展献谋献策。

事实上，从约瑟夫·熊彼特提出创新概念到如今已有百年历史，但是很多创新问题还没有妥善解决，尤其当今世界正经历百年未有之大变局，战略性新兴产业创新发展面临诸多新问题新挑战。创新资源的稀缺性要求组织积极寻求提升创新效率的理论和方法，以应对未来更加激烈的竞争和不确定性环境。

当前，中国特色社会主义进入新时代，贯彻新发展理念，建设现代化经济体系已成为重要的战略任务。党中央、国务院高瞻远瞩、审时度势，提出实施创新驱动发展战略，并以发展战略性新兴产业为着力点，解决长期困扰我国经济社会发展的“卡脖子”技术问题，培育经济发展新动能，探索我国经济社会可持续发展的创新之路。

“十三五”期间，我国战略性新兴产业对推动新旧动能转换、构建现代化经济体系正发挥着越来越大的作用。新业态、新模式不断涌现，创新能力稳定提升，合作研发、产品和商业模式不断“引进来”和“走出去”。与此同时，战略性新兴产业对推动地区经济结构优化转型，提高全要素生产率，实现经济高质量发展正发挥着实质性的影响。

然而，我国战略性新兴产业的发展并非一帆风顺，伴随着产业发展，各种挑战不断出现，如美国单方面对我国加征关税，而宣布征税 25%的中国产品基本上都是战略性新兴产业的高科技产品。同时，美国为争夺技术主导权，打压我国高科技企业，阻碍我国企业对美国企业并购投资获得关键技术、新兴技术和基础设施等。此外，还有很多阻碍我国战略性新兴产业发展的问题亟待解决，如一些领域存在关键标准受制于人、关键技术受制于人、关键设备受制于人、产业链关键环节受制于人等问题，一些创新产业发展面临严重的结构性融资困境，创新人才供给缺口凸显，国际环境波动使我国战略性新兴产业面临严峻的挑战，等等。

显然，目前较多学者已着力于上述问题的研究，而郑向杰博士这本新著从联盟创新网络派系视角探索战略性新兴产业的创新发展问题颇有新意，在政府、产业和企业层面也具有较多政策启示。针对当前的中美贸易战、科技战，我国产业发展过程中的“卡脖子”技术需要联盟创新网络，如目前华为芯片研发制造、鸿蒙操作系统，都不是华为一家企业能独自解决的，必须进行联盟创新。

目前正值“十四五”规划布局之年，我国战略性新兴产业需要以筑牢产业安全体系、破解产业发展“卡脖子”问题为核心任务，集中优势资源实施重大攻关，坚持提升产业创新能力、坚持开放发展，构建新兴产业创新发展体系。这本新著给我们提供了新的视角和思路。

郑向杰在攻读博士学位期间，正值我任教于上海大学管理学院，并主持学院工作，对他的研究工作有所了解，使我印象深刻的是他由于科研成果突出获得了博士研究生国家奖学金，这在当时是对他科研能力的肯定。时至今日，他的学术研究渐入佳境，对联盟创新与知识管理精心研究、深入思考，已在该研究领域崭露头角，该著作的完成就是一个有力的证明，希望他百尺竿头更进一步，作为一个学者为我国经济社会发展多多贡献自己的智慧。

上海交通大学双聘教授

上海理工大学管理学院院长

赵来军

2020 年 8 月 20 日

序 2

战略性新兴产业对我国经济发展具有重要作用，而影响其发展的关键要素是创新。目前，在这个领域中有待解决的创新问题还很多，尤其是影响创新的因素，一直是学术界关注的热点问题。

作为合作创新的典型模式，战略联盟的大量组建能够形成创新网络，而这又能够在一定程度上影响知识共享与转移效率，进而影响企业创新与产业发展。

近年来，战略性新兴产业联盟大量涌现。企业间广泛的结盟活动，又进一步促进了联盟创新网络及派系的形成与发展。那么，联盟创新网络及派系的形成与发展具有什么特点？什么样的联盟创新网络有利于企业创新？企业选择何种类型的派系团体更有利于自身的发展？本书对这些问题进行了研究，并且通过对这些问题的分析，为企业创新和产业发展提供了有针对性的政策建议。

中国正处在产业升级、技术创新的关键时期。在宏观上，国家出台了大量创新政策，产业的头部企业，如华为、海尔、中铁等，也率先投身于合作、联盟的大潮。然而在微观上，大量的企业尤其是一些传统行业的民营企业，还没有充分意识到形势的紧迫性，对于合作、联盟、创新仍然顾虑重重。这里面既有知识产权保护、核心能力保护的制度性问题，也有心态是否开放、观念是否转变的认知性问题。

事实上，世界是开放的。我们不可能把自己置于真空之中。完完全全的封闭、隔绝是创新的天敌。近两年大洋彼岸所发生的事情，所谓断供、禁令、黑名单之类，会被历史证明是自废武功，是逆潮流的，是违背科学规律的，是会被踢进历史的垃圾堆的，终将沦为后人的笑柄。更何况，目前以华为、北航为代表的中国机构被列入禁令，这更凸显了我们打造属于自己的完整的科技产业生态系统的重要性和紧迫性。时代对中国的产业联盟创新网络的构建提出了前所未有的要求。我们应当抓住这个难得的历史机遇，充分发挥中华文化的包容性优势，借助合作、联盟这个支点，像撬动地球的阿基米德那样，大力推动企业的创新和产业的升级。在这个意义上，我们从事创新网络、联盟网络研究的学者，承担着宣讲、传道、答疑、解惑的使命。

郑向杰是我的第一位博士生，他对学术研究充满热情，乐于并善于提出有价值、有创新性的问题，并且在博士学业阶段就已经卓有成效，在国内崭露头角。在工作之后，他还能继续保持这份激情，笔耕不辍，实属难能可贵。学术研究的道路并不是一帆风顺的，有曲折也有艰辛，然而在这个过程中获得的快乐和愉悦也是世间其他许多事物难以比拟的。希望他能够持之以恒，继续努力，在新的方向、新的工具、新的理念方面进行更多的探索。有的时候，成果的多少并不是最重要的，过程本身才让人幸福。更何况，星星之火，可以燎原。

上海大学管理学院教授

创新与知识管理研究中心主任

赵炎

2020 年 8 月 11 日

前　言

2018 年 3 月以来，中美之间的贸易摩擦不断升级，美国妄图遏制中国新兴产业的发展，一方面对我国加征关税，宣布征税 25%的中国产品基本上都是我国七大战略性新兴产业的高科技产品；另一方面争夺技术主导权，打压我国高科技企业，阻碍我国企业对美国企业并购投资获得关键技术、新兴技术和基础设施等。在此背景下，我国战略性新兴产业可能将长期面临中美贸易战的挑战，如何应对就成为当前我国经济发展过程中亟须考虑的问题。

2020 年正值“十四五”规划布局之年，“十四五”是我国战略性新兴产业迈向中高端、经济高质量发展的关键时期，机遇与挑战并存。要实现我国经济水平、科技实力大幅跃升，跻身创新型国家前列的战略目标，我国战略性新兴产业需要以筑牢产业安全体系、破解产业发展“卡脖子”问题为核心任务，集中优势资源实施重大攻关，坚持提升产业创新能力、坚持开放发展，构建新兴产业创新发展体系。

未来经济社会发展的主旋律仍然是创新。创新是经济发展和社会进步的助推器已是不争的事实，其能够增强企业竞争能力、提高企业业绩也得到了一致认可。习近平总书记在党的十九大报告中曾提出：“创新是引领发展的第一动力，是建设现代化经济体系的战略支撑。只有创新，才能占得先机、取得优势、赢得未来。只有创新才能把核心技术牢牢掌握在自己手中，解决‘卡脖子’的问题。”那么，如何才能更好地促进创新呢？

随着创新范式由封闭式向开放式演变，企业间的合作创新已逐渐成为企业提高创新效率、降低创新风险的重要方式。战略联盟作为一个重要的合作创新模式，对企业有效开展创新活动、攫取外部创新资源产生了积极的影响。广泛的结盟活动使得企业间的联结越来越紧密，边界也变得越来越模糊，单个企业的创新行为逐渐转为群体创新行为。

为应对激烈的国际化市场竞争与复杂多变的技术变革风险，越来越多的高新技术企业也开始重视从外部获取创新资源。嵌入联盟创新网络并形成派系是企业有效获取外部创新资源的一种重要方式，并逐渐成为企业提高创新能力、赢取竞争优势的制胜武器。

本书以对我国经济发展起重大引领和带动作用的战略性新兴产业为研究对象，以企业间联盟创新网络及派系问题研究为切入点，探索如何更好地促进战略性新兴产业创新驱动发展问题。核心内容主要包括以下几个方面：首先，对联盟创新网络中的企业嵌入及派系问题进行研究述评，并基于战略性新兴产业发展现状，寻求相关研究的突破口；其次，探讨联盟创新网络派系内外企业间知识共享问题，寻找影响联盟企业间知识交流与转移的影响因素；再次，实证研究战略性新兴产业联盟创新网络中上市企业的嵌入与创新问题，在产业层面以生物产业为例探索联盟创新网络结构对嵌入企业创新能力的影响，并进行国内外相关研究的比较；又次，分别基于中国高端装备制造产业和节能环保产业实证研究联盟创新网络派系嵌入对企业创新能力的影响；最后，以新材料产业中的半导体为例对联盟创新网络的动态演化及影响因素进行初探。

基于上述研究工作，主要观点和结论如下：

第一，联盟创新网络中派系内外企业间知识共享模型构建与分析。派系是企业间合作创新而形成的局部网络集聚现象，企业知识共享的创新活动由于节点间较为紧密的联系产生不同于网络整体的运行机制。对创新起重要作用的知识获取是联盟企业进行合作的主要目的，选择派系嵌入联盟创新网络获取异质性知识是企业提升创新水平的一个主要方式。联盟创新网络中企业间通过直接联盟关系获得的知识、派系内外企业溢出的知识及其协同效应都会影响联盟创新网络派系内企业的创新绩效。派系内企业间知识无协同效应时，企业嵌入派系存在“搭便车”行为；当存在协同效应时，企业有较强的嵌入意愿以便能够获得更多的创新知识来提升自身的创新潜力；但随着企业嵌入派系的成本增加，企业选择派系嵌入联盟创新网络的积极性逐渐降低。

第二，联盟创新网络结构对企业创新能力的影响。企业嵌入较优的网络位置（中介中心）能够在联盟后短期内显著提升其创新能力；网络的稠密连接与企业创新能力的线性关系不显著，而是呈现显著的倒“U”形关系，即企业嵌入适度稠密连接的网络中才能够提升其创新能力。通过对生物产业的分析还发现，较强的网络联通性（平均到达率）会弱化企业的创新能力，企业占据结构洞位置并不能显著提高其创新能力。将研究结论与国内外同类研究比较可知，在不同国家、市场经济体制下联盟创新网络结构对企业创新能力的影响存在差异；不同的行业类别、企业规模、文化背景下，联盟网络结构对嵌入企业创新产出水平的影响也不尽相同。因此，企业为提升创新潜力，选择嵌入联盟创新网络时，应综合考虑各种因素，不但要确保自身尽量嵌入较优的网络位置，而且要考虑全局网络的各种关系，争取使自己嵌入适度关联的联盟创新网络中。

第三，派系结构与企业创新——对中国高端装备制造产业的实证分析。整体网络中拥有较多派系能够有效提升嵌入企业的创新绩效，但这种影响具有明显的滞后性，在企业嵌入网络的第 2 年才能显现出来；企业是否上市对派系数影响创新绩效具有显著的负向调节效应，即对于上市企业而言，较多的企业间抱团并不能显著促进企业创新，而对于非上市企业而言，较多的企业间抱团则有利于企业创新；企业核心度对其创新的影响则呈现倒“U”形，即只有当企业嵌入适度的 k-核子图中，企业才能有最好的创新产出，同时核心度对知识积累影响企业创新能力也呈现倒“U”形的调节效应。因此，企业在嵌入联盟创新网络时不但要争取嵌入拥有较多派系的网络中，而且还应充分考虑自身所嵌入派系的核心度情况，选择嵌入一个拥有适度规模关系的派系中。企业是否上市对派系数影响企业创新具有负向调节效应，这表明拥有较多资本的上市企业，更多的创新主要依赖于自身金融资本的投入，而非从派系团体的合作中攫取创新资源。但是对于非上市企业来说，由于自身资本的限制，其创新资源主要基于企业间合作进行知识共享而获得。此外，战略联盟作为企业间知识共享与交流的重要途径，相关政府部门要鼓励企业间建立互惠的联盟关系，形成紧密合作的派系团体，增加企业获取创新资源的机会，有效提升企业的创新潜力。

第四，案例分析：节能环保产业联盟创新网络结构与企业创新。节能环保产业联盟创新网络结构对企业创新有着重要的激发和制约作用。研究结论表明，企业创新积累、集聚系数、中介中心性能够促进企业的创新能力，而平均网络距离（路径长度）、整体网络密度、派系数则会影响甚至阻碍企业的创新。因此，企业应积极增加自身的创新积累，嵌入具有适度的联盟创新网络稠密连接（网络密度）中，充分强化派系团体企业间的知识流动与转移效果，避免企业间联盟派系流于形式，甚至阻碍企业创新资源的获取而影响企业创新。为提高联盟创新网络中三元闭合结构数量，更多地形成合作小团体，企业要寻找较优的网络位置，提高自身的中介中心性，更多地扮演信息沟通、资源交换的中间人和桥梁的角色。同时，应尽可能将间接联盟关系转化为直接的联盟关系，以降低平均网络距离，整个行业的联盟创新网络应建立更多的网状连接，而非星形连接或链式连接。

第五，以新材料产业的半导体为例初探联盟创新网络动态演化及其影响因素。主要探索企业间联盟创新网络的演化机制，构建了联盟创新网络动态演化影响因素框架，从宏观层面探讨技术变迁、市场需求驱动、产业分工以及企业自身特征对联盟创新网络演化的影响。中国半导体联盟网络演化受技术变革与市场需求驱动的影响，而且技术与需求之间会互相推动升级；外国半导体巨头在中国半导体战略联盟网络的形成过程中起着重要作用，除四通集团外，它们在各个时期基本都占据着中心位置，吸引中国企业与其进行联盟合作。伴随着一些技术或者需求的过时，一些企业从网络中退出，而新技术或新需求的出现也促使另外一些具有特殊竞争资源（技术或者资金）、能抓住利基市场的企业进入网络中，各类参与者不断进出联盟网络，联盟网络会随之演化。随着信息技术的发展，消费者个性化需求不断丰富多样，企业间的竞争日益激烈，半导体企业及其管理模式开始向“横向一体化”发展，更加促进了全球范围内的半导体企业间合作，进而形成战略联盟。作为半导体消费大国的中国，也正吸引着各类产业参与者加入中国半导体战略联盟网络中来。另外，很多联盟是各个细分产业的企业间联盟，“大而全”的产业模式开始向“精而细”转变。

本书的创新工作主要体现在以下三个方面：

第一，研究视角方面。产品与技术创新的复杂性增强使得更多的企业意识到自身的资源已不能满足国际竞争的需要，企业间纷纷选择合作，拉帮结派，创新已由个体企业行为逐渐转化为企业间合作创新的群体行为。作为创新网络中特殊的结构组件和功能单元，派系内的技术选择、知识流动、风险分担以及相关的协同效应都会影响派系内企业的竞争力和利益，甚至对派系外企业的认知、行为、绩效等产生重要影响。本书选择中国战略性新兴产业联盟数据，以联盟创新网络中企业个体的派系嵌入与动态抉择规则为研究对象，深入分析联盟创新网络结构尤其是派系结构、派系内与派系间的知识流动与创新机制，反映当前国内外研究的最新动向。

第二，研究方法方面。运用图论工具构建企业间联盟创新网络，展示并分析企业间关系集聚情况的派系形成过程与演化规律，根据国际研究前沿，借助社会网络分析方法、复杂网络相关理论来寻找战略性新兴产业联盟创新网络中的结构指标，并研究这些指标对企业创新的影响。

第三，研究内容方面。笔者长期关注并研究联盟创新网络，发现网络中出现了较多的凝聚子群，即存在企业“抱团”的现象，把这种企业间紧密的“合作小团体”称为“派系”。本书在创建并完善中国战略性新兴产业联盟数据库的基础上，通过邻接矩阵自动生成算法完成联盟创新网络的构建，计算联盟创新网络结构尤其是派系结构的各个指标，并借助负二项回归、非线性回归等模型对派系结构对嵌入企业创新能力的影响进行统计分析。

目　录

第一章　绪　论

一、研究背景

战略性新兴产业代表新一轮科技革命和产业变革的方向，是支撑全球经济复苏增长的核心力量和取得未来竞争新优势的关键领域，其发展机制已逐渐受到各个国家和全球学者的重视。当前，以互联网技术为核心，大数据、物联网、人工智能等为代表的新一轮信息技术不断突破，深刻影响着人类的生产生活及思维方式的变革，新产业、新动能、新技术的不断出现与更新将成为影响经济增长的关键因素。回顾世界发展史，历次科技革命都伴随着新一轮的产业革命，主要发达国家纷纷从国家战略层面加快推进新兴产业的发展，美国实施再工业化战略，欧盟推出地平线 2020 计划，日本制定新增长战略，俄罗斯、巴西、印度等主要新兴经济体，着眼于本国优势产业，希望从国家战略层面布局符合自身特色的产业发展道路。

在国际环境多变、国内经济发展步入新常态的局面下，战略性新兴产业已成为我国抢占经济和科技发展制高点的核心产业（吕政，2012）①。经过十多年的快速发展，战略性新兴产业逐渐成为中国经济新引擎，在稳定经济增长、促进经济转型升级、引领创新发展等方面发挥了重要作用。培育壮大战略性新兴产业，是供给侧结构性改革的重要内容，也是“十三

---

① 吕政．《中国战略性新兴产业发展研究》评介［J］．经济学动态，2012（4）：160.

五”“十四五”规划纲要确定的重点任务（人民网，2018）①。

近年来，战略性新兴产业的快速发展问题已引起我国领导人的高度重视。早在 2016 年 5 月召开的全国科技创新大会上，习近平总书记就曾提出：“要深入研究和解决经济和产业发展亟需的科技问题，围绕促进转方式调结构、建设现代化产业体系、培育战略性新兴产业、发展现代服务业等方面需求，推动科技成果转移转化，推动产业和产品向价值链中高端跃升。”② 李克强总理在 2016 年政府工作报告中也明确提出：“要加快推进产业结构优化升级，实施一批技术水平高、带动能力强的重大工程，到 2020 年，战略性新兴产业占比要大幅提升，迈进创新型国家和人才强国战略行列。”③

然而，各个国家竞相发展战略性新兴产业，全球化竞争的加剧使得越来越多的企业深刻认识到依靠自身资源已不能满足国际化竞争的需要，企业间纷纷成立联盟，通过资源共享达到互利共赢已成为战略性新兴产业中企业创新发展的新目标。近年来，战略性新兴产业中企业间联盟如雨后春笋般涌现，如高端装备制造产业的中国一重、泰尔重工与马钢集团，格力电器与威马汽车；生物产业的海正药业与辉瑞制药，安进与贝达药业；新材料产业的净源科技与中化高纤，中航锂电与沧州明珠；新能源产业的海润光伏与中瀚新能源，力信、智航与鸿图隔膜；新能源汽车产业的北汽与东安动力，菲亚特与上汽，广汽与比亚迪；新一代信息产业的华为与北控集团，华为与上汽，腾讯与紫云股份，中兴与东软等。企业间成立战略联盟开展多种类型的技术合作与知识交流，为企业提升创新能力、提高市场竞争力赢得了多元化的土壤和平台。

在企业间形成并维持联盟（契约式、股权式）时，它们也在编织着直

① 人民网．战略性新兴产业　支撑高质量发展［EB/OL］．http：// www.industry.people.com.cn/n1/2018/1128 /c413883 -30429303.html，2018-11-28.

② 习近平同志在 2016 年全国科技创新大会上的讲话。

③ 2016 年政府工作报告。

接或间接的关系网络，以联盟合作为基础、以创新为目的而形成的组织网络被称为联盟创新网络。这种网络已成为企业提高技术创新水平、增强核心竞争优势的有效途径（郑准等，2012）①，使得原来企业间以点为单元的竞争逐渐演变为企业间网络层面的竞争（郑向杰，2014）②。然而，这种创新网络不易形成高密度网络，而是形成核心—边缘结构（Rank C.，et al.，2006）③，其中，基于互惠关系的网络成员之间相互选择而形成紧密结合的合作创新群体称为“派系”（Cliques），它是联盟创新网络演化过程中所产生的局部网络集聚现象。派系团体是利益关联密切的企业集合，其中的知识流动及其创新机制与一般合作必然不同。那么企业在面对联盟机会时，多大程度上嵌入多种派系林立的联盟创新网络，选择什么样的派系才能更有利于创新资源的获取，进而有利于创新能力的提升，已成为企业开展联盟活动面临的抉择难题。

二、研究意义

企业间广泛的结盟活动，进一步促进了联盟创新网络内派系的形成与发展，并成为企业增强创新能力的重要途径，企业个体间竞争的模式已经向基于合作的派系间竞争模式转化。在当前产业结构不断升级、市场竞争日益依赖于技术和创新的情况下，应充分重视企业间联盟创新网络的派系问题，对其研究具有较高的理论价值和突出的现实意义。

（一）学术价值

“创新”一词由熊彼特在 1912 年首次提出之后，有关创新及其在经济

① 郑准，余亚军，王国顺．战略性新兴产业内企业联盟网络的演化机理——基于耗散结构论的视角［J］．财经科学，2012（6）：54-61.

② 郑向杰．基于企业嵌入视角的联盟创新网络中知识共享与创新研究［D］．上海大学，2014.

③ RANK，C.，O. RANK，et al. Integrated versus core-periphery structures in regional biotechnology networks［J］. European Management Journal，2006，24（1）：73-85.

发展中的作用研究引起了较多学者关注和相关政府部门重视，使得创新理论和实践逐步得到拓展和完善。然而，随着经济与社会的发展，许多创新理论问题还远远没有妥善解决，在新时期下影响经济发展和企业创新的因素还需进一步探索和完善。

20 世纪 80 年代以来，介于市场交易与企业内部化经营进行资源配置的战略联盟受到了较多学者的关注，基于联盟形成的网络对嵌入企业创新能力的影响是一个主要研究内容，但由于战略联盟数据的缺乏，国内学者的研究更多是从仿真模拟、理论解释阶段或案例研究等方面来探讨联盟网络对企业创新的影响机制，虽然有学者考虑用专利网络、人际关系网络或者通过问卷调查与访谈的数据来间接构建联盟创新网络，但是这并不等于企业间的正式联盟。近些年，有学者考虑构建了中国 11 个行业的中国企业战略联盟数据库①，并基于此数据库对联盟创新网络影响企业创新开展了系列研究，但较多研究忽视了中国战略性新兴产业的实际，也没有考虑网络中的派系问题。

联盟创新网络已成为企业适应经济全球化、协同化与信息化的重要创新途径（陆立军、郑小碧，2011）②，有其独特的生成机制与进化模式（张宝建等，2011）③。然而，网络中有关派系的理论与实践仍处于探索阶段。派系内企业间合作机制与知识流动中存在的问题如何解决，如何提升企业间的协同创新效应水平，已成为创新理论研究的一个重要方向。

所以，笔者基于中国企业战略联盟数据库创建并完善了中国战略性新兴产业联盟数据库及专利数据库④，根植中国战略性新兴产业的实际，在深入分析此类产业及其创新发展的基础上，构建了战略性新兴产业联盟创

---

① 此数据库由上海大学创新与知识研究中心构建。

② 陆立军，郑小碧．企业网络化创新的创新网络——社会资本研究框架［J］．科研管理，2011，32（8）：34-41.

③ 张宝建，胡海青，张道宏．企业创新网络的生成与进化——基于社会网络理论的视角［J］．中国工业经济，2011（4）：117-126.

④ 有关此数据库的情况详见附录Ⅰ。

新网络，并对网络中的派系问题进行研究，其学术价值体现在以下三点：

第一，探讨派系内外企业间知识共享，基于中国战略性新兴产业联盟数据库及专利数据库，分析联盟创新网络结构尤其是派系结构对企业创新的影响，为了解和分析中国情景下的创新研究提供了崭新的视角，扩展了创新理论研究范畴。

第二，已有涉及联盟创新网络中知识共享影响因素研究忽略了协同创新效应以及为获取知识选择合作而付出的成本问题。企业间知识共享博弈模型考虑了联盟创新网络派系内外企业间进行知识共享的协同创新效应以及企业为获取知识选择派系而付出的成本问题，通过比较成本和收益的关系，探讨了联盟创新网络中知识共享的影响因素以及知识间协同创新效应对企业创新绩效的影响，有效弥补了已有联盟创新网络中企业间知识共享研究的不足，进一步充实了创新与知识管理理论。

第三，派系结构与企业创新研究。借鉴社会学领域的派系研究，管理学开始对派系有所关注，已有研究涉及人际关系网络的派系问题较多，虽然有学者开始对科研合作网络的派系、企业大规模集团派系经营多元化进行研究，但考虑对企业间联盟创新网络中派系问题的研究仍然不多，尤其是关于派系结构对创新产出影响的研究甚少，因此，本书在探索联盟创新网络对嵌入企业创新产出影响的基础上，研究派系结构与企业创新的关系，扩展性地分析了派系团体数、核心度等对派系内外企业创新的影响机理，有力地深化拓展现有联盟创新理论分析框架。

（二）应用价值

伴随着战略性新兴产业联盟的形成与演化，企业间信息交流以及物质与能量的转换方式也发生着重要变革，以派系团体为代表的“新型组织”的出现，更加颠覆了企业以往的创新范式。在创新过程中，企业作为“处理信息的机器”，其功能发挥呈现多元化趋势。然而，企业对于战略性新兴产业联盟创新网络中的派系选择以及有关的合作机制、知识流动等问题还没有充分的认识，联盟创新中存在的问题也缺少相应的解决措施。派系选择不当、“站错队”，从而在技术轨道或产业选择上误入歧途，往往给企业带来无法弥补的损失，影响了企业的可持续发展。因此，本书针对联盟创新网络中的派系问题进行研究，揭示出企业嵌入联盟创新网络应当如何选择派系，以及派系内的知识流动与创新机制，并基于此提出了促进企业创新和推动经济发展的对策与建议。

第一，派系内外企业间知识共享机制研究，为联盟企业如何降低知识共享成本，提高知识获取水平，增强协同利用能力，提高企业创新绩效提供对策建议；为决策层如何构建良好创新环境，形成有效共享机制提供决策参考。

第二，着重分析联盟创新网络结构尤其是派系结构如何影响企业创新，这为处在联盟创新网络中的企业选择派系并对各种关系做出决策提供重要的参考。并且，能帮助政府部门对联盟创新网络进行更加合理的规划和协调，在宏观层面更好地促进其创新、演化和发展，这对管理部门也具有重要的实践价值。

三、相关概念界定

（一）战略性新兴产业

战略性新兴产业是在新兴技术驱动下发展起来的科技含量高、资源耗费少、发展潜力大、整体效益好的新兴产业，是体现国家战略发展，能够显著提升科技水平，并带动系列相关产业发展的先导性、支柱性产业。本书主要涉及高端装备制造、节能环保、生物、新材料、新能源、新能源汽车以及新一代信息技术等七大产业①，这些产业的详细介绍请见第四章。

（二）战略联盟

战略联盟是经济社会发展的时代产物。随着经济全球化的推进，20 世纪 80 年代以来，作为企业的一种新的、有效的资源获取途径，战略联盟在全球范围内得到了蓬勃发展。在新经济时代下，战略联盟作为企业的一种有效竞争策略，是企业赢取竞争优势，获得持续发展动力的重要选择。另外，战略联盟作为新的资源配置形式，在某种程度上也是企业的一种组织安排，形成了联合研发、合资经营、技术许可等不同形式的契约式或股权式联盟关系。表 1-1 详细比较了股权式联盟和契约式联盟。

表 1-1 股权式联盟与契约式联盟的比较

比较内容	股权式联盟	契约式联盟
维系联盟纽带	以股权为纽带，部分拥有对方股份，彼此信任感较强、合作较持久	以契约为纽带，企业对联盟的控制力差，联盟成员的沟通不充分，合作缺乏稳定性
成立初始条件	组成具有法人地位的经济实体，对资源配置、出资比例、管理结构和利益分配有严格规定	无经济实体与固定的组织机构，结构比较松散
联盟成员的地位	按入股比例有主次之分，对各方的资金、市场、技术以及人员情况有明确规定，股权大小决定发言权的大小	各方都处于平等和相互依赖的地位，并且保持经营上的相互独立性
利益分配方式	按入股比例分成，各方的利益体现在最后的分配上	根据契约的规定分配所得

① 2010 年 9 月在《国务院关于加快培育和发展战略性新兴产业的决定》中把节能环保、信息、生物、高端装备制造、新能源、新材料、新能源汽车等作为现阶段重点发展的战略性新兴产业。虽然我国在 2010 年才开始规划和布局战略性新兴产业，但是在此之前，这些产业一直存在，并在推动我国经济社会发展中扮演着重要角色，因此，为了使研究具有系统性，本书所用的战略性新兴产业联盟数据往前推至 2000 年。

续表

比较内容	股权式联盟	契约式联盟
联盟解散阻力	初始投入较大、转置成本较高、灵活性较差、风险较大、政府的政策限制较严格、解散的阻力较大	经营灵活、更加自主，联盟解散的阻力较小

资料来源：郑向杰．基于企业嵌入视角的联盟创新网络中知识共享与创新研究［D］．上海大学，2014.

（三）联盟创新网络

战略联盟是企业从事创新活动的重要关系连接，它强调基于战略联盟概念上的企业间关系，是企业间合作并形成关系网络的重要形式。联盟关系网络能够拓宽企业攫取创新资源的渠道，便利企业获取创新资源的同时，可以节约创新成本、降低创新风险。因此，这种以联盟形式为载体的关系网络对创新有重要影响。在企业创新活动中所赖以发生的关系网络被称为创新网络，而在创新过程中围绕企业形成的各种联盟合作关系的总体结构就称为联盟创新网络（郑向杰，2014）①。

（四）派系

联盟创新网络中结构洞以及过高的中心性会增加企业的机会主义行为，网络的适当聚集可以保证结盟的有效性、降低结构洞的限制与中介企业的垄断。同时，网络的小世界性能够提高企业间的知识共享效率、促进知识扩散，自组织性使得联盟创新网络出现较多的凝聚子群，网络中存在企业"抱团"现象。通常，企业拥有适当数量规模的合作关系使得联盟创新会更有效率、关系也更稳定。通过一系列的战略性新兴产业联盟创新网络图可以发现创新网络具有"三元闭合趋势"的变化规律（赵炎等，

① 郑向杰．基于企业嵌入视角的联盟创新网络中知识共享与创新研究［D］．上海大学，2014.

2016)[①]，如图 1-1 所示，企业间逐渐形成“派系”。

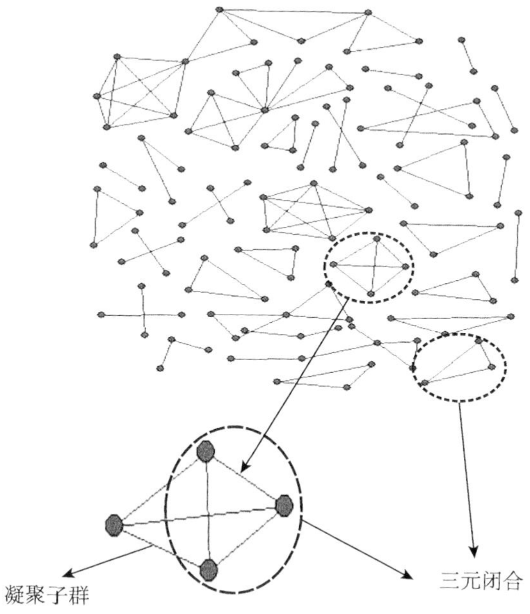

图 1-1 联盟创新网络中“抱团”形成派系的网络图

本书研究对象“派系”是根据网络凝聚子群概念及社会网络研究中的“圈子”定义提出的企业间紧密的“合作小团体”。凝聚子群是网络中节点局部集聚现象，圈子则是指具有相同兴趣或是为某个特定目的需要聚在一起的人际关系总体，而本书中的“派系”既可以跨越多个已有的企业联盟而形成，也可能只是一个企业联盟。主要研究内容涉及这种派系内外企业间知识共享机制，在分析派系所在联盟创新网络结构对企业创新影响的基础上探索派系规模、核心度等派系结构对企业创新的影响。

① 赵炎，孟庆时，郑向杰．对中国汽车企业联盟网络抱团现象的探析［J］．科研管理，2016，37（4）：547-557.

四、主要研究内容

本书由十章构成，下面简要介绍每一章的主要内容：

第一章是绪论。首先，介绍了本书的研究背景。战略性新兴产业已受到许多国家尤其是发达国家的重视，纷纷规划和制定各种措施以支持此类产业的发展。从 2010 年起，我国也开始布局并相继实施促进此类产业发展的各项政策，也取得了较好的成绩，但是此类产业发展面临的国际竞争依然严峻。全球化竞争的加剧使得越来越多的企业深刻认识到依靠自身资源已不能满足国际化竞争的需要，企业间纷纷成立战略联盟，“拉帮结派”，通过资源共享实现互利共赢已成为此类产业中企业创新发展的新目标。其次，对本书的学术价值和应用价值进行了说明。理论方面，构建派系内外知识共享模型寻找知识流动的影响因素，理论假设并实证研究联盟创新网络结构尤其是派系结构对企业创新影响，有力地深化拓展现有联盟创新理论研究框架，完善了创新与知识管理理论。应用价值方面，本书对企业如何选择派系嵌入联盟创新网络以及进行有效关系管理与创新提出了对策建议，对决策层如何进行合理的规划和协调更加有利于战略性新兴产业联盟创新网络的发展也有一定的政策启示。而后，对本书涉及的相关概念实施界定与说明，并简要介绍了各部分主要研究的内容。最后，说明了本书所使用的研究方法以及创新之处。

第二章是理论基础。介绍了本书的理论基础即交易成本理论、资源基础理论、知识创造与组织学习理论、博弈理论、社会网络理论、创新理论，说明了相关研究的基础理论及其重要思想与联盟创新网络之间的关系特征。

第三章是联盟创新网络中的企业嵌入及派系问题研究述评。联盟创新网络逐渐成为学者们关注组织网络和管理复杂性研究的重要内容。结合相关研究背景，首先对战略联盟的产生与发展进行简要介绍，并总结了该研究领域的重要理论及其主要思想以及对战略联盟（网络）形成与发展机制的解释。其次阐释了联盟创新网络的内涵，并从网络节点属性、网络连边属性以及网络结构属性等三个方面说明联盟创新网络的属性特点。再次对联盟创新网络中的企业嵌入研究进行梳理与述评，并提出对联盟创新网络结构的深入挖掘（例如“抱团”现象等），这些结构如何影响企业间知识流动以及嵌入企业的创新能力需要更加深入的探索研究。最后对网络中的派系问题进行研究述评，从派系内涵及其影响研究、派系结构与创新绩效关系、联盟创新网络中知识流动问题等三个方面进行相关研究的学术史梳理与评述，并提出派系研究是企业间合作创新网络研究的一个重要方向，派系团体是利益关联密切的企业集合，其中的知识流动及其创新机制必然与一般派系有所差异，联盟创新网络的派系问题需要得到更充分的重视。

第四章是我国战略性新兴产业及其发展分析。自 2009 年我国提出规划和重点培育“战略性新兴产业”以来，相继出台多项措施来促进此类产业的发展。一些重点工程和项目建设逐步落实，相关体制机制改革深入推进，创新投入和创新能力也得到了持续提升。本章首先对战略性新兴产业的提出和政策思路的形成进行背景分析，从而界定其内涵及重要特征。我们认为战略性新兴产业是在新兴技术驱动下发展起来的科技含量高、资源耗费少、发展潜力大、整体效益好的新兴产业，是体现国家战略发展，能够显著提升科技水平，并带动系列相关产业发展的先导性、支柱性产业，并基于其内涵，总结了该类产业具有四个典型特征：战略性、导向性、创新性以及可持续发展性。其次基于国家确定并提出进行规划和培育的七大产业类型，利用典型数据（产业规模、发展速度等）分析了各类产业发展现状，并基于典型案例分析提出了此类产业发展过程中存在的一些问题，比如自主创新能力不足，核心竞争力有待提升；产业链不太完备，集中度较低；技术成果转化有待加强，市场培育不够；政策措施不完善，保障机制需健全；等等。最后通过收集各个产业的专利数据资料，从专利数据和增长速度等方面分析此类产业的总体创新情况以及分产业的创新发展现状。

第五章是联盟创新网络派系内外企业间知识共享模型构建与分析。派系是企业间合作创新而形成的局部网络集聚现象，企业知识共享的创新活动由于节点间较为紧密的联系产生不同于网络整体的运行机制。本章首先通过对现有相关研究进行文献梳理，认为较多学者忽略了联盟创新网络派系内外企业间进行知识共享的协同创新效应以及企业为获取知识选择派系而付出的成本问题，因此，派系内外企业间知识流动与转移机制仍需进一步探索。其次基于经济学、管理学等学科相关理论设定假设条件，运用数学建模方法构建派系内外企业间的合作博弈模型来分析知识共享的影响因素。此模型考虑了联盟创新网络派系内外企业间进行知识共享的协同创新效应以及企业为获取知识选择派系而付出的成本问题，通过比较成本和收益的关系，探讨了联盟创新网络中知识共享的影响因素以及知识间协同创新效应对企业创新绩效的影响。研究发现直接联盟关系获得的知识、派系内外溢出的知识及其协同效应都会影响联盟创新网络派系内企业的创新绩效。派系内企业间知识无协同效应时，企业嵌入派系存在“搭便车”行为；当存在协同效应时，企业有较强的嵌入意愿以便能够获得更多的创新知识来提升自身的创新潜力；但随着企业嵌入派系的成本增加，企业选择派系嵌入联盟创新网络的积极性逐渐降低。

第六章是联盟创新网络结构对企业创新能力的影响研究。本章主要包括两部分内容：一是企业嵌入与创新：基于此类产业中上市企业的实证分析；二是基于产业层面以具体产业（生物产业）为例探索联盟创新网络结构对企业创新能力的影响并进行国内外研究的比较。首先通过相关文献梳理，说明此研究的重要意义和价值，并基于相关理论和逻辑分析提出企业嵌入（网络位置、整体网络密度、联通性等）对其创新能力影响的研究假设，随后以我国战略性新兴产业联盟创新网络中上市企业的嵌入以及生物产业联盟创新网络中的企业嵌入为切入点分别进行实证检验，研究结果表明：企业嵌入较优的网络位置（中介中心）能够在联盟短期内显著提升其创新能力；网络的稠密连接与企业创新能力的线性关系不显著，而是呈现显著的倒“U”形关系，即企业嵌入适度稠密连接的网络中才能够提升其创新能力。通过对生物产业的分析还发现较强的网络联通性（平均到达率）会弱化企业的创新能力，企业占据结构洞位置也并不能显著提高其创新能力。将研究结论与国内外同类研究比较可知，在不同国家、市场经济体制下联盟创新网络结构对企业创新能力的影响存在差异；不同的行业类别、企业规模、文化背景下，联盟网络结构对嵌入企业创新产出水平的影响也不尽相同。

第七章是派系结构与企业创新——对中国高端装备制造产业的实证分析。首先通过相关文献梳理，说明此研究的意义和价值，并基于相关理论和逻辑分析提出派系结构（派系数、核心度等）对其创新能力影响的研究假设，接着以中国高端装备制造产业的联盟数据（2000—2013 年）构建联盟创新网络，同时从联盟企业专利数据库①中提取相关企业专利数据（1995—2015 年）作为其创新的考量，在考虑整体网络中派系数量对嵌入企业创新影响的同时，也分析了个体网络中反映企业拉帮结派能力的核心度对其创新能力的影响，并在此基础上分析了企业是否上市以及自身创新积累的调节效应。研究结果表明：整体网络中较多的派系数能够有效提升嵌入企业的创新绩效，但这种影响具有明显的滞后性，在企业嵌入网络的第 2 年才显现出来；而企业核心度对其创新的影响则呈现倒“U”形，即只有当企业嵌入适度的 k-核子图中，企业才能有最好的创新产出。同时核心度对知识积累影响企业创新能力也呈现倒“U”形的调节效应。此外，企业是否上市对派系团体数影响企业创新具有负向调节效应，这表明拥有较多资本的上市企业，更多的创新主要依赖于自身金融资本的投入，而非从派系团体合作中攫取创新资源。但是对于非上市企业来说，由于自身资本的限制，其创新资源主要基于企业间合作进行知识共享而获

① 有关此数据库的情况详见附录Ⅰ。

得。因此，企业选择派系嵌入联盟创新网络，应考虑处理的联盟派系团体数，适当规模的企业核心度可有效提升企业创新能力。战略联盟是企业间知识共享与交流的重要途径，相关政府部门要鼓励企业间建立互惠的联盟关系，形成紧密合作的派系团体，增加企业获取创新资源的机会，有效提升企业的创新潜力。

第八章是案例分析：节能环保产业联盟创新网络结构与企业创新。环境污染、资源枯竭的威胁已成为阻碍我国经济可持续发展的主要因素，作为能够为保护环境、节约资源提供物质基础、技术保障和服务的综合性新兴产业，节能环保产业被确定为我国优先支柱产业进行培育。节能环保产业联盟创新网络结构对企业创新有着重要的影响、激发和制约作用。研究结论表明，企业的创新积累、集聚系数、中介中心性能够促进企业的创新能力，而平均网络距离（路径长度）、整体网络密度、派系数则会影响甚至阻碍企业的创新。因此，企业应积极增加自身的创新积累，嵌入具有适度的联盟创新网络稠密连接（网络密度）中，充分强化派系团体企业间的知识流动与转移效果，避免企业间联盟派系流于形式，甚至阻碍企业创新资源的获取而影响企业创新。为提高联盟创新网络中三元闭合结构数量，更多地形成合作小团体，企业要寻找较优的网络位置，提高自身的中介中心性，更多地扮演信息沟通、资源交换的中间人和桥梁的角色。同时，间接联盟关系应尽可能转化为直接的联盟关系，以降低平均网络距离，整个行业的联盟创新网络应建立更多的网状连接，而非星形连接或链式连接。

第九章是联盟创新网络动态演化及影响因素初探：以新材料产业的半导体为例。以新材料产业的半导体为例，探索企业间联盟创新网络的演化机制，构建了联盟创新网络动态演化影响因素框架，即 TMDC 模型，从宏观层面探讨技术变迁、市场需求驱动、产业分工以及企业自身特征对联盟创新网络演化的影响，中国半导体联盟创新网络演化受技术变革与市场需求驱动的影响，而且技术与需求又会互相推动升级；外国半导体巨头在中国半导体产业联盟创新网络的形成过程中起着重要作用，除四通集团外，它们在各个时期基本都占据着中心位置，吸引中国企业与其进行联盟合作。伴随着一些技术或者需求的过时，一些企业从网络中退出，而新技术或新需求的出现也促使另外一些具有特殊竞争资源（技术或者资金）、能抓住利基市场的企业进入网络中，各类参与者不断进出，联盟网络会随之演化。同时，半导体企业及其管理模式开始向“横向一体化”模式过渡，更加促进了全球范围内的半导体企业战略联盟的组建。

第十章是总结与研究展望。一方面总结了本书研究的主要结论；另一方面阐述了本书可能存在的不足之处，同时对未来该领域的相关研究进行展望。

五、课题研究方法

（一）理论演绎方法

本书基于经济学、管理学等学科相关理论设定假设条件，运用数学建模方法构建派系内外企业间的合作博弈模型来分析知识共享的影响因素。此外，其他章节中基于相关理论阐述和文献梳理提出各种研究假设，也属于理论演绎范畴，为后面的实证环节做了重要铺垫。

（二）网络分析方法

本书基于企业间联盟关系构建联盟创新网络，根据社会网络分析方法与复杂网络相关理论分析联盟创新网络的结构特征，并运用有关软件计算网络指标，为研究联盟创新网络结构尤其是派系结构对企业创新能力的影响提供了先决条件。

（三）实证分析方法

本书基于文献分析、理论演绎与逻辑推导提出相关研究假设，通过二手数据搜集（如获取联盟数据并整理、企业专利数据）、问卷调查（如搜集企业的自身特征数据）搜集多元数据，在计算联盟创新网络结构有关指标的基础上，运用负二项回归、非线性回归等模型进行统计分析来验证研究假设。

六、研究创新之处

（一）研究视角创新

产品与技术创新的复杂性增强使得更多的企业意识到自身的资源已不能满足国际竞争的需要，企业间纷纷选择合作，拉帮结派，创新已由个体企业行为逐渐转化为企业间合作创新的群体行为。作为创新网络中特殊的结构组件和功能单元，派系内的技术选择、知识流动、风险分担以及相关的协同效应都会影响派系内企业的竞争力和利益，甚至对派系外企业的认知、行为、绩效等产生重要影响。本书选择中国战略性新兴产业联盟数据，以联盟创新网络中企业个体的派系嵌入与动态抉择规则为研究对象，深入分析联盟创新网络结构尤其是派系结构、派系内与派系间的知识流动与创新机制，反映当前国内外研究的最新动向。

（二）研究方法创新

运用图论工具构建企业间联盟创新网络，展示并分析企业间关系集聚情况的派系形成过程与演化规律，根据国际研究前沿，借助社会网络分析方法、复杂网络相关理论来寻找战略性新兴产业联盟创新网络中的结构指标，并研究这些指标对企业创新的影响。

（三）研究内容创新

课题组长期关注并研究联盟创新网络，发现网络中出现了较多的凝聚子群，即存在企业“抱团”的现象，把这种企业间紧密的“合作小团体”

称为“派系”。本书在创建并完善中国战略性新兴产业联盟数据库的基础上，通过邻接矩阵自动生成算法完成联盟创新网络的构建，计算联盟创新网络结构尤其是派系结构的各个指标，并借助于负二项回归、非线性回归等模型对派系结构对嵌入企业创新能力的影响进行统计分析。

第二章 理论基础

20 世纪 80 年代以来，企业间纷纷建立联盟以共享彼此的资源来提升各自的创新与发展能力，企业与环境以及企业间的边界也变得越来越模糊，尤其是，存在竞争关系的企业间合作使得竞争对手之间的边界也变得难以区分。与传统的市场交易和内部化经营一样，战略联盟也是一种资源配置机制，且由战略联盟形成的企业间关系网络对嵌入企业创新有重要影响。在过去数十年间，理论界尝试对这一现象及其本质给出合理的解释，积累了丰富的研究成果，并形成了不同的理论流派。主要有交易成本理论（Transaction Cost Theory）、资源基础理论（Resource-Based View）、知识创造与组织学习理论（Knowledge Creation and Organizational Learning Theory）、博弈理论（Game Theory）、社会网络理论（Social Network Theory）以及创新理论（Innovation Theory），这些理论构成了本书的理论基础，为后面章节的深入研究提供了理论支撑。

一、交易成本理论

在战略联盟出现以后，很多学者尝试以交易成本理论为基础解释战略联盟的本质，并形成了基于交易成本的联盟理论。目前，这一理论在战略联盟理论中具有非常重要的地位，它让企业认识到战略联盟在什么情况下是优于内部化或市场交易以及在什么情况下是逊于内部化或市场交易的资源配置方式，对企业何时要进行联盟、何时选择内部化或市场交易等，都提供了非常有价值的理论指导（皮埃尔·杜尚哲、贝尔纳·加雷特，2006）①。

① 皮埃尔·杜尚哲，贝尔纳·加雷特．战略联盟［M］．北京：中国人民大学出版社，2006.

1937 年，罗纳德·科斯在论文《企业的性质》中指出，市场和企业是社会经济生活中两种截然不同的资源配置方式，市场交易是有成本的（Coase，1937）①，企业的本质是区别于市场交易的另一种资源配置手段，在一定条件下，二者可以相互替代。但是，科斯并没有对交易成本进行严格定义，只是认为，一方面，企业要为搜集交易对象和市场价格的信息承担一定的成本；另一方面，企业要承担为完成市场交易而进行谈判以及监督履约的费用。他还认为，虽然企业内部化经营不存在交易费用，但是却出现了企业内部的组织管理成本。企业之所以存在是因为资源在企业内部配置的组织管理成本小于市场交易的费用，反之，市场交易的资源配置方式就会出现。

威廉姆森在科斯的基础上丰富了交易成本经济学，对影响交易成本的主要因素作了较完善的补充与界定（Williamson，1979）②。他认为市场交易成本的高低是由交易过程的不确定性、资产专用性以及交易的频次三个要素共同决定的。

交易过程的不确定性。由于市场环境复杂多变，市场交易存在着较大的不确定性，这就决定了规范市场交易的合同不可能涉及所有事项和可能遇到的所有情形，这一不确定性会使市场的交易费用提高。此时，企业很可能将一些活动进行内部化经营。例如，企业将零部件进行外包，如果外包的零部件是已有产品所需要的零部件，企业能够非常清楚地提供相关零部件的设计细节与相关要求。然而，如果企业将从未生产过的新产品所需要的零部件生产外包，那么，要让企业准确提供零部件的所有设计细节是非常困难的，此时，企业与供应商之间会出现大量的协商与谈判工作，更有甚者，不断调整的设计细节会使双方的外包交易活动变得更为复杂。当然，如果将零部件生产内部化，企业将会节约大量的协调费用。

---

① COASE，R. H. The nature of the firm［J］. Economica，1937（4）：386-405.

② WILLIAMSON，O. E. Transaction cost economics：The governance of contractual relations［J］. Journal of Law and Economics，1979（22）：3-61.

资产专用性。为了更好地满足市场需求，企业常常努力提供独特的产品或者服务，并形成独具特色的专用性资产，即某些资产被用于支持某些特定的交易，如果移作他用就会降低其价值，这种资产就是专用性资产。资产专用性会产生沉没成本。当一家供应商为了满足顾客的需要而必须进行专门投资时，会因此陷入“被锁定”的情势之中。此时，市场竞争不能有效地促进交易。一方面，供应商将会发现，依靠专用性资产提供的产品或服务，只能针对特定的顾客目标群，除此之外，很难找到其他顾客；另一方面，顾客也会发现很难找到其他可以提供所需特殊产品的商家。在这种互为垄断方的格局下，机会主义必然出现，为防止机会主义行为的发生，建立合同和进行监控的成本也会上升，由此会使交易费用增加。例如，供应商有可能充分利用顾客无法转向其他供应商的现实，通过提高产品价格或者降低产品质量来谋求更高的利润。

交易的频次。交易频率与交易成本密切相关，如果市场交易活动频繁发生，那么，交易的成本会相应增加。为了降低交易费用，交易双方将会考虑如何通过内部化简化交易过程。因此，交易活动过分频繁会使交易成本问题更加严峻，从而推动交易活动走向内部化。

上述三个要素决定了市场交易成本的高低，如果市场交易成本过高，企业将会选择内部化经营而放弃依靠市场进行资源配置。只要企业内部活动的费用低于通过市场进行交易的费用，企业内部化经营代替市场交易的行为就会发生。因此，企业的边界受到限制，以保证市场交易成本与企业内部管理成本之和最小，所以，当企业内部化经营或者市场交易都不会导致资源配置的总成本增加时，企业的边界便得到确定。

交易成本理论解释了为什么企业跨越边界来组织活动。在这一理论看来，战略联盟作为一种新兴经济组织形式的资源配置手段，之所以能够存在并发展，就在于其与市场交易和内部化经营相比能够节约更多的交易成本，企业间通过联盟合作稳定交易关系，降低了交易成本，同时又可抑制“内部化”倾向，减少组织管理费用，并在特定条件下，形成具有独特优势的治理结构形式。

战略联盟的建立提高了企业对不确定性商业环境的认识能力。联盟企业之间通过信息交流能够实现较好的沟通，从而缓解信息不完全的状况，大大降低了信息成本，因此，战略联盟可以有效避免因信息不对称而导致的道德风险与逆向选择。作为介于市场与企业一体化组织之间的组织形式，战略联盟既超越了纯粹的市场交易关系，联盟企业间又没有达到实质合作的程度。企业间联盟既可避免高额的市场交易费用，又可避免完全内部化所导致的较高的组织管理成本。所以，战略联盟是为有效利用组织和市场双重优势而形成的一种组织创新，它既可以保持联盟企业的相对独立性，又可以提高资源的利用效率，同时还增强了企业的战略灵活性（贠晓哲，2006）①。企业间缔结战略联盟而形成组织结构的网络化，不但可以减少市场存在的交易费用，而且减少了企业内部化经营产生的组织管理费用。

有关市场交易、战略联盟与企业内部化经营三种资源配置方式的比较详见表 2-1。

表 2-1　市场交易、战略联盟与企业内部化经营三种资源配置方式的比较

比较内容	资源配置方式		
	市场交易	战略联盟	企业内部化经营
资源配置方式	供求关系的自我调节	谈判、协商联合调节	有计划的强制调节
调节指标	价格	合同、信任	权威
主要成本	营销，主要是外在化成本	会议、谈判、协调以及长期关系投资的沉没成本	管理成本，主要是内在化成本

① 贠晓哲．战略联盟理论与实践［M］．北京：经济科学出版社，2006.

续表

比较内容	资源配置方式		
	市场交易	战略联盟	企业内部化经营
资源配置方式的分界点的参考指标	不确定性、资产专用性、交易频率较低，即外部化成本低	不确定性、资产专用性、交易频率较高，而召集成本较低或内部化成本较高或信任程度较高	不确定性、资产专用性、交易频率较高，而内部化成本较低、信任程度也较低

由此可见，交易成本理论解释了企业间战略联盟存在的原因。战略联盟作为目前普遍存在的企业间网络组织，在一定程度上弥补了单纯的市场交易和内部化经营的不足。但是基于交易成本理论的分析是一种静态的分析，它不但忽视了交易中的社会嵌入性因素，而且也没考虑对这种嵌入关系对交易的影响进行阐释（Granovetter，1985）①。交易成本理论过于重视单方面的、成本最小化的结构分析，而没有对交易各方相互影响的过程进行分析。企业间缔结联盟而形成的网络所带来的价值不单单是交易成本的减少，更重要的是企业间基于信任的战略合作（资源共享）和互动学习来促进各方竞争能力的提升（吴晓波等，2011）②。

二、资源基础理论

“资源基础理论”是由沃纳菲尔特（Wernerfelt，1984）③ 首先提出的，他认为竞争优势的重要因素是企业拥有、管理开发、组织使用和进一步开发的资源，这一观点认为，拥有关键性资源和能力是企业建立持续竞

① GRANOVETTER. Economic action and social structure：The problem of embededness［J］. American Journal of Sociology，1985，91（3）：481-510.

② 吴晓波，许冠南，杜健．网络嵌入性：组织学习与创新［M］．北京：科学出版社，2011.

③ WERNERFELT B. A resource-based view of the firm［J］. Strategic Management Journal，1984（5）：171-180.

争优势的基础，是企业主要的收益决定因素。当然，竞争优势的可维持性关键在于企业的创新能力，并强调获取技能、学习以及企业创新能力的积累。企业的资源包括财务或物质资源这样的有形资源，也包括技术、声誉、文化资源以及人力资源（如特殊技术与知识）这样的无形资源。

资源基础理论的基本前提是，一个健全的企业战略应以企业资源、竞争力与能力为基础，并形成超过竞争对手的竞争优势。通过发展以及资源与能力的开发建立竞争优势，已经成为企业战略模式的重要目标。

资源基础理论认为，企业所投入的资源主要分为内部资源与外部资源，战略联盟是企业获取外部资源的一种有效途径，是将企业间资源一体化的结果。对于每项能够导致竞争优势的企业战略来说，没有哪个企业总是拥有所有必需的资源、能力和竞争力。因此，愿意享有独特的、不可模仿的资源的企业总是寻求与拥有这种资源的其他企业建立合作伙伴关系。资源合并与重组被认为是导致战略联盟的重要因素之一。

随着经济全球化的发展以及科学技术的进步和扩散，企业外部资源的获取对企业赢取竞争优势的重要影响受到格外关注（Gulati，1998；Gulati，et al.，1999；Anand，et al.，2000；Ahuja，2000；Lavie，2007）①②③④⑤。交易成本理论强调成本的最小化，而资源基础理论则强调企业通过整合和利用有价值的资源来实现企业价值创造的最大化。当资源的市场交易是可能的和有效率时，企业可能独自行事并依赖市场，但是有些资源是难以通过市场交易的，因为它们要么与其他资源混合在一起，要

---

① GULATI，R. Alliances and networks ［J］. Strategic Management Journal，1998（19）：293- 317.

② GULATI，R.，M. GARGIULO. Where do interorganizational networks come from?［J］. American Journal of Sociology，1999，104（5）：1439-1493.

③ ANAND，B. N.，T. KHANNA. Do firms learn to create value? The case of alliances［J］. Strategic Management Journal，2000，21（3）：295-315.

④ AHUJA，G. Collaboration networks，structural holes，and innovation：A longitudinal study［J］. Administrative Science Quarterly，2000，45（3）：425-455.

⑤ LAVIE D. Alliance portfolios and firm performance：A study of value creation and appropriation in the U. S. software industry［J］. Strategic Management Journal，2007（28）：1182-1212.

么根植于组织之中。因此，资源基础理论认为战略联盟是企业获取其他企业资源的一种战略，即当资源不能有效地通过市场交易或并购获得的时候，战略联盟可用来与其他企业共享或交换有价值的资源。也就是说，企业可以利用其现有的资源与其他企业的资源进行融合，从而创造更大的价值。资源基础理论强调每个联盟伙伴必须为联盟带来有价值的资源。在当今竞争空前激烈的环境下，仅仅依靠某一类型的资源是远远不够的，这是因为，物质资源或其他某种资源还不足以使一个企业建立起可持续的竞争优势（贠晓哲，2006）①。因此，建立众多的联盟就成为企业获取不同外部资源的有效途径。

刘雪峰（2007）② 把强调企业嵌入网络获取网络资源从而增强企业竞争优势的理论体系称为网络资源观。赵炎与刘忠师（2012）③ 提出了联盟合作网络中资源位置的概念，并分析了网络结构位置与资源位置对嵌入企业创新能力的影响。Ahuja（2000）④ 用资源基础理论观点解释了企业间战略联盟网络形成的动因，认为网络所带来的机会与企业自身的资源禀赋决定了企业是否愿意嵌入联盟网络。联盟网络的形成是企业自身的优势资源与它从其他企业所获资源相互匹配的结果。技术资源、社会资源与市场资源代表了企业的能力，三者的分配与拥有情况共同影响着联盟网络的形成与演化。

综上所述，网络资源观强调了网络资源在企业获取竞争优势中所起的重要作用，把资源基础理论的研究范畴从企业内部扩展到企业外部。这一理论深刻揭示了企业嵌入联盟创新网络能够为其提供获取外部创新资源的机会，这成为了联盟创新网络中知识共享与创新研究的

① 贠晓哲．战略联盟理论与实践［M］．北京：经济科学出版社，2006.

② 刘雪峰．网络嵌入性与差异化战略及企业绩效关系研究［D］．浙江大学，2007.

③ 赵炎，刘忠师．联盟中企业网络位置与资源位置对创新绩效影响的实证研究——基于中国化学药品行业联盟的分析［J］．研究与发展管理，2012（5）：73-82.

④ AHUJA，G. Collaboration networks，structural holes，and innovation：A longitudinal study［J］. Administrative Science Quarterly，2000，45（3）：425-455.

直接理论支撑。

三、知识创造与组织学习理论

日本组织学者野中郁次郎认为，知识创造型企业才是成功的企业（Nonaka，1991）①。也就是说，企业竞争优势的真正源泉是创造型知识。同时，他把知识分为显性知识与隐性知识，显性知识是指那些以产品说明书、科学公式或计算机程序的形式交流和分享的系统性知识，可以组合、存储、再次寻找，并可以通过不同的机制进行转化。而隐性知识则指深深根植于具体行业内的行动与个人的心智模式、信念以及没有指南和程序的诀窍等，多是基于经验得来，难以编码及沟通，只能在特定条件及区域内通过相关活动进行传播，或通过人的观察、模仿及实践而获得，或通过面对面的互动方式进行传播，或通过人的流动而得以在组织间进行传播（雷家骕等，2013）②。

野中郁次郎与竹内弘高（Nonaka & Takeuchi，1995）③ 将创新看成是组织发现问题、定义问题，以及创造新知识并解决问题的过程，也是组织知识产生的过程。因此，组织创造知识的类型有四种：从隐性到隐性，从隐性到显性，从显性到显性以及从显性到隐性。但是，在知识创造过程中，所有类型处于一种动态交互作用中，即存在知识生产的螺旋，图 2-1 所示的 SECI 模型说明了如何通过显性知识与隐性知识之间的相互转化来进行知识的创造与扩散。一是隐性知识的社会化过程（Socialization），通过共同工作等方式分享经验，由非语言途径获得技能；二是隐性知识的外在化（Externalization），通过比喻和类比等方式形成概念性知识并进行传

---

① NONAKA，I. The knowledge-creating company［J］. Harvard Business Review，1991.

② 雷家骕，秦颖，郭淡泊. 中国的自主创新：理论与案例［M］. 北京：清华大学出版社，2013.

③ NONAKA，I.，TAKEUCHI，H. The knowledge-creating company：How Japanese companies create the dynamics of innovation［M］. Oxford，England：The Oxford University Press，1995.

播，将隐性知识转化为显性知识；三是显性知识的结合化（Combination），将现有不同载体的知识分类、整理与加工，以形成系统知识；四是显性知识的内部化（Internalization），通过前三步分享知识和技能，以形成具有可操作性的内部知识。

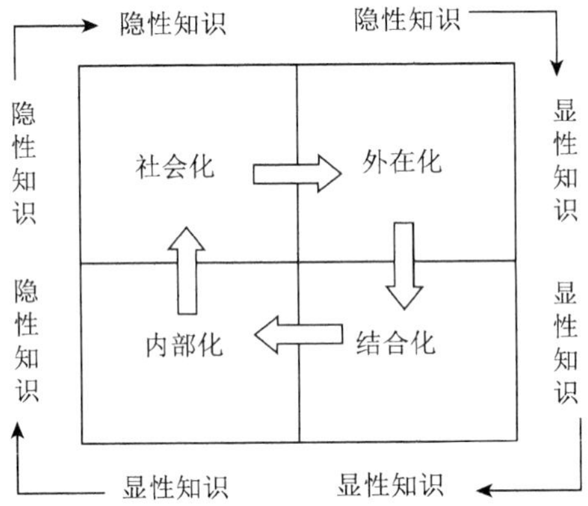

图 2-1 企业知识创造的 SECI 模型

资料来源：Nonaka（1995）。

赞德和科格特（Zander U. & B. Kogut，1995）[①] 认为知识由个体持有，但以有规律的方式表达，通过它在组织内的成员进行合作，可以转移到各组织层次中，即被嵌入到组织中。而事实上企业是通过组合已有的能力来摄取或学习新的技术，并为其在未来的市场中获取竞争优势提供机会。企业间组建战略联盟的一个重要动机是组织学习，而知识创造是最终的目的。组织学习理论的一个前提假设是企业拥有超常的创新知识，就能提高企业的竞争地位。因此，企业倾向于把索取新知识与新技术放在企业战略的首要位置。而知识通常是意会的，也很难定价，这就意味着在市场上很难买到，但是通过企业间联盟合作可以有机会获得，战略联盟是组织间转移新知识与新技术的一条有效途径。

① ZANDER，U.，B. KOGUT. Knowledge and the speed of the transfer and imitation of organizational capabilities：An tmpirical test［J］. Organization Science，1995，6（1）：76-92.

知识创造与组织学习理论是资源基础理论的衍生，这一概念更加强调组织的知识创造能力。企业间联盟进行知识创造产生于两个阶段，首先是从个体到两个或多个合作伙伴间联盟与交互作用的形成，其次是知识内部化，也即个体获得的知识向组织知识库的转移过程。在这两个过程中，知识获取者与知识持有者的频繁交流互动，可以促进个体对隐性知识的理解，并提高知识转移的效率。在联盟的环境中，基于企业能力和资源基础理论，合作伙伴将有兴趣开发其他合作伙伴拥有的新技术与竞争力。

在全球制造网络盛行的时代，企业的知识创造与组织学习不仅在组织内部进行，而且也发生在组织之间，企业网络对知识创造与组织学习有着重要的影响。企业在网络中的运作有利于知识的获取与创新能力的提升。因此，知识创造与组织学习理论为我们理解企业的行为、战略联盟的动态性以及企业间网络关系提供了一定的理论基础。

四、博弈理论

博弈理论又称游戏论或对策论，是研究博弈各方如何理性决策的理论。在我国，有关博弈理论的思想最早出现在《孙子兵法》一书中。在经济学的相关文献中，“寡头垄断”，尤其是“双头垄断”条件下的价格和产量选择问题研究，以及企业行为相互影响的分析（古诺与艾奇沃斯等对“双头垄断”的研究）都为博弈理论的建立与发展提供了重要思想渊源。

1944 年，冯·诺依曼（Von Neumann）和摩根斯坦（Morgenstern）合著并出版了《博弈论与经济行为》一书，这标志着博弈理论的诞生①。在书中，他们构建了经济博弈的理论框架，提出了策略模型、扩展模型等基本博弈模型以及预期效用理论，并定义了博弈的最大解和最小解的概念，但其所论述的大多是合作博弈的内容。后来，约翰·纳什（John

① VON NEUMANN, MORGENSTERN. Theory of games and economic behavior [M]. Princeton: Princeton University Press, 1944.

Nash）在 1951 年提出了“纳什均衡”（Nash Equilibrium）的概念，用来解释塔克（Tucker）对“囚徒困境”（Prisoners' Dilemma）的讨论①，并基于这一概念阐明了博弈论与经济均衡的内在关系，这一内容奠定了非合作博弈的理论基础。此后，泽尔腾（Selten）基于动态视角对纳什均衡的概念进行演化，提出了子博弈精炼纳什均衡（Perfect Nash Equilibrium）的概念，海萨尼（Harsany）在 1967 年考虑了信息的不完全性并将其引入了博弈模型中，提出了贝叶斯纳什均衡的概念（Bayesian Nash Equilibrium），加之后来的克瑞普斯（Kreps）和威尔逊（Wilson）等研究了不完全信息的动态博弈问题，非合作博弈才算形成了相对比较完善的理论体系。

博弈论认为，战略竞争的本质是局中人之间的相互作用，任何局中人的决策都依赖于其他局中人实际和预期的决定。“囚徒困境”模型说明了博弈双方都从自身利益出发来追求利益的最大化，每一方都可选择合作或背叛的策略，只是在各自选择行动的基础上，支付的结果将有所不同。自利的局中人会选择背叛的策略，以保证无论对方选择何种策略，自己的收益总是最好的，因此双方都会选择背叛。与双方选择背叛相比，如果双方选择合作，每一方都将会得到更大的支付结果。如果其中的局中人一方选择欺骗，而另一方选择合作，那么在短期内，选择欺骗的一方会收到最大可能的支付结果，而选择合作的一方会失败。

加拉提和诺里亚（Gulati & Nohria，1992）② 认为战略联盟是企业间资源共享的一种承诺，参与联盟的企业通过长期或短期的合作，能够从联盟中获得各自最高的收益。在联盟合作中，尽管存在参与一方采取欺骗行为获取短期收益的机会，但是联盟成员趋向于不采用这种短期欺骗行为，因为欺骗会损害他们与现在参与方或未来的参与方建立新联盟的声誉，导致得不到未来合作发展的机会。因此，在企业双方或者多方确信的方案中进

---

① JOHN NASH. Non-cooperative games [J]. Annals of Mathematics, 1951, 54 (2): 286-295.

② GULATI, R., NOHRIA, N. Mutually assured alliances [R]. Working Paper, 1992.

行合作，使他们相信这样做对他们最有利，并通过各方确信对局，加强彼此间的合作，强调长期收益，会出现与囚徒困境问题不同的结果。所以，在考虑欺骗方选择的影响下，要鼓励正面加强合作，而非做出惩罚活动，针锋相对的方式会导致不信任，而双方或多方确信的方式更可能建立信任、确定的承诺。

在企业间竞争与合作的过程中，观察企业相互作用的能力是博弈论包含的重要思想之一。对局者可以从合作产生的双赢结果中受益，替代了竞争导致的要么赢、要么输的结果。与传统上很少观察企业是否进行竞争或合作选择的观点不同，博弈理论确认了竞争中合作的作用。

目前，博弈论已经成为经济学科的一个重要研究领域，同时也是一种分析个体或组织间关系的常用方法。高科技企业必然要理性地权衡和选择合作伙伴，探索双赢或多赢的合作机理，博弈论不仅提供理论上的研究视角，而且也是研究企业间合作问题不可或缺的工具。

五、社会网络理论

社会网络理论是随着社会学的发展逐步建立完善的，已成为一种重要的社会结构研究范式。社会学家很早就开始了人际关系网络的研究，并逐渐把视线转移到社会网络。从 20 世纪 30 年代到 60 年代，社会学、社会计量学、心理学、人类学、统计学等学科领域逐步深化“社会网络”的概念，并形成了较完备的理论、方法与技术。而到 20 世纪 90 年代才有学者开始利用社会网络方法与理论进行企业领域问题的研究。

20 世纪初期，著名的人类学家 R. 布朗在从事社会结构的研究中最早提及了社会网络的概念，其研究的着眼点是有界群体（如乡村）内部人员的行为是如何受到文化因素制约的，在他的研究里，网络只是一个隐喻。

韦尔曼（Wellman，et al.，1990）[①]给出了相对较成熟的社会网络定义，认为“社会网络是由某些个体间的社会关系构成的相对稳定的系统”，即一系列的连接行动者（Actor）的社会联系（Social Ties）构成了“网络”。随着社会网络应用范围的不断拓展，行动者不再仅仅是个人，也有可能是一个家庭、组织或者部门等。每一个网络嵌入者占有异质性的稀缺资源，它们的关系因素（如关系的方向、数量、密度等）与行动者的网络位置因素等都会影响资源流动的方式与效率。奥斯特（Auster，1990）[②]指出，网络中关系连接的建立往往是嵌入个体为了控制不确定性或获取资源、信息和权力，且网络是这些资源依赖的系统。通过对个体间关系网络的分析可以理解个体间关系，包括连接的强度、方向与结构等，并可以发现获取某种信息资源的途径以及如何控制信息资源的流动。

社会网络理论的主要研究内容包括两大分析要素和三大核心理论。

两大分析要素主要是关系要素与结构要素。关系要素主要分析嵌入个体的社会性关系，如连接的强度、方向、规模等，这些对知识与信息的流动产生重要的影响。结构要素则分析网络整体与嵌入个体在网络中的结构属性，以及这些属性对知识与信息流动的影响。

三大核心理论主要是强弱连接与嵌入性理论、社会资本理论以及结构洞理论（见表 2-2）。

1973 年，Granovetter 在论文《弱关系的力量》中提出了连接强度的概念[③]，并从亲密程度、感情力量、互惠交换与互动频率四个维度区分强连接与弱连接。他认为强关系是在社会经济特征相似群体内的个体间建立起来的，而弱关系是在群体之间发生的。群体内部知识信息的相似性较

---

① WELLMAN，B.，WORTLEY，S. Different strokes from different folks：Community ties and social support［J］. The American Journal of Sociology，1990，96（3）：558-588.

② AUSTER，E. R. The inter-organizational environment：Network theory，tools，and applications［A］//Williams，F. and Gibson，D. Technology Transfer. A communication perspective［M］. Sage Publications，Newbury Park，CA，1990：67.

③ GRANOVETTER，M. The strength of weak ties［J］. American Journal of Sociology，1973，78（6）：1360-1380.

高，通过强关系获得的信息资源常是冗余的，而弱关系跨越了不同的信息源，通过弱连接的桥梁作用将不同群体的信息资源传递到存在相互连接的群体间。即便如此，强关系仍然是个体间传播信息资源的重要途径，因为弱连接获取的资源总是有限的。强关系的个体间的信任以及稳定的合作更能传递复杂的、高质量的或隐性的知识（Hansen，1999）。当然，过度封闭且缺少桥连接的“圈子”内强连接，限制了外部异质性信息的输入，使得相似的知识与技能局限在“圈子”之中。

1985 年，Granovetter 认为新古典经济学所假定的纯经济关系在现实生活中是不存在的，一切经济活动都嵌入在社会关系中①。这一观点让人们重新审视了社会学与经济学的问题，并开辟了新的研究领域：经济社会学。Granovetter（1973，1985）的理论贡献在于：一是提出了经济活动是嵌入在社会、宗教、政治之中的嵌入性概念，确立了经济社会学的“嵌入性”理论基础；二是建立了经济社会学研究的基本假定，即社会网络中的个体都是“经济人”；三是确立了网络分析是经济社会学研究的主要方法；四是为用社会学研究经济问题提供了新的视角（吴晓波等，2011）②。

“社会资本”概念是由法国社会学家布迪厄（Bourdieu）在 1985 年首先提出的③。随后科尔曼（Coleman）在 1988 年扩展了其内涵，认为社会资本主要存在于社会网络与社会团体之中，是由构成社会结构的要素所组成的表现为社会结构资源的资本④。一般来说，个人的社会网络规模越大、网络异质性越强，则其拥有的社会资本越丰富；个人参加的社会团体越多，其拥有的社会资本越雄厚。较多的社会资本表明个体摄取社会资源的

---

① GRANOVETTER. Economic action and social structure: The problem of embededness［J］. American Journal of Sociology, 1985, 91（3）: 481-510.

② 吴晓波，许冠南，杜健. 网络嵌入性：组织学习与创新［M］. 北京：科学出版社，2011.

③ BOURDIEU, P. The fcorms of apital［A］//Richardson J. Handbook of theory and research for the sociology of education［C］. New York: Greenwood, 1985.

④ COLEMAN, J. S. Social capital in the creation of human capital［J］. American Journal of Sociology, 1988（94）: 95-120.

能力较强。当然，企业也有“社会资本”，体现为企业间彼此连接并获取异质性资源的能力。在某种程度上，社会资本代表了一个个体或组织的社会关系，所以，个体或组织拥有的社会资本数量决定了其在一个网络中的地位。

林楠（Nan Lin）1990年基于对社会网的研究区分了社会资源与社会资本，认为社会资本是从社会网络中动员了的社会资源，即人们投资于社会关系，通过镶嵌在社会当中，并进行有目的的行动或流动的一种社会资源。而社会资源（权力、财富和声望等）是嵌入在社会网络中并可摄取的资源，是与个人资源（如个人拥有的财富、知识、地位、体魄等）相对应的一个概念。社会资源的获取依赖于人与人的交往，存在于人际关系当中。他同时认为，人们的社会地位越高，摄取社会资源的机会越多；个人的社会网络的一致性越大，通过弱关系摄取社会资源的概率越高；人们的社会资源越丰富，工具性行动的结果越理想。

“结构洞”的概念是由美国学者伯特（Burt）在1992年提出的①。在一个社会网络中，个体或组织之间要么都存在直接的联系，要么一些个体或组织之间发生直接联系，而与其他个体或组织没有直接的联系，伯特认为，从网络整体结构来看，没有直接联系的个体或组织之间出现了洞穴，把它叫作“结构洞”。结构洞之内表现了弱连接关系，因此，在某种意义上，结构洞理论深化并发展了强弱连接理论。同时，伯特认为社会资本与结构洞也有一定的关系，个体或组织拥有的结构洞越多，作为较多中介机会而产生的社会资本往往越丰富。

---

① BURT, R. S. Structural holes: The social structure of competition [M]. Cambridge, MA: Harvard University Press, 1992.

表 2-2 社会网络理论的主要观点与代表学者

社会网络理论	主要观点	代表学者
强弱连接与嵌入性理论	弱连接能充当信息桥，能够传递异质性信息资源；强连接能更好地传递隐性知识信息；一切经济活动都嵌入在社会关系中；等等	Granovetter（1973，1985） Hansen（1999）
社会资本（资源）理论	利用社会关系或参与团体摄取社会资本，增强个体或组织优势；社会资本是从社会网络中动员了的社会资源；等等	Bourdieu（1985） Coleman（1988） Nan Lin（1990）
结构洞理论	结构洞位置的个体或组织具有持有并控制信息资源的优势	Burt（1992）

企业（作为一个组织）对知识、信息等资源的获取与社会网络紧密相关，企业间联盟关系网络是一种由经济活动和利益关系连接起来的组织网络。企业的生存与发展依赖于其所处的社会环境，并处于一定的社会组织关系网络中，企业间直接或间接的关系影响着企业的创新绩效（Ahuja，2000）①。因此，对战略联盟的研究，我们不能仅停留在两两企业间合作关系问题的分析上，这样会造成“只见树木，不见森林”的弊端（李新春，2006）②。这一“森林”是多重的、相互交织的企业间复杂的结盟关系，因此，用“网络”概念来描述企业间通过正式或非正式契约而结成的关系是比较恰当的。在这一复杂的组织“丛林”之中，企业间相互竞争与合作，网络关系在为嵌入的企业提供资源索取便利的同时，在一定程度上也限制或约束着企业的行为，从而间接影响企业的创新与绩效。同时，嵌入网络的企业行为也会促进网络结构的进化与发展，在某种意义上，企业间关系网络是动态变化的，而不是一成不变的。

在全球制造网络飞速发展的当今时代，建立在社会学基础上的社会网络理论与分析方法逐渐被引入联盟创新网络的研究中，将企业间相互关联的分析层次从两个、三个一组逐渐扩展为一个相互关联的网络，嵌入性、

① AHUJA，G. Collaboration networks，structural holes，and innovation：A longitudinal study［J］. Administrative Science Quarterly，2000，45（3）：425-455.

② 李新春．战略联盟、网络与信任［M］．北京：经济科学出版社，2006.

社会资本、结构洞等观点都作为新的研究视角被引入企业网络的研究中，成企业网络理论的重要组成部分。

六、创新理论

经济学家熊彼特（Schumpeter）在《经济发展理论》一书中最早提出了“创新”的概念，他认为创新就是“实现生产条件与生产要素的重新有机组合”，即“重新建立生产函数”以获取潜在的超额利润。其创新的内容主要包含五个方面：一是引入新的产品，一种消费者还不熟悉的产品或是一种产品的新的特性；二是引进新的生产方法，这种方法虽然在相关制造部门中尚未通过经验检定，但存在于商业上处理一种产品的新的方式之中；三是开拓新的市场，进入以前不曾进入的市场，无论这个市场是否存在过；四是开拓并利用新的原材料来源，这种原材料来源或是已经存在过的，或是新创造出来的；五是采用新的生产组织和管理方式，实现企业的组织更新。

美国著名管理学大师彼得·德鲁克（Peter F. Drucker）认为创新是与经济社会发展相联系的，把创新分为两种：技术创新与社会创新，并认为技术创新是技术发明同社会经济相结合的过程。“技术创新”与“技术发明”有着不同的内涵，技术发明仅是新技术的出现，而技术创新则包含将技术发明应用到经济活动中的过程。但是，技术创新并不局限于技术层面，原材料供应、技术研发、产品生产与销售以及售后服务等企业价值链中的所有活动都可能存在有价值的创新。

创新与“技术”变革具有紧密的联系，然而这里的“技术”并不局限于传统意义上的狭义的技术，还包括“软技术”。“技术”既可以是根据自然科学原理和市场需要创造或改进形成的有形的新产品、产品质量或功能的改进，也可以是人们根据生产实践经验而形成的工艺流程、加工方法、劳动技能，这两种技术可以被视为“物化了的硬技术”；“技术”还可以是新的无形产品尤其是服务的产生和提供，更加有效的组织方式和运营模式，更加合理的管理策略和沟通方法，新型的企业文化或经营战略，或者是开拓市场能力的营销技巧等，这些可以被视为“软技术”（赵炎等，2012）①。因此，创新可以分为技术创新、管理创新、服务创新与组织创新等。如图 2-2 所示。

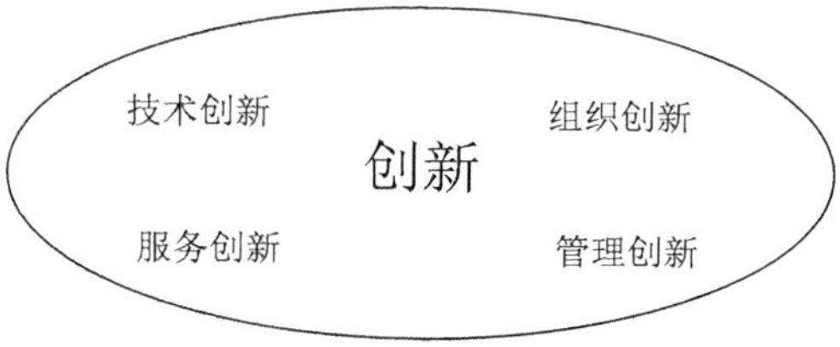

图 2-2　创新的广义分类

企业的创新要以市场为导向，通过各种途径获取创新资源，然后运用企业已有的创造型知识对自身的生产要素、经营观念、制度安排与存在方式进行调整与重组以获取经济和社会效益。企业作为创新的一个主体，已深深根植于其所在的复杂的社会空间中，企业的创新受到经济、社会、文化、政治等多个因素的影响。当然，更重要的是企业内部各种组织、战略、人员、文化与资金等各种要素之间的协同作用对企业创新的成败尤为关键，只有把企业已有的创新要素有机地整合在一起，才能确保企业创新获得最大的成功（杨桂华，2003）②。因此，创新要素是关乎企业能否提升创新绩效并获取竞争优势的关键资源。但是，由资源基础理论可知，企业不可能拥有能够进行有效创新的所有生产要素，因此，为了提高创新效率、降低创新风险，战略联盟就成为企业攫取外部重要创新要素的一种常用手段，并通过采取有效重组方法进一步提高创新效益。

从企业创新的过程来看，创新主要包括三个重要阶段：第一阶段是创

① 赵炎，等．创新管理［M］．北京：北京大学出版社，2012.
② 杨桂华．技术创新联盟的理论与效应分析［D］．复旦大学，2003.

新资源的获得，包括外部资源的获取（通过市场交易或战略联盟获得）与内部资源的升级（企业自身资源的再认识）；第二阶段是创新资源的有机重组，主要包括创新资源的内部吸收、消化与利用；第三阶段是创新产出与“技术”的扩散，主要以技术、产品、服务与理念等形式实现创新的价值创造。如图 2-3 所示。

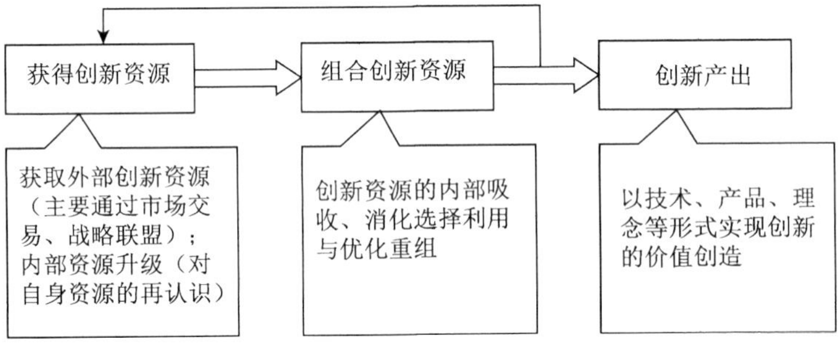

图 2-3　企业创新的过程

七、理论整合与总结

基于不同的假定，企业的创新行为与战略联盟现象的相关内容得到了不同的理论解释，每一种理论都给出了洞察企业创新行为与企业间联盟的重要方法。当然，每一种理论都是各自时间与环境条件下的产物，企业考虑的重点不同，相应的理论解释也随之变化。例如，企业强调成本最小化，交易成本理论就得以强化；进入信息时代，知识与学习成为企业获得和保持竞争优势的重要工具等。每一种企业理论在本质上都来源于企业一定的事实与实践。在过去的市场经济中，人们认为企业只有通过市场竞争才能生存下去，对“竞争”的理解也是比较狭隘的。然而，随着经济的发展，企业环境和活动的变化更加强烈，竞争更加全球化并存在于合作之中。企业只能以最有效的方式完成其战略和经营目标，才能应对新时代的竞争。表 2-3 总结了与企业行为和战略联盟（形成网络）相关的理论及其基本思想与特征。

在企业的战略发展中，都追求交易成本最小化，资源利用最大化；组织与学习创造型知识并有效地利用；从企业间合作的双赢中受益；同其他企业交换资源和信息；等等。虽然企业深知上述活动的重要性，但是并不是所有企业都能成功地完成。因此，市场中有成功的企业，也有失败的企业。然而这些活动反映了不同的理论所强调的重要内容，也就是说，企业只有通过这些行动才能取得成功。图 2-4 是一个整合模型，它描述了企业采取的战略模式和行为及其创造的价值。

表 2-3　相关研究领域重要理论及其主要思想以及对战略联盟（网络）形成发展机制的解释

重要理论	主要思想	与战略联盟（网络）相关的内容
交易成本理论	交易成本最小化；企业和市场之间选择哪种有效的资源配置方式是通过市场交易成本与内部化管理成本之间的比较确定的	战略联盟（形成网络）是介于市场交易与内部化经营之间的资源配置方式；合资企业类似于企业内部化经营
资源基础理论	竞争优势取决于对一系列独有、不可复制资源的拥有；充分利用这些资源和建设企业基础资源是重要的	战略联盟（网络）可用于获得互补性资源，或用于获得缺少的资源；资源共享是重要的
知识创造与组织学习理论	知识创造导致创新，进而获得竞争优势；企业的学习能力是重要的	通过战略联盟（网络）学习，知识在联盟伙伴间转移促进联盟企业的创新
博弈理论	参与者的决策取决于另一参与者的行动与预测；竞争与合作共存；双赢的机会	竞合替代竞争；合作是提供长期收益的一种选择；共同获益
社会网络理论	个体关系与网络结构对节点个体的行为有重要影响；三大理论：强弱关系理论；社会资本理论；结构洞理论	企业间联盟形成联盟网络；联盟关系网络资源能够影响企业创新
创新理论	知识资源的有机组合，可产生创新产出并提高经济效益；狭义创新仅指“技术创新”；广义的创新包含技术创新，还包含管理、服务以及组织的创新等非技术创新	企业创新成功的关键是能否有效获取外部创新要素，而战略联盟（网络）是企业获取这些要素的重要途径

企业网络是企业为了获取更多竞争优势而与其他企业结成的非一次性

交易关系的动态组织（吴晓波等，2011）①。它能使企业降低交易成本，获取较多异质性创新资源，并通过组织学习、吸收、消化促进创新资源的有效整合来提升企业知识创造的能力。在联盟网络中，企业间是竞争与合作并存的博弈关系。本章通过对战略联盟（网络）相关理论的阐述认为，虽然对企业网络的研究取得了较大进展，但还需要对联盟创新网络进行深入的研究。

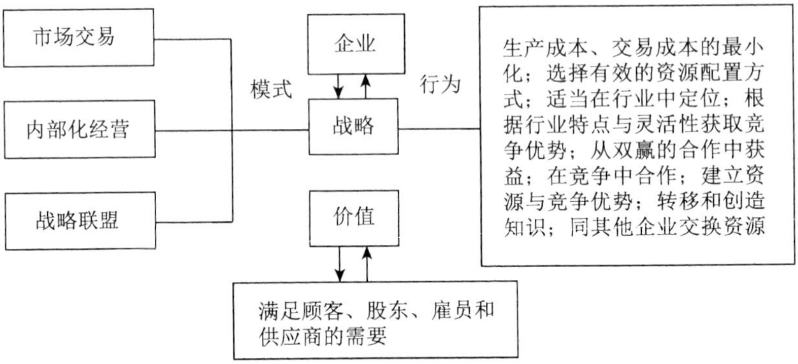

图 2-4　企业的战略模式与行为在企业价值创造中的作用

① 吴晓波，许冠南，杜健．网络嵌入性：组织学习与创新［M］．北京：科学出版社，2011.

第三章 联盟创新网络中的企业嵌入及派系问题研究述评

为了应对激烈的国际化市场竞争与复杂多变的技术变革风险，越来越多的高科技企业开始重视从外部获取创新资源。随着创新范式由封闭式向开放式演变，企业间的合作创新已逐渐成为企业提高创新效率、降低创新风险的重要方式。战略联盟作为一个重要的合作创新模式，对企业有效开展创新活动、攫取外部创新资源产生了积极的影响（郑向杰、赵炎，2013）①。越来越多战略联盟的出现为企业争取外部创新资源、开展广泛技术合作、摆脱企业资源约束、优化自身资源配置提供了多元化的土壤和平台（Whittington K.，Owen - Smith J. & Powell W.，2009）②。

战略联盟是介于市场交易和内部化经营之间的一种新型组织形式（郑向杰，2014）③，联盟企业间频繁的合作创新活动需要企业及时对联盟关系进行有效的维持和更新。借鉴社会网络分析方法，基于企业个体间的联盟关系编织联盟关系网络，并分析这种网络对嵌入企业创新绩效的影响是近些年对战略联盟研究的一个重要方向（吴晓波等，2011）④。联盟关系网络中直接或间接的关系联结是联盟企业间知识信息和专门技术等创新资源流

---

① 郑向杰，赵炎．联盟创新网络中企业嵌入与区域位置对企业知识创造能力影响的实证研究［J］．研究与发展管理，2013，25（4）：20-29.

② WHITTINGTON，K.，OWEN-SMITH，J.，POWELL，W. Networks，propinquity，and innovation in knowledge - intensive industries ［J］．Administrative Science Quarterly，2009，54（1）：90-122.

③ 郑向杰．基于企业嵌入视角的联盟创新网络中知识共享与创新研究［D］．上海大学，2014.

④ 吴晓波，许冠南，杜健．网络嵌入性：组织学习与创新［M］．科学出版社，2011.

通的渠道，能够为嵌入企业获取创新资源提供便利，增加了获取异质性创新资源的机会，对企业创新能力的提升有重要影响（Ahuja G.，2000）①。企业创新活动赖以发生的关系网络称为创新网络，而在创新过程中围绕企业形成的各种联盟合作关系的总体结构就称为联盟创新网络（郑向杰，2014）②。联盟创新网络的企业嵌入能够影响企业创新绩效已得到较多学者的证实，而联盟创新网络随着时间的推移也在不断演化，尤其是自组织性规律使得联盟创新网络出现较多的凝聚子群，网络中存在企业“抱团”现象。本书通过一系列的联盟创新网络图发现创新网络具有“三元闭合趋势”的变化规律，企业间逐渐形成“派系”，联盟创新网络中的派系问题已开始引起学者们的关注与探索。

近十几年来，有关联盟创新网络的研究络绎不绝，网络结构属性与关系特点及其对联盟企业创新的影响已受到较多的关注，一些重要的研究成果逐渐在国内外管理学重要期刊上发表，本领域已成为创新网络研究最新的一个重要趋势（Jack S.，2010）③。

一、战略联盟与创新网络

（一）战略联盟

战略联盟是经济社会发展的时代产物。最早由罗杰·奈格尔（R. Nigel）和简·霍普兰德（J. Hopland）提出战略联盟的概念，他们认为战略联盟是企业间为实现共同目标，利用契约或协议等达成的资源共享、

---

① AHUJA，G. Collaboration networks，structural holes，and innovation：A longitudinal study [J]. Administrative Science Quarterly，2000，45（3）：425-455.

② 郑向杰. 基于企业嵌入视角的联盟创新网络中知识共享与创新研究［D］. 上海大学，2014.

③ JACK，S. Approaches to studying networks：Implications and outcomes［J］. Journal of Business Venturing，2010（25）：120-137.

优势互补的一种松散合作模式。随着经济全球化的推进，20 世纪 80 年代以来，作为企业的一种新的、有效的资源获取途径，战略联盟在全球范围内得到了蓬勃发展。

在新经济时代下，战略联盟作为企业的一种有效竞争策略，是企业赢取竞争优势，获得持续发展动力的重要选择。另外，战略联盟作为新的资源配置形式，在某种程度上也是企业的一种组织安排，形成了联合研发、合资经营、技术许可等不同形式的契约式或股权式联盟关系。

由于战略联盟的大量出现和兴起，国内外学者开始对其形成与发展机制进行深入的探索，主要内容包括：联盟的出现与成因、联盟关系治理、联盟结构及其演化以及联盟绩效问题（赵炎等，2012）①。例如，学者们主要基于战略缺口理论、委托代理理论、组织学习理论、资源基础理论以及交易成本理论等理论来解释联盟的出现与成因；主要基于交易成本理论、社会网络理论、资源基础理论、博弈论、企业生态理论等理论来分析联盟关系治理问题；主要基于关系合同理论、社会网络理论、交易成本理论、资源基础理论、博弈论等理论来探索联盟结构及其演化；主要基于组织学习理论、竞合理论、企业能力理论、资源基础理论等理论来研究联盟绩效问题。

（二）联盟创新网络及其属性

1. 联盟创新网络内涵

企业在创新过程中不断地同相关企业或组织发生联系，并进行知识和信息等创新资源的交流与转移。其中，战略联盟是企业从事创新活动的重要关系连接，它强调的是基于战略联盟概念的企业间关系，是企业间合作并形成关系网络的重要形式。企业常通过股权式（合资公司或者股权参与）或契约式（技术合作或者市场开拓）等方式建立联盟，从而形成联盟

---

① 赵炎，王冰，周瑞波．社会网络视角下战略联盟研究的“新思维”——基于文献综述［J］．软科学，2012，26（9）：138-141.

网络，并具有复杂性的特征。联盟网络的形成不但增加了企业获取创新资源的渠道，便利企业获取创新资源，还可以节约创新成本、降低创新风险，因此，这种以联盟形式为载体的关系网络对创新有重要影响。企业创新活动赖以发生的关系网络称为创新网络，而在创新过程中围绕企业形成的各种联盟合作关系的总体结构就称为联盟创新网络（郑向杰，2014）①。

2. 联盟创新网络的属性特点

作为一个普遍存在的新型网络组织，联盟创新网络具有复杂网络的一些特点，拥有确定性和随机性两大特征。然而，确定性的法则或特征往往隐藏在统计涨落之中，因此，对联盟创新网络各种属性的描述与统计分析十分重要。由于联盟创新网络中节点的连边表示企业之间各种各样的复杂关系，所以联盟创新网络的统计属性不仅能够描述企业节点所在网络的拓扑性质，而且这种统计描述包含了动力学的成分，具有十分重要的意义。

联盟创新网络的属性主要包括网络节点属性、网络连边属性以及网络结构属性等三个方面。其具体的属性内容详见表 3-1。

表 3-1　联盟创新网络的主要属性内容

网络属性	具体内容（指标）
网络节点属性	行业特点；创新积累；区域位置、是否上市等
网络连边属性	节点度；路径长度
网络结构属性	网络规模；网络密度；网络距离；到达率；集聚系数；网络位置（中心性、结构洞）；派系结构（派系规模、派系度等）；等等

二、联盟创新网络中的企业嵌入研究述评

嵌入性研究是企业网络理论中的重要研究内容，指的是企业在多大程

① 郑向杰．基于企业嵌入视角的联盟创新网络中知识共享与创新研究［D］．上海大学，2014.

度上融入网络，如企业在网络中的位置及其与网络中其他企业间关系的紧密程度等特性，这些嵌入特性能够决定企业在网络中聚集、整合资源的数量，在一定程度上体现了企业攫取网络资源的机会，进而影响企业的创新行为与绩效（吴晓波、许冠南、杜健，2011）①。嵌入性研究不但是探索经济社会学尤其是创新网络研究领域的一个重要方向，而且已成为研究企业间关系的一个重要方法（Granovetter，1985；Uzzi B.，1997；刘雪峰，2007）②③④。近年来，学术界逐渐意识到企业间网络具有复杂性，运用复杂网络理论进行研究可以发挥很好的作用（车宏安、顾基发，2004；姚小涛、席酉民，2003）⑤⑥。

伴随着社会上各种复杂性关系的出现，借助于复杂网络理论针对关系网络的探索与研究已是经济社会学研究的重要内容。基于演员合作网络、企业合作网络、科研合作网络等关系网络的研究是探索网络结构影响关系网络个体创新的主要内容，演员合作网络结构会影响音乐剧的创作与经营绩效（Uzzi B. & J. Spiro，2005）⑦；企业合作网络的联通性和聚集性会影响企业的创新绩效（Schilling M. A. & Phelps C. C.，2007）⑧；而紧密的科研合作网络无论从国家层面还是从学科层面都能够增加科研人员的科研产出

---

① 吴晓波，许冠南，杜健．网络嵌入性：组织学习与创新［M］．北京：科学出版社，2011.

② GRANOVETTER. Economic action and social structure：The problem of embededness［J］. American Journal of Sociology，1985，91（3）：481-510.

③ UZZI，B. Social structure and competition in inter-firm networks：The paradox of embedded ness［J］. Administrative Science Quarterly，1997（42）：35-67.

④ 刘雪峰．网络嵌入性与差异化战略及企业绩效关系研究［D］．浙江大学，2007.

⑤ 车宏安，顾基发．无标度网络及其系统科学意义［J］．系统工程理论与实践，2004，24（4）：11-16.

⑥ 姚小涛，席酉民．社会网络理论及其在企业研究中的应用［J］．西安交通大学学报（社会科学版），2003（9）：22-27.

⑦ UZZI，B.，J. SPIRO. Collaboration and creativity：The small world problem［J］. American Journal of Sociology，2005，111（2）：447-504.

⑧ SCHILLING，M. A.，PHELPS，C. C. Interfirm collaboration networks：The impact of large scale network structure on firm innovation［J］. Management Science，2007，53（7）：1113-1126.

成果（Guimera R.，Luis A. N. & Amaral L.，2005；Chen Z. F. & Guan J. C.，2010）①②。

在以企业为主体的创新网络研究领域，国内学者已经对集群创新网络（地理层面）进行了大量的研究。蔡宁等认为较多的集群网络结构具有复杂网络的属性特征（如无标度、小世界性等）（蔡宁等，2006）③，在区域性网络框架下，已有学者研究了集群创新网络的形成机理、学习效率、产业集群演化等（范如国、许烨，2008；田钢等，2009；王敏等，2007）④⑤⑥。然而，企业的自发集聚或在政策引导下形成产业集群，以空间邻近性形成的集群网络并不必然意味着合作关系的紧密。随着通信技术的革新，交通运输业的便利，企业更注重彼此间的实质合作而非仅仅地域的邻近。学者们的研究也开始从空间关系层面扩展至合作关系层面（尤其是联盟关系）（Schilling M. A. & Phelps C. C.，2007）⑦，更多地考虑了企业间的合作机制、企业的关系位置、关系类型以及企业的自身特征（资源储备、吸收能力等）等对企业创新的作用（刘元芳等，2006；钱锡红等，

---

① GUIMERA，R.，LUIS，A. N.，AMARAL，L. Cartography of complex networks：Modules and universal roles［J］. Journal of Statistical Mechanics，Theory and Experiments，2005（2）：2-12.

② CHEN，Z. F.，GUAN，J. C. The impact of small world on innovation：An empirical study of 16 countries［J］. Journal of Informetrics，2010，4（1）：97-106.

③ 蔡宁，吴结兵，殷鸣. 产业集群复杂网络的结构与功能分析［J］. 经济地理，2006，26（3）：378-382.

④ 范如国，许烨. 基于复杂网络的产业集群演化及其治理研究［J］. 技术经济，2008，27（9）：76-81.

⑤ 田钢，张永安，兰卫国. 基于刺激—反应模型的集群创新网络形成机理研究［J］. 管理评论，2009，21（7）：49-55.

⑥ 王敏，唐泳，银路. 集群创新系统（CIS）的学习效率探析——基于复杂网络的观点［J］. 研究与发展管理，2007，19（6）：38-43.

⑦ SCHILLING，M. A.，PHELPS，C. C. Interfirm collaboration networks：The impact of large scale network structure on firm innovation［J］. Management Science，2007，53（7）：1113-1126.

2010；赵炎、刘忠师，2012；郑向杰、赵炎，2013）①②③④。

联盟创新网络作为一种典型的企业间合作网络组织，为嵌入企业有效获取创新资源、提高创新绩效提供了多元化的土壤和平台，其中的联盟关系与网络结构如何影响嵌入企业的创新产出已得到较多的研究。在国外，已有研究基于 MERIT-CATI、SDC Platinum 等数据库中的联盟数据构建联盟关系网络，发现该类网络同样具有复杂网络的结构属性［如无标度、小世界性（Verspagen B. & Duysters G.，2004）⑤ 等］，并通过对不同地域、多个行业的实证分析发现企业结构嵌入对其创新绩效存在显著的影响（Owen - Smith J. & W. W. Powell，2004；Schilling M. A. & Phelps C. C.，2007）⑥⑦。而在国内，由于战略联盟数据的缺乏，涉及联盟网络对企业创新绩效的影响研究较多使用仿真模拟或案例研究的方法（车宏安、顾基发，2004；谭劲松、何铮，2009）⑧⑨。已有学者基于合作关系数据探

① 刘元芳，陈衍泰，余建星．中国企业技术联盟中创新网络与创新绩效的关系分析——来自江浙沪闽企业的实证研究［J］．科学学与科学技术管理，2006，27（8）：72-79.

② 钱锡红，杨永福，徐万里．企业网络位置、吸收能力与创新绩效——一个交互效应模型［J］．管理世界，2010（5）：118-129.

③ 赵炎，刘忠师．联盟中企业网络位置与资源位置对创新绩效影响的实证研究——基于中国化学药品行业联盟的分析［J］．研究与发展管理，2012（5）：73-82.

④ 郑向杰，赵炎．联盟创新网络中企业嵌入与区域位置对企业知识创造能力影响的实证研究［J］．研究与发展管理，2013，25（4）：20-29.

⑤ VERSPAGEN，B.，DUYSTERS，G. The small worlds of strategic technology alliances［J］. Technovation，2004，24（7）：563-571.

⑥ OWEN - SMITH，J.，W. W. POWELL. Knowledge networks as channels and conduits：The effects of spillovers in the Boston Biotechnology Community［J］. Organization Science，2004，15（1）：5-21.

⑦ SCHILLING，M. A.，PHELPS，C. C. Interfirm collaboration networks：The impact of large scale network structure on firm innovation［J］. Management Science，2007，53（7）：1113-1126.

⑧ 车宏安，顾基发．无标度网络及其系统科学意义［J］．系统工程理论与实践，2004，24（4）：11-16.

⑨ 谭劲松，何铮．集群自组织的复杂网络仿真研究［J］．管理科学学报，2009（4）：1-14.

讨了整体网络的创新产出（池仁勇，2005；钱锡红等，2010）[①②]，而未考虑个体嵌入的影响。此外，部分研究所用的合作关系数据是基于问卷调查或专利数据而得（刘元芳等，2006；陈子凤、官建成，2009）[③④]，这不是企业间的正式联盟关系，其最终研究结论可能会有较大的误差。

为了开展企业间正式联盟的实证研究，国外有学者专门比较了不同行业的联盟网络结构，对如何使用不同的数据库、如何组合一手数据和二手数据以及数据采样问题给出了建议（Schilling M.，2009）[⑤]。近些年，国内有学者（赵炎等）基于 MERIT-CATI 、SDC Platinum 等国际联盟数据库对中国企业联盟数据库进行构建与补充，并开展了大量的企业间联盟合作对创新影响的研究。从研究内容上看，主要研究了企业嵌入网络的网络结构位置（中介中心性、结构洞）、网络关系强度、网络的联通性与聚集性、网络联结的紧密程度以及网络资源的可获取性等对嵌入个体创新产出的影响（Zeng S.，Xie X. & Tam C.，2010；赵炎、刘忠师，2012；赵炎、王琦，

---

① 池仁勇．区域中小企业创新网络形成、结构属性与功能提升：浙江省实证考察［J］．管理世界，2005（10）：102-112.

② 钱锡红，杨永福，徐万里．企业网络位置、吸收能力与创新绩效——一个交互效应模型［J］．管理世界，2010（5）：118-129.

③ 刘元芳，陈衍泰，余建星．中国企业技术联盟中创新网络与创新绩效的关系分析——来自江浙沪闽企业的实证研究［J］．科学学与科学技术管理，2006，27（8）：72-79.

④ 陈子凤，官建成．合作网络的小世界性对创新绩效的影响［J］．中国管理科学，2009，17（3）：115-120.

⑤ SCHILLING，M. Understanding the alliance data［J］. Strategic Management Journal，2009（30）：233-260.

2013；彭伟、符正平，2015；郑向杰，2016）①②③④⑤。

较多学者认为创新资源（知识、信息、资金等）附着于联盟创新网络，处于优势节点位置的企业控制着这些创新资源的流通与转移，在创新方面更具优势（Ahuja G.，2000；任胜钢、胡春燕、王龙伟，2011）⑥⑦。赵炎等认为企业的网络中心性指标与企业创新存在滞后的正相关性（赵炎、王燕妮，2017）⑧，网络节点企业的有效连接和聚集与创新存在一定关联（赵炎、郑向杰，2013）⑨，结构洞指标与创新绩效之间也存在显著的关系（赵炎、郭霞婉，2012）⑩。较多的联盟关系连接便于创新资源的流动，为嵌入企业获取创新资源提供了便利条件（Ahuja G.，2000）⑪，有利于企业创新。联盟创新网络的小世界性特征有利于企业的创新已得到证实（赵炎、王琦，2013）⑫，联盟关系质量的好坏直接影响企业的创新绩

① ZENG，S.，XIE，X.，TAM，C. Relationship between cooperation networks and innovation performance of SMEs［J］. Technovation，2010，30（3）：181-194.

② 赵炎，刘忠师. 联盟中企业网络位置与资源位置对创新绩效影响的实证研究——基于中国化学药品行业联盟的分析［J］. 研究与发展管理，2012（5）：73-82.

③ 赵炎，王琦. 联盟网络的小世界性对企业创新影响的实证研究——基于中国通信设备产业的分析［J］. 中国软科学，2013（4）：108-116.

④ 彭伟，符正平. 联盟网络、资源整合与高科技新创企业绩效关系研究［J］. 管理科学，2015，28（3）：26-37.

⑤ 郑向杰. 战略联盟网络结构对企业创新能力的影响及其比较分析［J］. 软科学，2016，30（5）：64-68.

⑥ AHUJA，G. Collaboration networks，structural holes，and innovation：A longitudinal study［J］. Administrative Science Quarterly，2000，45（3）：425-455.

⑦ 任胜钢，胡春燕，王龙伟. 我国区域创新网络结构特征对区域创新能力影响的实证研究［J］. 系统工程，2011（2）：50-55.

⑧ 赵炎，王燕妮. 越强越狭隘？企业间联盟创新网络的证据——基于资源特征与结构特征的视角［J］. 科学学与科学技术管理，2017（5）：117-127.

⑨ 赵炎，郑向杰. 网络聚集性、连通性与企业知识创新——基于中国10个高科技行业的联盟关系网络分析［J］. 科学学与科学技术管理，2013，34（3）：23-32.

⑩ 赵炎，郭霞婉. 结构洞度对联盟网络中企业创新绩效的影响研究——基于中国家用视听设备制造业企业联盟网络［J］. 科技进步与对策，2012（17）：76-81.

⑪ AHUJA，G. Collaboration networks，structural holes，and innovation：A longitudinal study［J］. Administrative Science Quarterly，2000，45（3）：425-455.

⑫ 赵炎，王琦. 联盟网络的小世界性对企业创新影响的实证研究——基于中国通信设备产业的分析［J］. 中国软科学，2013（4）：108-116.

效，企业间联盟关系强度与企业创新绩效之间存在一定的关系（谢永平、王晶，2017）①，强关系对技术创新有正“U”形影响，而在产业联盟中，弱关系与技术创新之间则呈正相关性（王静宇等，2017）②。联盟网络关系指标对企业创新绩效存在影响（张英华、彭建强，2016）③，尤其是研发合作关系紧密的联盟对突破性创新有较强的促进作用（高太山、柳卸林，2016）④。与此同时，已有学者开始对由联盟关系形成的派系团体影响企业的创新绩效进行探索（赵炎等，2016；赵炎等，2016）⑤⑥。

上述文献更多地涉及整体网或个体网指标单方面的影响，虽然有学者考虑了区域位置调节联盟网络作用的发挥（Whittington K.，Owen-Smith J. & Powell W.，2009）⑦，甚至会影响区域创新能力（任胜钢等，2011）⑧，但仍然缺少企业嵌入联盟创新网络的区域差异性研究。于是，赵炎、郑向杰（2013）等国内学者考虑联盟创新网络的复杂性，对企业个体嵌入影响其创新绩效的区域效应进行分析，并进行了网络嵌入性与地域根植性的整合研究（赵炎、郑向杰，2013）⑨。

---

① 谢永平，王晶．技术不确定环境下联盟关系对创新绩效的影响研究［J］．科学学与科学技术管理，2017（5）：60-71.

② 王静宇，刘颖琦，Ari Kokko. 社会网络视角下的产业联盟技术创新——中国新能源汽车产业联盟的实证［J］．中国科技论坛，2017（5）：186-192.

③ 张英华，彭建强．科技型小微企业联盟网络关系特征对企业创新绩效的影响——基于创新资源的中介作用［J］．科技管理研究，2016，36（17）：140-147.

④ 高太山，柳卸林．企业国际研发联盟是否有助于突破性创新？［J］．科研管理，2016，37（1）：48-57.

⑤ 赵炎，冯薇雨，郑向杰．联盟网络中派系与知识流动的耦合对企业创新能力的影响［J］．科研管理，2016，37（3）：128-136.

⑥ 赵炎，孟庆时，郑向杰．对中国汽车企业联盟网络抱团现象的探析［J］．科研管理，2016，37（1）：547-557.

⑦ WHITTINGTON，K.，OWEN-SMITH，J.，POWELL，W. Networks，propinquity，and innovation in knowledge - intensive industries［J］. Administrative Science Quarterly，2009，54（1）：90-122.

⑧ 任胜钢，胡春燕，王龙伟．我国区域创新网络结构特征对区域创新能力影响的实证研究［J］．系统工程，2011（2）：50-55.

⑨ 赵炎，郑向杰．网络嵌入性与地域根植性对联盟企业创新绩效的影响——基于中国高科技上市公司的实证分析［J］．科研管理，2013，34（11）：9-17.

基于对联盟创新网络中企业嵌入问题的研究述评可以发现：虽然该领域已产生较为丰富的研究成果，但还需要更深入地思考以下三个方面的问题：一是在中国，企业究竟应该是扎堆（企业集聚）还是结盟或是二者兼有才更能促进其创新能力的提升；二是联盟创新网络结构的深入挖掘（例如“抱团”现象等），这些结构是如何影响企业间知识流动以及嵌入企业的创新能力的；三是企业间联盟关系会随着时间的推移发生变化，那么这种变化是否具有规律可循。

本书主要基于第二个问题进行探索与研究，时而兼顾第一、第三个问题。接下来主要针对联盟创新网络中的“抱团”现象（派系）问题进行研究梳理和述评。

三、联盟创新网络中的派系问题研究述评

在新常态下的知识经济时代，创新已成为企业取得发展优势的重要方式。然而，随着市场国际化程度的提升，国内企业的相关产品与技术受到国际市场的强势冲击。随着市场竞争激烈性提升以及产品与技术创新复杂性增强，更多的企业意识到自身的资源已不能满足国际竞争的需要，出于知识资源和创新能力的互补性，企业间纷纷选择合作，使得企业间的联结越来越紧密，边界也变得越来越模糊，单个企业的创新行为逐渐转为派系群体的创新行为（赵炎等，2016；赵炎等，2016）①②。对其研究的关注点主要聚焦于以下三个方面：

（一）派系内涵及其影响研究

早期社会网络学者在霍桑工厂和扬基城的研究中就涉及派系的思

① 赵炎，冯薇雨，郑向杰．联盟网络中派系与知识流动的耦合对企业创新能力的影响[J]．科研管理，2016，37（3）：128-136.

② 赵炎，孟庆时，郑向杰．对中国汽车企业联盟网络抱团现象的探析［J］．科研管理，2016，37（4）：547-557.

想，而其概念在讨论图论的社会学意义时才被提出来，并把派系的本质含义看成是“最大的完全子图”（Harary，1969）①。Doreian（1979）② 指出了派系的一些特征，认为派系中节点之间具有直接的互惠关系。基于具体的社会关系网络，Wasserman（1995）③ 认为派系就是彼此之间有较强、紧密、直接、频繁的积极关系的个体集合。Lewis 等（2008）④ 根据节点属性进一步定义了不同的子群，以研究不同性质的子群间的关系对网络资源流动、网络结构变化的不同影响。派系结构对于网络成员获得信息和资源在一定程度上起到边界限制作用（Singh，Hansen，et al.，2010）⑤。而在企业内部的人际关系网络中，Fang 等（2010）⑥ 认为具有中等水平的派系间联系会导致高水平的绩效，王海珍等（2011）⑦ 则认为派系的形成提高了派系局内人的满意度，但降低了派系局外人的满意度。罗家德等（2014）⑧ 研究了我国社会关系网的“圈子”现象，并基于这个思想探索了企业间的社会网络结构与复杂适应。与此同时，赵炎、孟庆时（2014）⑨ 运用负二项回归模型实证分析了中国企业间的结派行为与创新能力的关系。

---

① HARARY，F. Graph theory［M］. Reading，Massachusetts：Addison－Wesley，1969. 中译本：图论［M］. 李慰萱，译. 上海：上海科学技术出版社，1980.

② DOREIAN，P. Mathematics and the study of social relations［M］. London：Weidenfeld & Nicolson，1979.

③ WASSERMAN，S.，K. Faust. Social network analysis：Methods and applications［M］. Cambridge University Press，1995.

④ LEWIS，K.，J. KAUFMAN，et al. tastes，ties，and time：A new social network dataset using facebook［J］. Social Networks，2008，30（4）：330-342.

⑤ SINGH，J.，M. T. HANSEN，et al. The world is not small for everyone：Inequity in searching for knowledge in organizations［J］. Management Science，2010，56（9）：1415-1438.

⑥ FANG，C.，J. LEE，et al. Balancing exploration and exploitation through structural design：The isolation of subgroups and organizational learning［J］. Organization Science，2010，21（3）：625-642.

⑦ 王海珍，刘新梅，张永胜. 派系形成对员工满意度的影响及机理：社会网络视角的研究［J］. 管理评论，2011，23（12）：116-123.

⑧ 罗家德，张田，任兵. 基于“布局”理论视角的企业间社会网络结构与复杂适应［J］. 管理学报，2014，11（9）：1253-1264.

⑨ 赵炎，孟庆时. 创新网络中基于结派行为的企业创新能力评价［J］. 科研管理，2014，35（7）：35-43.

（二）联盟创新网络派系结构与创新绩效关系研究

Granovetter（1985）[①] 认为嵌入性研究不但是探索经济社会学尤其是关系网络研究领域的一个重要方向，而且已成为企业间关系研究的一个重要方法。已有学者开始关注并研究网络个体的结构嵌入与关系嵌入（Goyal S. & Vega-Redondo F.，2005）[②]，尤其是联盟创新网络中的企业嵌入问题受到学者们的高度重视，相关研究述评可见本章第二部分内容。

近年来，已有学者尝试运用不同的数据挖掘和算法，寻找更符合实际情况的企业间联盟创新网络中的派系结构，并进一步分析派系结构嵌入对企业创新绩效的影响。Kajikawa 等（2010）[③] 认为派系内的"快捷"连接不但增加企业间的信任度，还为企业间的知识溢出、知识共享和吸收提供了网络结构基础，因此，技术创新主要发生在联盟派系内部而非派系间。而派系间的"桥"连接，能够为派系内成员攫取外部知识提供机会，增加企业获取多样化知识的渠道，反过来推动部分企业的紧密联系和派系团体的形成（Bendersky & McGinn，2010）[④]。因此，对联盟关系进行积极的引导和规划以促使联盟创新网络派系团体的形成，并对其中的关系进行有效的治理与更新，是提升派系内企业创新绩效的重要方式（Fang，Lee，et al.，2010）[⑤]。有些国内学者也认为基于技术合作派系的形成和发展已逐渐成为联盟创新网络演化的重要内容，并能够有效地促进企业乃至整个产

---

① GRANOVETTER. Economic action and social structure：The problem of embededness［J］. American Journal of Sociology，1985，91（3）：481-510.

② GOYAL，S.，VEGA- REDONDO，F. Network formation and social coordination［J］. Games and Economic Behavior，2005（50）：178-207.

③ KAJIKAWA，Y.，Y. TAKEDA，et al. Multiscale analysis of interfirm networks in regional clusters［J］. Technovation，2010，30（3）：168-180.

④ BENDERSKY，C.，K. L. MCGINN. Perspective—Open to negotiation：Phenomeno-logical assumptions and knowledge dissemination［J］. Organization Science，2010，21（3）：781-797.

⑤ FANG，C.，J. LEE，et al. Balancing exploration and exploitation through structural design：The isolation of subgroups and organizational learning［J］. Organization Science，2010，21（3）：625-642.

业的创新产出（万炜等，2013；赵炎、孟庆时、郑向杰，2016）①②。

（三）联盟创新网络中知识流动问题研究

在知识经济时代，知识资源的有效获取和利用已成为企业赢取竞争优势的关键，企业间竞争的焦点从基于资源的竞争逐渐转向基于知识和能力的竞争。因此，如何促进联盟创新网络中知识资源的有效流动与转移已成为企业间合作创新的重要问题。近几年，较多学者开始关注联盟创新网络内的知识流动问题（邹波等，2011）③，包括知识流动与企业创新的关系（戴勇等，2011）④，并针对联盟创新网络中跨组织学习、知识转移、知识共享、知识耦合、合作知识创造及协同演化的问题进行理论研究、模拟仿真（孙耀吾、卫英平，2012）⑤。但是较多研究忽视了基于网络结构因素研究知识流动问题，尤其是派系结构方面的研究还很少（赵炎、孟庆时，2014）⑥。

从目前的研究来看，由于忽视了对联盟创新网络中局部网络集聚现象的研究，大多数对企业联盟创新网络的分析往往难以找到有针对性的网络资源配置方式（Provan，Fish，et al.，2007）⑦。对此，已经有学者指出，对于派系的研究是企业间合作创新网络研究的一个重要方向

① 万炜，曾德明，冯科，周昕．产业创新网络派系演进及其对技术创新的影响［J］．湖南大学学报（自然科学版），2013，40（11）：120-124.

② 赵炎，孟庆时，郑向杰．对中国汽车企业联盟网络抱团现象的探析［J］．科研管理，2016，37（4）：547-557.

③ 邹波，张庆普，孙锐．基于个体行为与网络结构互动的知识团队成员吸收能力研究［J］．研究与发展管理，2011，23（4）：19-28.

④ 戴勇，朱桂龙，肖丁丁．内部社会资本，知识流动与创新［J］．科学学研究，2011，29（7）：1046 -1055.

⑤ 孙耀吾，卫英平．高技术企业联盟知识扩散研究——基于小世界网络的视角［J］．管理科学学报，2012，14（12）：17-26.

⑥ 赵炎，孟庆时．创新网络中基于结派行为的企业创新能力评价［J］．科研管理，2014，35（7）：35-43.

⑦ PROVAN，K. G.，A. FISH，et al. Interorganizational networks at the network level：A review of the empirical literature on whole networks［J］. Journal of Management，2007，33（3）：479-516.

(Ahuja, Soda, et al., 2012)[①]。派系团体是利益关联密切的企业集合，其中的知识流动及其创新机制必然与一般派系有所差异，企业间联盟创新网络的派系问题需要引起更充分的重视。

① AHUJA, G., G. SODA, et al. The genesis and dynamics of organizational networks [J]. Organization Science, 2012, 23 (2): 434-448.

第四章　我国战略性新兴产业及其发展分析

我国自2009年提出规划和重点培育“战略性新兴产业”以来，相继出台多项措施促进产业的发展。近年来，战略性新兴产业的重点工程和项目建设逐步落实，相关体制机制改革深入推进，创新投入和创新能力持续提升，自主研发技术成果不断涌现，国际竞争力继续增强，区域集聚发展格局基本形成。与此同时，我国战略性新兴产业也面临着核心技术缺失、产业链不完备、保障机制不完善等一系列制约产业快速发展的突出问题，亟须深思和改进。

一、战略性新兴产业内涵界定

“战略性新兴产业”的概念首先在我国提出，它的提出和政策思路的形成有着特定的背景和理论内涵。

（一）概念由来

2008年发生的全球性金融危机使世界格局和经济发展方式面临着重新调整和深刻转型，而危机下的中国经济也遇到巨大的挑战，既要走出危机重振经济，又面临调整经济结构与发展模式的艰巨任务。历史经验表明，只有以开放的思维探索科学技术的创新与重大突破，才能为经济增长提供新的引擎，为世界经济和中国经济走出困境提供强大动力。

2009年2月，时任国务院总理温家宝明确我国要通过加强科技创新和发挥科学技术的支撑作用来应对国际金融危机、增强发展后劲，并提出要大力支持并积极发展一批具有战略性的高新技术产业和新兴产业来培育新的经济增长点。2009 年 5 月，时任国务院副总理李克强强调："要推动战略性新兴产业加快发展，培育新的经济增长点，促进经济长期平稳较快发展。"① 这是我国政府正式使用"战略性新兴产业"一词并见诸政府网站和公文。

此后，温家宝总理又在多次座谈会和讲话中阐述了战略性新兴产业的内容和特点，并指出要走创新驱动、内生增长的道路来推动中国经济长期、全面、协调地可持续发展，通过规划产业发展方向、部署主要任务使战略性新兴产业逐渐成为引导我国经济发展与科技进步的主导产业。从国家层面出台的一系列政策文件形成了产业发展的战略框架。

（二）内涵及特征

通过梳理产业概念的由来和政策思路的形成，可以对战略性新兴产业做如下界定：战略性新兴产业是在新兴技术驱动下发展起来的科技含量高、资源耗费少、发展潜力大、整体效益好的新兴产业，是体现国家战略发展，能够显著提升科技水平，并带动系列相关产业发展的先导性、支柱性产业。其内涵具体概括为以下三个方面：一是有着较强的规模经济，能产生正的外部性，并能够带动关联产业发展；二是具有较高科技含量，基于创新驱动发展，并能够在将来实现较高的生产效率；三是具有知识密集型、环境友好型特点，并有潜力成长为未来经济社会发展的支柱产业或主导产业。

因此，战略性新兴产业具有如下四个特征：

第一，战略性。基于国家层面考虑，这类产业战略地位突出，以获得国家利益为出发点，主要满足国家对于安全、科技、经济发展、环境资源等方面的需求，是一般产业无法替代的，与国家安全、科技实力、国家竞

① 李克强总理在财政支持新能源与节能环保等新兴产业发展工作座谈会上强调不失时机地发展战略性新兴产业［EB/OL］. http://www.gov.cn/ldhd/2009-05/21/content_1321039.htm, 2009.

争力和综合国力密切相关。

第二，导向性。要具有产业引领和支撑作用，并最终成长为国家的主导产业或支柱产业。首先，导向性体现为产业的技术领先，具有前瞻性和较快增长率，并且存在较大的潜在市场需求。其次，导向性体现为具有强大的联动作用，可以通过较强的产业关联带动相关产业成长，引导产业结构优化调整。最后，导向性体现为产业在带动其他产业发展的过程中，逐渐进化为主导产业，在实现规模经济后，最终成为支柱产业。

第三，创新驱动性。相关产业是科技创新最为集中的生产领域。坚实的科学理论是产业发展的基础，并催生着较多的突破式创新，也正是因为创新性突破，产业才具有较高的劳动生产率和较强的市场竞争力，战略性新兴产业是创新驱动型产业。因此，战略性新兴产业要坚持以技术突破为产业发展的核心，以具备持续的创新能力为产业发展的关键，才能实现真正的创新驱动。

第四，可持续发展性。相关产业是依靠科技创新建立和发展起来的，其创新必须适应低碳、绿色、环保、可持续发展的要求，以降低资源能源消耗为条件，以减少环境污染为结果。因此，产业发展过程中要考虑资源、环境方面的制约，走人与自然和谐的可持续发展道路。

二、战略性新兴产业发展现状

（一）产业类型

2009 年 11 月，时任国务院总理温家宝明确了战略性新兴产业涉及的一些领域：新能源、信息网络、新材料、生物医药、空间、海洋与地球探索等，标志着我国战略性新兴产业的选择已初具雏形。2010 年 4 月，成立相关小组①进行全国性的产业调研以明确整体发展思路，并着手起草支持

① 由国家发改委、科技部、工信部、财政部等 20 个部门组成的部际协调小组。

战略性新兴产业发展的相关文件①。在征求意见过程中，“民用航空”和“海洋工程”等一些领域被规划为战略性新兴产业，扩大了战略性新兴产业涉及的领域，这反映出各个相关产业为寻求发展积极进入国家规划的迫切心态。由于海洋产业在当时被一度看好，所以“海洋工程”作为单独一项产业领域被列入其中，但后来“海洋产业”不再被单独列出，“海洋工程”一项也被取消并归化为其他领域。

《国务院关于加快培育和发展战略性新兴产业的决定》的颁布，暗示了我国把战略性新兴产业作为引领经济发展、加快经济转型的产业的坚定决心。而后来《“十二五”国家战略性新兴产业发展规划》的出台对该决定做出进一步完善和细化，明确将高端装备制造、节能环保、生物、新材料、新能源、新能源汽车以及新一代信息技术等七大产业作为我国的战略性新兴产业进行规划和培育。

（二）发展状况

1. 高端装备制造业

与传统制造业相比，高端装备制造业是以技术发展为核心、处于产业链顶端的一类制造业。进入21世纪，我国装备制造业的整体技术水平持续提升，高端装备制造业的产业规模和产业格局逐步形成，并在多个领域取得重大进展。2018年高端装备制造业重点行业主营业务收入规模达1.4万亿元，其中2015—2018年年均增速达到7%。

第一，航空装备制造。“十二五”期间，我国航空装备制造业的产业技术能力和水平有了较大提升，产业体系及产业发展新模式不断健全和完善，航空基础建设进一步加强，经济效益持续提升。如图4-1所示，2011—2015年，民用航空业产值年均增长率达到33.9%，产值规模达2360.4亿元，并带动了一批产业的发展，产业宏观效应初见端倪。伴随着

① 《国务院关于加快培育和发展战略性新兴产业的决定》和《“十二五”国家战略性新兴产业发展规划》。

航空装备制造业的迅速发展，重点产品研制稳步推进，技术水平明显提升，关键技术攻关取得重要进展。2011 年以来，我国在大型客机领域取得重大进展；支线飞机产业稳步推进；通用飞机技术基础条件正在形成；航空动力预先研究成绩显著，设计体系初步建立；机载系统与空中交通管制系统研发力度不断加大，初步建立了系统与设备的设计研发、功能评估、测试与验证环；空中交通管制系统集成能力有了较大提高，能够自主研制生产大部分关键系统和设备；航空零部件制造领域正形成产业化规模，并在产品结构、技术含量和管理实践等方面引领国内航空制造的方向。其中，在“十三五”期间，我国航空装备实现重大突破，自主研发制造的 C919 大飞机实现首飞，ARJ21 实现商业化运营。

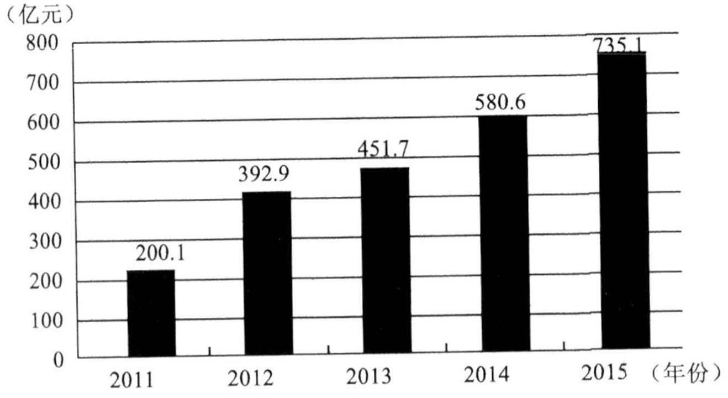

图 4-1　2011—2015 年民用航空业产值规模

数据来源：根据《中国民用航空工业统计年鉴》（2010—2015）整理。

第二，卫星及应用领域。为强化产业支持，助推产业发展，国家先后出台了多项促进卫星及其应用产业发展的相关政策和规划。2011 年以来，我国空间基础设施建设能力持续增强，实现了航天装备系列化、型谱化发展。重型火箭研发开展论证和关键技术研究，不断完善运载火箭型谱，并在新一代运载火箭研制上取得重大突破；载人空间站工程进入全面实施阶段，探月工程取得阶段性成果，火星探测任务正式立项，使我国空间技术实现了新的重大跨越。各类应用卫星实现连续稳定运行，卫星应用的范围不断拓展，为我国资源勘查、环境检测、气象预报、减灾防灾、空间试验、卫星导航等各项事业都提供了重要的支撑，带来了广泛的经济社会效益。卫星出口不断取得新突破，我国已组织实施了12个整星在轨交付项目，已为10余个国家进行了54次国际商业发射服务，遥感卫星、宇航设备及咨询服务也开始进入人们的视野。目前，我国空间基础设施框架基本形成，卫星研制与发射能力步入世界先进行列。其中，北斗三号全球系统正在建设之中，2018年11月发射北斗三号系统第十七颗、第十八颗组网卫星后，北斗三号工程基本系统空间段建设完成，卫星系统具备向“一带一路”沿线国家和地区提供导航服务的能力。2020年，将完成全球系统建设。

第三，海洋工程装备。进入21世纪，随着人类开发利用海洋深度和广度的拓展，我国海洋资源的开发也日益全面深入，海洋工程装备产业近年来也实现了快速增长，相关技术和配套产业逐渐完备，已初步形成总装和配套设备产业集聚区。随着技术水平的不断提升，我国海洋工程装备建造能力和产品质量获得国际普遍认可，市场份额不断提升。如图4-2所示，2011—2015年接单总值达到4803亿元，占全球总量的28%，其中2013年实现接单996亿元，首度超越韩国居世界首位，并于2014年和2015年持续保持世界第一。目前，辽宁号航母、蛟龙号深潜器、“造岛神器”天鲸号挖泥船均已投入使用，中国海洋工程装备接单量稳居世界第一。

第四，智能制造装备。经过30多年的发展，智能制造装备产业已培育出一批优势突出、特色鲜明的产业集群，在一些重点领域如新型传感器、智能控制系统、工业机器人、自动化成套生产线等领域已经获得突破性、标志性成果。目前我国智能制造装备已初步形成了较完善的产业体系，市场规模不断扩大。图4-3反映了我国智能制造装备产业在2011—2016年的市场规模情况。但是，受2018年和2019年中美贸易争端、部分外资企业扩大在华投资、汽车产销下滑等影响，我国部分智能制造装备产业如高档数控机床装备产业增长速度延缓。

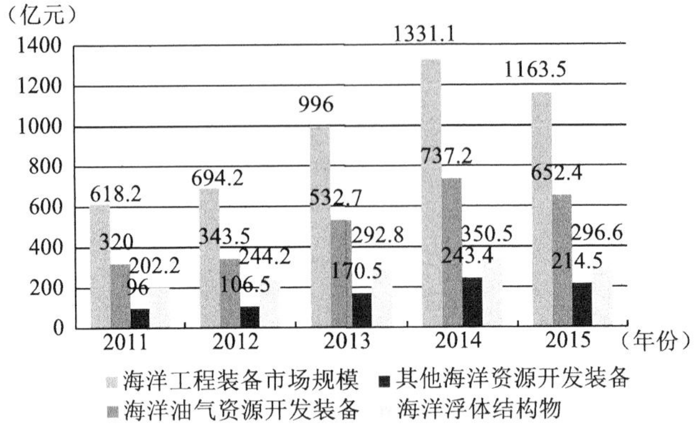

图 4-2　2011—2015 年海洋工程装备业市场规模

数据来源：中国海洋工程装备市场规模现状及需求结构分析［EB/OL］. 海洋网，http：//www . hello sea. net/ Economics /1/2017-09-15/44059. html.

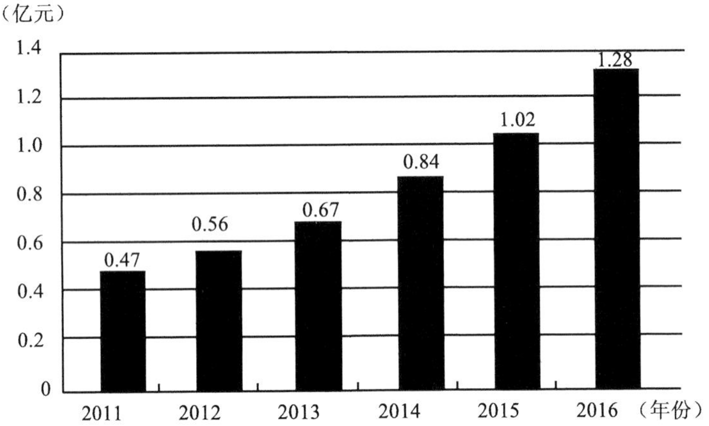

图 4-3　2011—2016 年智能制造装备业市场规模

数据来源：2017 年中国智能制造装备行业市场规模预测分析［EB/OL］. 中商情报网，https：//www. askci. com/news /chanye/20171103/164854111110. shtml.

2. 节能环保产业

环境污染、资源枯竭的威胁已成为阻碍我国经济可持续发展的主要因素，作为能够为保护环境、节约资源提供物质基础、技术保障和服务的综合性新兴产业，节能环保产业被确定为我国优先支柱产业进行培育[①]。2010—2017年，节能环保产业规模迅速扩张，年增长率达到15%～20%，产值从2万亿元增长到5.8万亿元。近些年，我国面临较大的节能环保压力，政府逐渐加大在该领域的投入，积极宣传相关知识来增强人们节能环保的意识，大批相关企业在政策引导下开始转型，市场上涌现了一批节能环保的技术和产品，节能环保产业对我国保护环境、节约资源，引领经济社会可持续发展的重要作用开始凸显。同时，节能环保产业的相关服务业比较活跃，其发展速度高于该产业的其他领域，由图4-4可知，2011—2016年该领域的产值规模呈现出较大比率的增长。

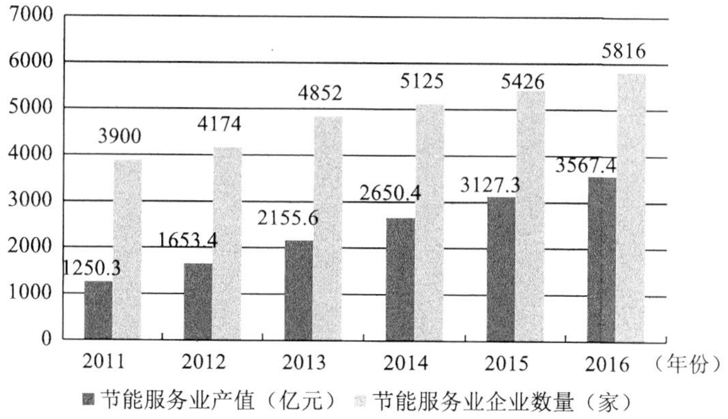

图4-4　2011—2016年节能服务业情况

数据来源：根据中国节能协会、前瞻产业研究院数据整理所得。

目前，相关产业的技术发展取得了较大进步，多个领域的技术已达到世界先进水平，相关的产品已可满足社会经济发展的需求。节能技术大幅推广，尤其在建筑和工业领域的应用已取得有效进展；在家电、建材等生活领域的节能技术也得到广泛的应用。此外，由于节能环保产业的技术关联严紧，产业的地域分布较为集中。如技术研发、产品设计等产业的高端

① 《“十二五”国家战略性新兴产业发展规划》中明确指出节能环保产业包括节能产业、环保产业和资源循环利用产业三大领域。

领域集中于我国东部地区，而相关产品的生产较多聚集在中西部地区，并形成了一批比较有特色的产业园区。随着这些园区逐渐聚集较多的创新资源，生产工艺水平也得到大幅度提升，较多企业具备了较强的持续发展能力，预计到2020年，我国将形成20个高水平产业集聚区。

3. 生物产业

生物产业是以生命科学理论为基础，主要从事生物技术研发和产品生产的一类新兴产业，生物制药、生物农业、生物制造等就属于生物产业范畴，其中生物制药占整个产业的比重达70%，引领着生物产业的发展。生物制药是利用生物技术研发生产医药产品，该类产品创新性强、市场份额增长迅速。随着我国用于生物医药行业研发费用的不断投入，以及国内市场强大的医药需求和国家政策的鼓励，生物医药行业的总体规模快速增长。从图4-5可以看出，2011年以来，生物制药领域发展迅速，到2016年该领域的主营业务收入达到3350.17亿元，实现利润收入420.1亿元。

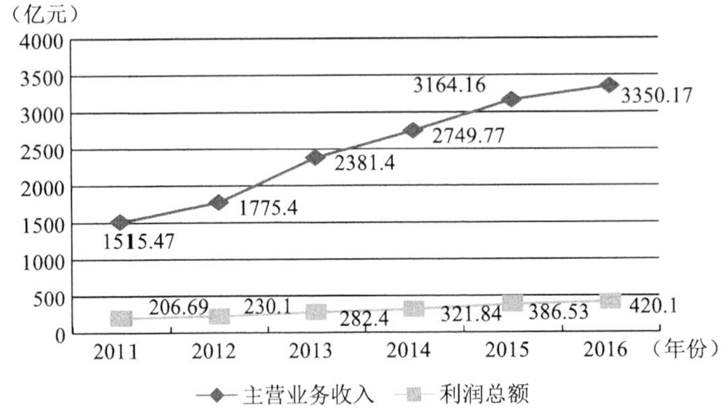

图4-5 2011—2016年生物制药产业业绩

数据来源：根据工信部2011—2016年医药工业经济运行分析数据整理所得。

此外，我国重点推进的生物影像技术的研究与开发，高强度超声聚焦治疗系统、高端医疗诊断服务等行业新方向的快速发展，产生了一批产值过100亿元的规模企业。在生命健康服务方面，我国基本建立了相对完整的人才培养体系，凝聚了一批具有科研实力的高校、医院、科研机构、医药公司及其他机构。在生物芯片领域，一批技术和产品各具特色的生物公司研制开发的具有自主知识产权的生物芯片及相关产品和仪器设备，获得了国家认证，并已实现产业化生产。在基因诊断领域，以华大基因为首的中国众多基因公司已研发推出了自己的基因测序仪，基因测序能力已进入世界前列，且逐步打破了基因检测设备的国外垄断。

在生物农业方面，经过多年的发展，生物的育种及农用制品领域已取得重要进展并初具规模。其中，生物育种技术研究及产业化发展成效明显，在常规技术不断发展的基础上获得了一批核心技术的自主知识产权，抗虫水稻、抗虫玉米以及高产优质棉花、高品质奶牛等一批创新性成果达到国际领先水平。此外，农用制品领域的技术方面也取得了较大突破，相关技术的产业推广政策使得部分产品生产已形成规模。

在生物制造方面，相关产业技术不断取得突破，相关企业数量迅速增加，较多企业初具规模。在“十二五”期间，该领域的产值已超过 5500 亿元，年平均增速达到 8%。其中，生物发酵产品在 2015 年超过 2426 万吨，年均增长 5.7%；生物基材料行业保持年均 20%左右的增长速度，总产量已达到每年 600 万吨，到 2020 年产量有望翻一番；酶制剂行业的产量也保持了持续增长的势头，到 2016 年总产量已达 128 万标准吨。截至 2019 年，我国大宗发酵产品产量稳居世界第一，主要生物基材料品种产量和技术水平处于世界领先地位，多种传统石油化工产品和精细化学品实现生物质路线生产。

4. 新材料产业

新材料产业是国民经济的先导产业，也是其他战略性新兴产业发展的基础，该产业一般是指通过改造或研发创造具有新功能、高性能或特殊功能材料的产业，它往往是其他产业技术创新、产品质量升级的前提和保障。随着对新材料技术的长期探索与应用实践，目前新材料产业已发展成为我国品类较为齐全、体系相对完善的一类产业。2010—2016 年，我国新材料产业的总产值年增速超过24%，高出世界平均水平15个百分点，2016年达到2.65万亿元，年增速达35%（见图4-6）。2018年，我国新材料产业规模达到了3.9万亿元，在新材料产业的规模增长中，多类新材料如先进储能材料、光伏材料、稀土功能材料、超硬材料、玻璃纤维及其复合材料等的产能已位居世界前列，尤其是稀土功能材料产能远超其他国家，位居世界第一。

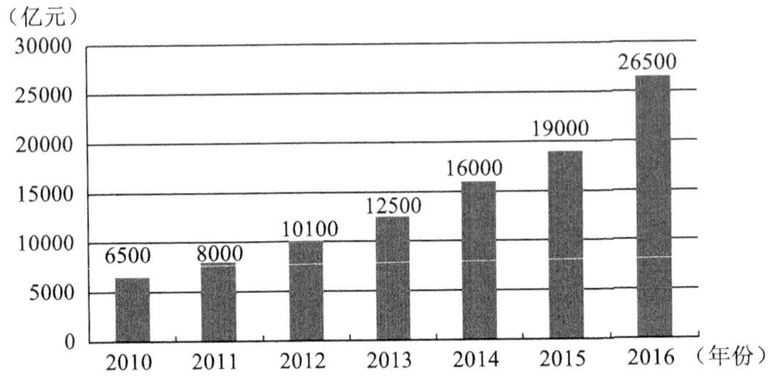

图4-6 2010—2016年新材料产业规模

数据来源：根据产业公开数据整理所得。

进入21世纪，基于新材料产业的重要地位，我国加大了对新材料研发的支持力度，使得产业化体系逐步形成并得到有效完善。目前已建有近400家相关国家重点实验室、国家工程中心和产业化基地，研究水平进一步提高，一批核心关键技术取得了实质性突破，较多创新技术已得到推广实践。如在人工晶体材料行业，部分光学晶体研究已达到国际领先水平并实现了商业化，部分激光晶体主要技术指标达到国际先进水平；在电池行业，一些关键技术指标达到国际先进水平，基本改变了依靠进口的局面；在碳纤维行业，T700和T800级的关键技术已得到改进，T300级产品已实现了稳定量产，具备大规模供货的能力。

我国高度重视新材料产业的发展，全国各地依托优势特色资源积极推动新材料产业基地建设，东部沿海地区由于拥有大量科技创新资源，雄厚的工业基础，较为完整的产业链和便利的交通物流，产业集聚的态势较为明显，而中西部地区依靠传统材料制造业的坚实基础和丰富的特色资源形成了特色产业的发展态势。新材料产业的持续进步，为其他战略性新兴产业的发展提供了重要的技术支撑，也为建设重大工程、构建节能环保社会提供了重要的物资保障。各地区组织推广的应用示范及支撑重大工程作用日益显现，为新材料产业的发展做出了积极贡献。

5. 新能源产业

新能源产业是基于高新技术对传统能源进行革新、对新能源进行有效开发和使用的一类新兴产业。主要涉及多个能源类别①尤其是可再生能源的开发和利用，但是国际上对新能源的界定和分类由于受到地区、时间、开发利用率、技术水平、应用范围等因素影响，目前并没有完全统一的标准。

21 世纪以来，我国新能源产业发展势头强劲，在多个领域都取得显著进展。目前我国在水电、风电以及光伏发电领域累计装机均已位居世界第一；光电行业发展已具备一定规模，在国际竞争中具有较大优势；风电行业保持强劲增长势头，已进入规模化稳定发展阶段，我国已是世界风电规模最大、发展速度最快的国家；生物能、海洋能、地热能等能源的开发技术已有所突破，有些已进入示范应用阶段。

在核能发展领域，我国坚持创新驱动战略，创新能力不断加强，是我国在世界上具有一定核心竞争力的高新技术领域。经过多年发展，我国核能的建设与运营管理已达到国际领先水平。如图 4-7 所示，2011 年以前，我国已建成并商用的机组有 6 台，共可发电 1034.8 万千瓦。在 2011—2014 年，受到日本福岛核电事故的影响，该领域的建设有所停滞。2015 年后又迎来新一轮建设高峰。截至 2016 年，我国合计已建成并商用的机组有 26 台。2016 年全年，我国核能总发电量为 2105.19 亿千瓦时，与 2015 年相比上涨 25.07%（见图 4-8）。截至 2019 年 6 月，我国运

① 主要涉及太阳能、风能、水能、核能、生物能源、海洋能、地热能和氢能，以及煤炭的清洁高效转化与利用、非常规油气开发利用、智能电网等产业领域。

行核电机组达到47台，其中，台山2号机组、阳江6号机组于2019年6月首次并网。总体上看，我国核电稳步发展，核能科技朝“先进化、智能化、小型化、多功能化”的方向发展。

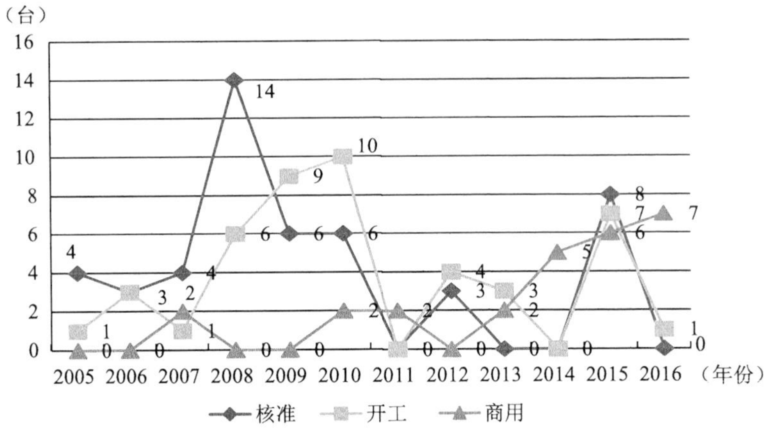

图4-7　我国2005—2016年核准、开工及投入商运的核电机组数量统计

数据来源：根据产业公开数据整理所得。

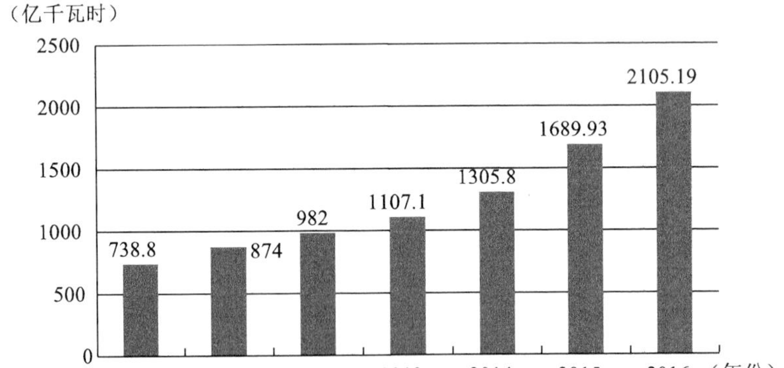

图4-8　我国2010—2016年核电年发电量

数据来源：根据产业公开数据整理所得。

经过“十三五”期间的大力发展，新能源产业的其他领域也都取得了积极进展。在煤炭清洁高效转化与利用领域，煤电清洁化水平、系统效率等取得重大突破，传统燃煤电厂污染物超低排放、先进高效煤电技术及煤气化新技术发电等方面技术进步明显，煤炭转化工艺技术更趋优化、产品定位和产业发展思路更加清晰。在特殊油气资源的开发利用领域取得了突破性进展。在智能电网和储能产业领域，核心技术、装备和示范应用等多个技术也都实现了“中国制造”，一些技术已经在全球处于领先地位。

6. 新能源汽车产业

新能源汽车产业是指为使用非常规燃料作为汽车动力来源，在驱动技术、动力控制以及汽车装配等方面进行研发和生产的一类新兴产业。目前主要根据动力来源对新能源汽车产业进行分类，主要包括混动、纯电、氢动等几个产业细分类别。当前，我国在面临节能减排压力、汽车产业转型升级和全球提倡环保的大背景下，需要更加高度重视新能源汽车产业的发展。

从产业规模来看，如图 4-9 所示，2010 年我国总产量仅有 0.72 万辆，不足全世界总产量的千分之一。2012 年产销首度突破一万辆，之后产销规模持续快速提升。2014 年、2015 年连续两年产销量同比增长均超过 300%。2016 年增长速度有所放缓，产销量仍然达到 50 多万辆，年增长率超过了 50%，占全国汽车产量的比重达到了 1.84%。虽然所占比例仍然很小，但增幅远超整体市场，随着新能源汽车产销规模持续提升，比例会加速扩大。从车型分布来看，纯电动车型是生产与销售的主力产品，产销量和增长速度均远超插电式混动车型。从乘用车与商用车分布来看，如图 4-10 所示，我国新能源乘用车的产销量和增长速度都明显高于新能源商用车。

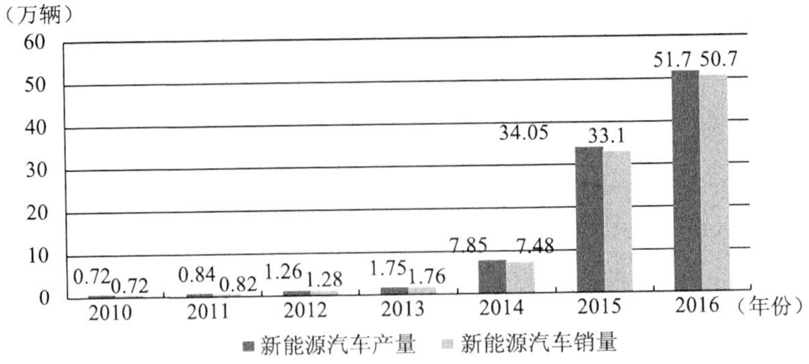

图 4-9　2010—2016 年新能源汽车市场情况

数据来源：根据产业公开数据整理所得。

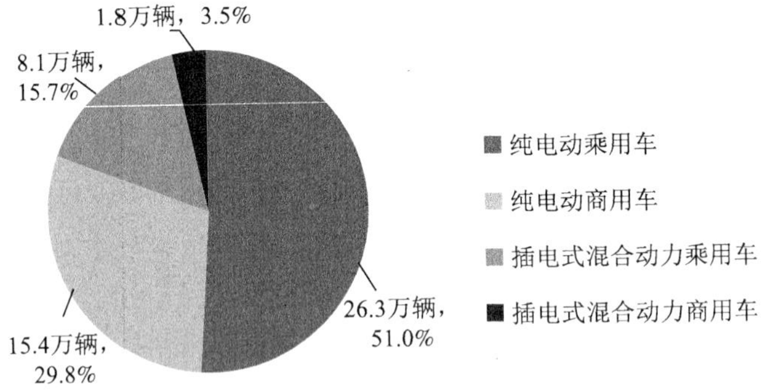

图 4-10　2016 年乘用车与商用车分布情况

数据来源：根据产业公开数据整理所得。

经过近 20 年的发展，我国新能源汽车已经形成完整产业体系，在研发、产业、市场、政策创新和基础设施建设、标准体系建设、商业模式创新等方面均成效显著，已呈现明显的综合优势，产业竞争力正在逐渐形成，成为驱动世界汽车产业电动化的中坚力量。2018 年，我国新能源汽车产销分别达到了 127 万辆和 125.6 万辆，同比增长分别为 59.9% 和 61.7%，新能源汽车销量增速远超汽车产业总增速，占比稳步上升。截至 2018 年底，我国电动汽车保有量近 300 万辆，已成为新能源汽车发展最快、产量最高、保有量最多的国家。

近年来，我国新能源汽车产业技术的自主研发水平稳步提高，产品性能趋近于国际水准。在整车制造领域，多种车型生产中的一些核心关键技术都取得突破和进展，产品成熟度大幅提升。在关键零部件制造领域，我国驱动电机技术水平明显提升，产业化进程加速，并形成系列化产品结构，基本满足市场需求。利用我国电机产业技术基础和稀土资源优势，逐步形成了车用永磁电机技术特色，多家电机企业研制出高速高密度永磁电机。此外，在电机制造工艺、原材料、关键零部件及系统集成技术方面也均有所突破。在动力电池制造方面，我国已基本掌握电池材料、单体电池、电池系统、批量生产工艺等核心技术，部分技术水平已达到国际先进水平。作为混动力核心部件的机电耦合系统，我国也取得了重要的技术突破，多技术路线并行发展，比如在构型方面有上汽研制出的 EDU 系统串并联方案、比亚迪 P3 构型方案和 CHS 混合动力系统的功率分流方案。

随着新能源汽车产业的高速发展，相关配套设施的建设也得到高度重视。自 2012 年以来，多部门陆续颁布了全面促进新能源汽车产业相关基础设施建设的政策，涵盖电力接入与运营、充电桩的规划与布局等多个方面。近年来我国充电基础设施行业环境持续改善，建设速度不断加快，市场需求不断增加，行业活力持续增强，充电应用环境取得长足进展，初步构建起城市及城际充电网络。在顶层规划出台、国内充电标准体系初步建立、全国电动汽车充电基础设施促进联盟成立的背景下，社会各界也积极参与到充电基础设施行业发展中来，多种创新型建设及运营模式不断涌现，合力加快充电基础设施配套步伐。

7. 新一代信息技术产业

以 AI、新一代网络与通信、大数据、云计算等为代表的新一代信息技术产业迅猛发展，在生产生活领域广泛应用和全面渗透，极大拓展了人类认识世界和改造世界的能力。新一代信息技术产业主要是指更加高端和先进的信息技术产业，包括信息设备的制造和相关服务。信息产业涉及范围广，交叉渗透性强，技术、产品、服务、模式的创新都会拓宽信息技术涉及的领域，因此新一代信息技术产业的内容和发展方向也会随之发生变化。随着大数据时代的到来，新一代信息技术产业成为其他相关产业发展的重要抓手，通过形成规模巨大的新兴增长点，最终成为实现技术创新、提升整体竞争力的动力引擎。

在我国产业政策的推动下，新一代信息技术产业整体发展迅猛，发展势头强劲，有力地促进了我国信息产业规模的增长和结构的优化。2016 年我国电子信息产业收入为 17 万亿元（见图 4-11），利润总额 1.3 万亿元，年均增速达 11.6%和 17.3%，其中电子信息制造业和软件业占比较大。在电子信息制造业中，龙头企业数量不断增多，企业和产品竞争力持续提升，支撑作用不断增强，在工业经济中保持了领先地位。在相关服务业中，服务化趋势明显，其中信息技术服务比重过半，产业结构逐步向高端转型。

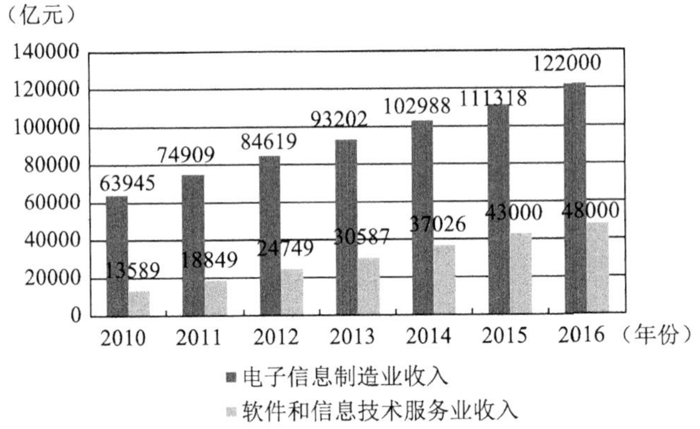

图 4-11　2010—2016 年信息产业收入情况

数据来源：根据工业和信息化部网站相关数据整理。

我国新一代信息技术无论是软硬件还是内容和服务领域，创新速度都在不断加快，目前正处于从跟踪模仿发达国家到以创新驱动为引领，实现并跑甚至是领跑的转型关键期。我国的信息技术产业从关键技术、制造工艺到标准制定，从硬件技术提升、应用平台搭建到信息产业生态群初显，从技术—研发—应用的创新链、芯片—网络—终端—平台—服务的产业链整合模式到创新的商业模式，投入的资金和人才不断增加，有效技术创新取得突破，部分产业已具有较强的国际竞争优势。

信息技术已渗透到经济社会发展的各个方面，能否与其他产业进行有效的融合与协同已是现代经济发展效率提升的关键。例如，与农业融合体现在发展智慧农业助力传统农业实现数字化转型；与制造业融合使制造业从生产型向服务型转变；与服务业融合发展出各种新兴服务，推动了服务业向信息化、定制化方向发展。此外，我国也更加重视电子信息产业内的协同发展，以核心关键技术为牵引，加强产业链上各环节的协同创新和融合发展。针对我国战略性新兴产业发展对高端芯片的需求，在前期产业链创新布局的基础上，突出产业链上下游的资源整合与协同创新。信息技术对产业链的驱动引领作用逐步显现，促进了物联网、云计算等行业的迅速兴起，创新了商业发展模式，并催生了数字创意等新兴的产业业态，实现了多个产业链间的交叉融合与协同发展。

（三）存在的问题

我国战略性新兴产业经过近些年的快速发展，已具备一定的技术基础和人才储备，取得的成绩十分值得肯定，市场空间巨大，但面临的问题也亟须深思和改进，以驱动该类产业更好地发展。

1. 自主创新能力不足，核心竞争力有待提升

经过多年的发展，该类产业获得了长足进步，自主化技术水平稳步提高，在部分领域已掌握了核心关键技术，甚至有些技术已经处于国际先进行列，产业技术能力和水平有了较大提升。但整体而言，我国的战略性新兴产业技术成熟度不高，产业化刚刚起步，在自主创新及研发投入方面仍然存在着诸多问题。

一方面，目前我国的自主设计和制造能力大多处于中低端水平，在中高端产品领域仍然面临自主研发能力薄弱、关键技术不强、重要零部件及

相关设备对国外依赖度高等问题。究其原因，主要是企业研发投入不足，参与研发创新少、跟踪生产仿制多，缺乏自己的核心技术、知识产权和自主品牌，科技创新的引领和主导作用不够，没有完全形成创新驱动的发展模式。比如，在生物制造领域，我国在合成生物学和高通量筛选等基础技术领域、新型生物反应器的设计及其技术，以及分离提纯等工艺过程方面，与日本和欧美等发酵技术领先国家还存在差距，一些前沿产品技术目前尚未突破，或者发酵过程的转化率及最终产品的纯度和品质有所缺陷，使产品缺乏性能和成本优势。在医疗器械制造领域，我国生物医用材料和植入器械年耗量仅有美国的1/10，其中，高端医用材料和器械80%左右需要从国外输入，远不能满足我国对相关医用产品的基本需求。在新能源汽车领域，应用于电池及电机等三元、磷酸铁锂、钕铁硼磁铁等核心材料的发现、新兴动力系统的解决方案，以及仿真模型等大多由国外提出、完成，从而形成技术壁垒。由于基础技术积累能量薄弱，我国新能源汽车短期内只能是对国外技术进行模仿组装。而纯电动汽车的生产则面临一些新材料和新储能系统短期内难以实现产业化突破问题，燃料电池汽车则面临触媒催化剂改良、氢气制备与传输储存成本高、规模化生产等问题。

另一方面，在涉及材料、能源、交通、信息等多个产业的交叉领域，各政府主管部门往往只围绕各自的领域部署发展方向和支持重点，缺乏协调统一的顶层设计和整体布局，相关政策和规划也未能从全产业链协同发展的层面进行统筹考虑，造成资源整合利用能力差、协同创新动力不足、资金投入有限、共性研发平台数量和范围有限、交叉领域投入不足等问题。对于涉及多个产业领域的一些具有基础性、系统性、关联性的共性技术，整体上尚未形成良好的技术创新发展环境。比如对新能源汽车与可再生电力、智能电网、氢能源等新型能源技术融合研发的引导与投入明显不足。此外，现有研发投入精确化程度不高，投入较为分散，对关键核心技术及周边技术等研发投入，需要从综合技术前瞻性布局及市场应用两个角度安排优先次序，但目前对产业技术创新链上的关键核心技术研发投入不够，欠缺急缺核心技术与基础原创技术的重要性分类以及金额分配标准。

2. 产业链不完备，产业集中度低

发展产业集群是快速实现经济布局和建设国家创新体系的推动力，近年来，我国在环渤海、长三角、珠三角等地区围绕不同产业领域推动建设了一批产业集群。但部分产业规模小，产业链不完备，关联度低，生产衔接不够紧密，产业链上各环节的协调及配套服务存在滞后性，集群效应差等问题明显，尚未形成集聚发展的良性态势。以航空装备业为例，该产业属于技术密集型先进制造业，产业链长，带动效应强，产业链涉及冶金化工、信息技术、能源、材料以及基础设施建设、金融服务等各个产业领域。具体涉及上游的零部件生产，下游的营销、运营、服务和维修，核心是飞机的研发设计、生产制造和试验飞行。但目前我国的航空装备产业并未形成完整的产业链，且产业规模小，产品种类偏少，集群效应不明显。如航空发动机领域，该领域是航空装备产业中的明珠，代表顶级的工业技能，却是我国航空装备产业的短板，与国外差距明显，我国的航空发动机总体制造水平和市场份额均远落后于欧美发达国家，严重制约着我国各种类型飞机的制造。而航空材料、机载系统、空管系统、航空零部件制造等领域都存在航空发动机制造领域缺乏核心技术的类似问题，导致我国在航空装备产业的上游领域长期处于落后局面，难以满足下游飞机制造的需求，产业规模小，上下游产业之间连接不顺，供求失衡，影响整个产业链的发展，无法发挥集群效应。

我国部分产业结构也不尽合理，国家扶持和投资的产业更多倾向于国有企业和科研院所，对民营企业投入较少，虽然国家鼓励各类企业竞争国家大型项目，但是壁垒重重，尚未形成“以点带面”的联动效应。目前在产业发展中，中小企业、弱势企业多，产业集中度低、规模小，具有国际竞争优势的规模企业和龙头企业数量较少，行业规模效益水平低，竞争分散，低端领域存在过度竞争，价格控制能力弱，小而散的局面亟待改变。

比如，在生物制药领域，产业聚集现象明显，市场集中度非常高，欧美、日本等发达国家依靠其坚实的产业基础和技术优势，一直占据该领域的主导地位。虽然我国也逐步形成了一些重点生物医药发展区域，但发展模式还不成熟，缺乏龙头企业，与诸多国际医药巨头相比，无论实力还是财力都有很大差距。

3. 技术成果转化有待加强，市场培育不够

目前我国战略性新兴产业的技术研发能力主要集中在科研院所，而科研院所的研发缺乏对商业应用价值的综合评估和成本经济性的考虑，难以直接产业化。在应用研究方面，企业研发能力弱，进行产品和技术创新的积极性不高，导致以企业为主体整合各种创新资源进行研发创新的局面还需加强。如在生物农业领域，涉及动植物育种的全产业链的育种技术与市场化推广相脱节，产业的育种技术体系不完善，尤其是商业化市场经营体系尚未建立。在动植物健康领域，动植物健康治理系统集成度不够，药物研发单位与药物生产企业联系不紧密，导致产业技术创新针对性不强。在生物农药领域，目前处于国际前沿的是 RNA 干扰技术，2017 年美国的孟山都公司就凭借该技术首次被美国环保署批准作为杀虫剂使用，标志着 RNA 技术即将进入现实世界。而我国的相关机构和组织①都进行过该方面的研究，但并未实施转化，发挥其应有的商业价值。

作为新兴产业，该领域的部分产品价格高，公众接受程度低，导致产能低、市场需求小。以生物产业为例，在生物制造领域，生物基材料制品作为一种新兴事物，消费者和企业用户对其缺乏认知和信任，购买意愿较低。同时，由于目前许多生物基材料制品处于商业化初期，生产规模小、成本高，与石油基材料制品相比缺乏市场竞争力。此外，生物制造的企业大多规模不大，融资困难也是制约其发展的一个主要瓶颈。而政府对生物制品的采购范围小，采购制度不完善，又进一步制约了生物产业市场需求的扩张。因此，多种因素共同作用导致生物制造领域很多新产品市场需求

① 上海生命科学院、中山大学和南京大学等机构和组织。

较小，初期市场难以启动。而在转基因技术应用领域，公众对其安全性的认知存在较大分歧，导致相关产品的社会需求受到较大影响。

4. 基础工业和配套设施支撑力不强，绿色化服务有待提升

产业发展需要依靠基础工业的强力支撑，但是在部分领域，基础支撑力不强，基础设施配套不完善。以新能源汽车产业为例，从整车制造到电池、电极、电控等关键零部件，再追溯至正负极、永磁体、芯片等主要元器件，新能源汽车及其核心零部件的制造生产是以化工、电子、材料、机械等工业为基础的，而我国新能源汽车制造及零部件企业，大部分是新兴企业，缺乏制造经验，与传统工业融合度不高，缺乏基础工业的支撑。此外，新能源汽车正处于市场化初级阶段，在未实现规模化生产及销售、多数零部件企业规模小、实力不强的背景下，会导致整车企业可靠性、一致性难以提升，价格成本难以降低，或者配备低价、低质的零部件，拉低生产成本。在新能源基础设施配套方面，基础设施建设涉及顶层规划、电网扩容、安全管理、电价等各方面问题，而相关的政府、消防、供电、工商等部门又缺乏互相融合的政策及规范，导致产业相关配套建设进展缓慢。

随着社会经济的快速发展，资源短缺、污染严重等问题凸显，战略性新兴产业的发展重点也将向绿色化和服务化方向转变。但总体来看，目前多个产业领域还处在产业链、市场链以及创新链的中低端环节，绿色化、服务化的能力还有待提升，尤其是要走产品制造与价值链环节的绿色化产业发展道路。服务化是通过推动部分新兴产业与服务业的融合，促使这些产业由生产型向生产服务型转变。例如，节能环保服务业有着巨大的市场潜力，且近年来发展速度迅猛，但其在节能环保产业中所占的比重仍然偏低，水平也相对落后，巨大的环境服务市场潜力没有转化为有效的现实需求市场。目前，国内环保服务主要是咨询服务和托管服务，其他领域相对薄弱，市场化服务模式也有待完善。因此，我国相关产业要拓展国际业务的高端市场，必须向“绿色制造+服务”的商业模式转变。

5. 政策措施不完善，保障机制需健全

为鼓励和促进相关产业发展，我国在政策上给予了大量扶持，但具体

内容及落实情况仍需完善。一方面，由于区域间缺乏合理规划与布局，一些资源丰富地区的相关行业重复建设，产能严重过剩，造成资源浪费，而一些资源匮乏地区的同类行业则发展滞后，处于资源紧缺的局面。比如在新能源产业发展中，我国西部地区由于资源丰富，太阳能发电、风力发电等新能源发电行业快速发展，但是该地区消纳水平有限，输电通道建设又严重滞后，与东中部地区没有形成协同消纳市场，就导致了西部地区资源严重浪费，出现了放弃风能、太阳能资源，限制电力输送等现象。另一方面，由于政府的扶持力度不同，部分细分行业政策支持力度较大，企业在利益驱动下纷纷涌入该行业，导致部分产业领域出现产品冗余、资源浪费、市场竞争激烈的现象，而其他行业则由于政策不完善，扶持力度较小，发展受到限制。如光伏行业，随着光伏行业的连续爆发，各大光伏企业不约而同地进行了产能扩张，但由于国内外的市场规模有增长放缓趋势，需求没有实现同步增长，市场的供需压力加大，光伏企业大规模的生产扩张导致了相关产品的冗余，间接导致了资源浪费。除此之外，政府的优惠政策多集中于产业中游的生产制造环节，对上游研发环节和下游消费环节的扶持不够，这也造成了企业投入研发动力不足、消费者需求不旺的局面。

虽然近年来我国相继出台了多项措施鼓励、促进相关产业的发展，但保障机制还需健全，从技术研发到成果转化，再到产业化、市场化，都需要健全的保障机制。例如，在新材料产业领域就存在市场的准入机制不够健全，创新产品进入市场困难；行政审批周期长阻碍了企业创新的积极性；风险较大项目的开发缺少资金和风险保障机制的支持等问题，制约了新材料的创新和产业的发展。在新能源发电领域，由于新能源发电与电网之间技术上存在障碍且新能源发电量不稳定，区域间不能相互支撑及产生间歇性波动，导致新能源发电上网难；而智能电网的发展，又由于市场机制不健全，用户侧店家缺乏弹性，使智能电网的效果很难显现，市场化推广难度加大。在节能环保领域，由于企业间的一些恶性竞争打破了原有的市场竞争秩序，出现了低质生产低价铺销开拓市场的情况，产业相关领域的市场体系与管理机制有待进一步规范。在新能源汽车领域，有关电池规格尺寸统一、新能源汽车车辆碰撞测试、售后质保维修、电池梯次利用及回收等方面的标准制定不完善，且盲目跟从国际标准，缺乏对我国企业发展现状及趋势的考量，一定程度上脱离我国实际。

三、战略性新兴产业创新发展分析

（一）总体创新发展现状

随着世界经济的快速发展，技术创新已成为各国经济增长、技术进步的源泉，也是各国参与国际竞争、保持国际竞争力和提高综合国力的重要手段。我国发展战略性新兴产业体现了技术与产业的深度融合，而技术创新则是产业能否永葆活力、实现可持续发展的关键。虽然目前我国在产业发展过程中普遍存在自主创新能力不足、关键技术有待提升的问题，但近年来我国技术创新的速度以及研发水平都在稳步提高，重点领域也有所突破。专利作为创新成果的重要表现形式，能够反映一个国家或企业技术创新水平的高低，因此，接下来就以我国产业发明专利的获批情况客观地分析产业的创新发展水平。

1. 总体专利规模

经过“十二五”期间的培育发展，“十三五”时期我国相关产业发明专利申请、授权量增速明显，技术创新能力有了很大提升。2010 年至 2016 年七年间，我国受理并公开此类产业的专利申请量总计 166. 9 万件，占同期所有申请量的 30%；在此期间，战略性新兴产业申请的累计授权总量达到 69. 1 万件，2016 年一年的申请数量达到近 35. 2 万件，而当年授权获批的数量也达到了 15. 8 万件，分别是 2010 年的 2. 6 倍和 2. 8 倍（见图 4-12）。

图 4-12　2010—2016 年产业总体创新情况

数据来源：国家知识产权局规划发展司《战略性新兴产业专利统计分析报告（2014 年、2015 年、2017 年）》。

2. 发明专利增速

从申请量来看，2010—2016 年，我国战略性新兴产业专利申请公开量从 13.3 万件增长到 35.2 万件，年均增速为 17.82%。其中，2010—2012 年申请增速较快，增长率达到 20.08%；2012 年增速最高，年增长率达 33.29%；2013 年以后，增速有所放缓，2016 年降至 9.26%。在所有产业的专利申请量呈现出较快增速的情况下，战略性新兴产业技术创新的优势并未凸显。从图 4-13 可以看出，除 2012 年、2014 年战略性新兴产业发明专利申请量增速超过同期整体申请量增速外，其余年份均低于同期发明专利申请总体的年增长率，且 2015 年、2016 年还有拉大差距的趋势。并且战略性新兴产业发明专利申请在同期发明专利总申请中的占比亦呈略微下降趋势（从 34.01%下降到 26.27%）。综上所述，战略性新兴产业的发明专利申请增速优势并不明显，在数量方面未能发挥科技创新领军者的作用。

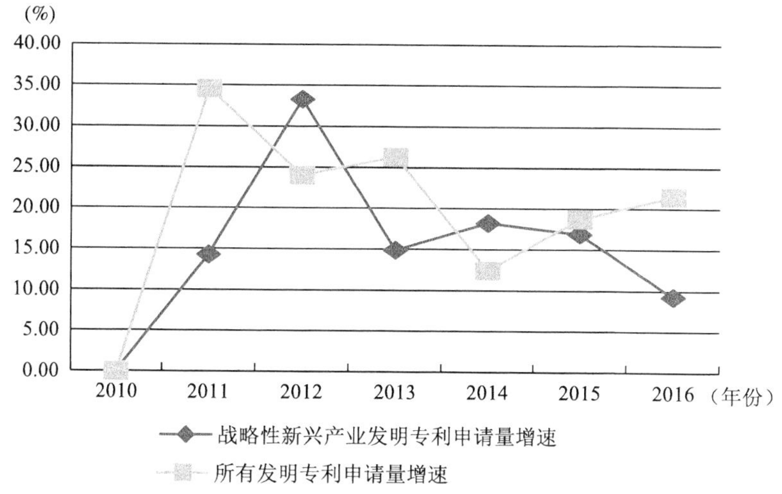

图 4-13　2010—2016 年专利申请量增速对比

数据来源：国家知识产权局规划发展司《战略性新兴产业专利统计分析报告（2014 年、2015 年、2017 年）》。

从授权量来看，2010 年至 2016 年，我国战略性新兴产业专利授权量从 5.6 万件增长至 15.8 万件，年均增速 19.59%，2016 年的同比增速达到 23.76%。虽然授权量整体呈递增趋势，但逐年增幅明显不均。其中，2011 年、2012 年增幅较大，年增长率分别达到 25.91%和 30.11%；但这一优势并未能持续保持，2013 年、2014 年出现发展停滞现象，年增长率仅为 0.90%和-0.22%；2015 年、2016 年授权量出现回升，增速分别达到 37.09%、23.76%（见图 4-14）。与同期授权总量相比，2010 年至 2016 年，授权专利数的增速（19.59%）略低于同期总体的增速（21.34%）。从比重上来看，2010 年至 2013 年，专利授权量在同期授权总量中的比重均在 40%以上，2013 年达到 44.77%，此后逐年降低，在 2016 年比重降到 39.01%。

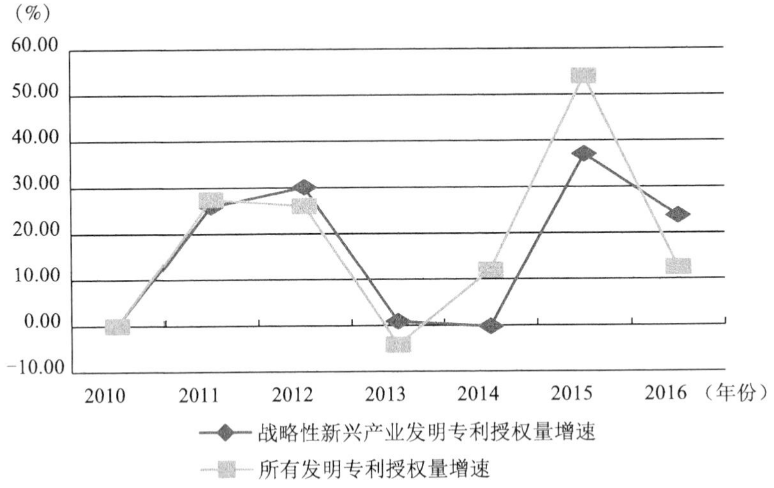

图 4-14　2010—2016 年专利授权量增速对比

数据来源：国家知识产权局规划发展司《战略性新兴产业专利统计分析报告（2014 年、2015 年、2017 年）》。

（二）各产业创新发展现状

1. 专利整体分布情况

2011—2015 年，从七大战略性新兴产业在我国的专利申请情况来看（见表 4-1、图 4-15），节能环保产业在这五年间的申请量是 448592 件，占各产业合计总数的 28.42%，位居第一。生物产业和新一代信息技术产业的申请总量分别为 377966 件和 340344 件，分别占各产业合计量的 23.94%和 21.56%。三个产业的专利规模占七大战略性产业专利总量的 73.92%，位于第一梯队。而新材料产业、新能源产业和高端装备制造业等三大产业则位于第二梯队，专利申请总量分别占七大产业专利总量的 9.09%、8.38%和 6.65%。位于第三梯队的只剩下新能源汽车产业，其申请量仅占七大产业申请总量的 1.96%。而 2011—2015 年专利授权量比例基本上和申请量吻合，具体见图 4-16。需要说明的是，2014—2015 年的专利申请量存在下降的趋势，可能的原因是专利申请的公开需要一定周期，而国内申请人2014年、2015年提交的部分申请以及国外申请人2013年以后提交的部分申请还未能公开。此外，本部分涉及这些年份的专利数据还不能统计完全，由于申请公示滞后有被低估的情况。

表4-1　2011—2015年专利申请分布情况　　单位：件

产业分类	申请	授权	发明数量	实用新型数量
高端装备制造业	105018	78445	61412	43606
节能环保产业	448592	293379	235319	213273
生物产业	377966	169019	236524	109664
新材料产业	143439	85733	129754	13685
新能源产业	132451	73736	64157	60117
新能源汽车产业	30902	21282	20864	10038
新一代信息技术产业	340344	232605	255716	84628

数据来源：国家知识产权局规划发展司《战略性新兴产业专利统计分析报告（2014年、2015年、2017年）》。

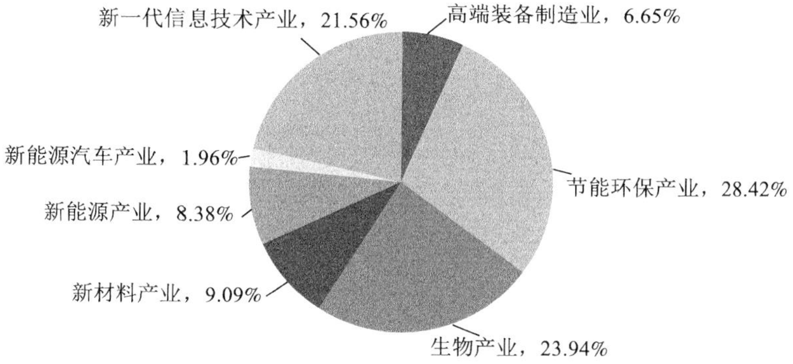

图4-15　2011—2015年专利申请量比例示意图

数据来源：国家知识产权局规划发展司《战略性新兴产业专利统计分析报告（2014年、2015年、2017年）》。

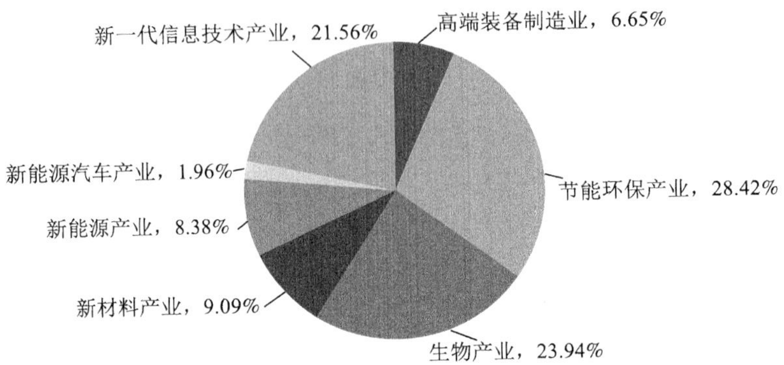

图 4-16　2011—2015 年专利授权量比例示意图

数据来源：国家知识产权局规划发展司《战略性新兴产业专利统计分析报告（2014 年、2015 年、2017 年）》。

2. 七大产业创新现状分析

（1）高端装备制造业。1995—2015 年，高端装备制造业在我国专利的申请总量为 187099 件，发明专利是 118143 件，实用新型专利是 68951 件，分别占高端装备制造业专利申请总量的 63%和 37%（见表 4-2）。从 1995—2015 年高端装备制造业专利申请数及类型的发展趋势可以看出（见图 4-17），1995—2013 年，我国高端装备制造业发明专利和实用新型专利以及总体的年申请量都有较大的增速，整体上反映出高端装备制造业一直是研发创新的热点领域，且发明专利的年申请量远高于实用新型专利。但是，在 2014 年和 2015 年三者数量都出现了不同程度的下降。

表 4-2　1995—2015 年高端装备制造业创新情况　　单位：件

年份	申请数	发明专利数量	实用新型专利数量
1995—2010	82081	56731	25345
2011—2015	105018	61412	43606
合计	187099	118143	68951

数据来源：国家知识产权局规划发展司《战略性新兴产业专利技术动向分析报告——高端装备制造产业（2016 年）》。

2011—2015 年是国家实施“十二五”战略规划的时间，在政策的支撑下，高端装备制造业的专利申请量处于快速增长状态，该领域创新主体的专利保护意识也有所加强。从表 4-2 中可以看出，这五年期间（2011—2015 年）的各项专利数据均比 2010 年前的各项数据之和高，总量达到 105018 件，发明专利和实用新型专利的增长幅度分别达到 108%和 172%。反映出在“十二五”期间，高端装备制造业的创新主体对知识产权的重视程度增强，创新主体更多地采用实用新型专利进行快速布局。

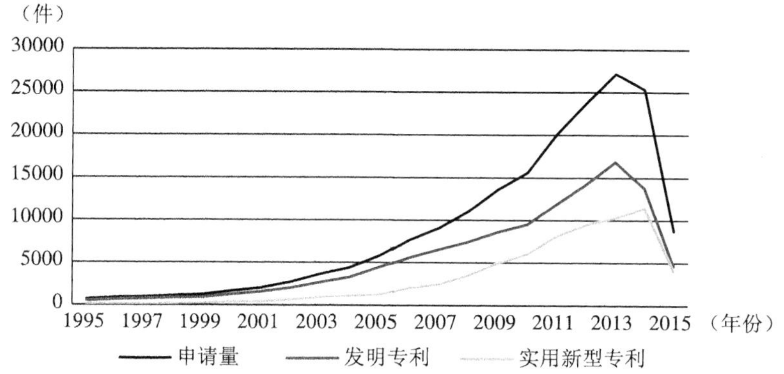

图 4-17　1995—2015 年高端装备制造业创新发展趋势

数据来源：国家知识产权局规划发展司《战略性新兴产业专利技术动向分析报告——高端装备制造产业（2016 年）》。

（2）节能环保产业。从表 4-3 中可以看出，1995—2015 年节能环保产业在我国申请专利的数量达到 798000 件，发明和实用新型专利数分别为 444365 件和 353635 件，占比分别为 56%和 44%，二者差距并不太大，这主要是由于节能环保产业中涉及大量装置类产品专利，企业往往会有意识地挑选审核期限较短的实用新型专利保护形式，以较短的时间取得知识产权。

表 4-3　1995—2015 年节能环保产业创新情况　　单位：件

年份	申请数	发明专利数量	实用新型专利数量
1995—2010	349408	209046	140362

续表

年份	申请数	发明专利数量	实用新型专利数量
2011—2015	448592	235319	213273
合计	798000	444365	353635

数据来源：国家知识产权局规划发展司《节能环保产业专利技术动向分析报告（2016 年）》。

从 1995—2015 年节能环保产业专利申请数及类型的发展趋势可以看出（见图 4-18），2001 年以前节能环保产业专利年申请数量增长缓慢，2002 年以后的申请量呈大幅度增长的态势，其中 2013 年的涨幅最为显著；从具体类型来看，实用新型专利的涨幅大于发明专利的涨幅。这一方面是受国家政策的影响，国家大力推进节能减排，发展循环经济，国内创新主体的专利意识增强。另一方面是由于实用新型专利采用初审制度，审查周期短，授权率高，对于技术更新较快的领域，申请实用新型专利是尽快获得技术保护的较好途径，其短平快的特点越来越受到申请人的青睐。

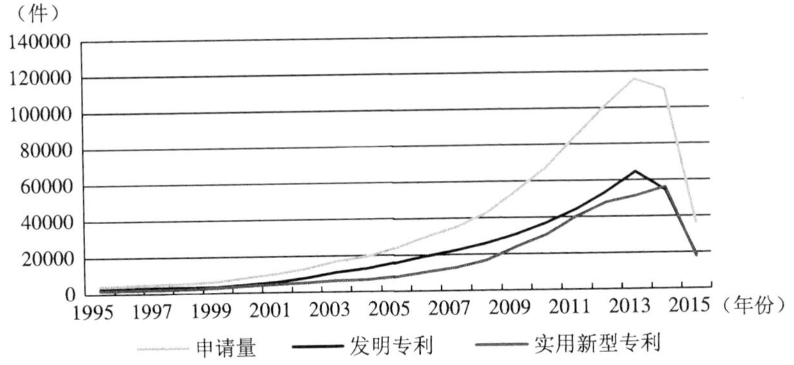

图 4-18　1995—2015 年节能环保产业创新发展趋势

数据来源：国家知识产权局规划发展司《节能环保产业专利技术动向分析报告（2016 年）》。

（3）生物产业。在表 4-4 中，1995—2015 年我国生物产业的专利申请数量总计达到 773133 件，发明专利数量较多，达到 448637 件，实用新型方面的数量也有 194194 件，发明专利方面的数量相比于实用新型专利有着绝对的优势，体现了生物产业领域技术创新的质量较高。

表 4-4 1995—2015 年生物产业创新情况

单位：件

年份	申请数	发明专利数量	实用新型专利数量
1995—2010	395167	212113	84530
2011—2015	377966	236524	109664
合计	773133	448637	194194

数据来源：国家知识产权局规划发展司《生物产业专利技术动向分析报告（2016 年）》。

从 1995—2015 年我国生物产业专利申请数及类型的发展趋势可以看出（见图 4-19），目前国内生物产业的专利申请，无论哪种类型的专利申请总体都呈现出稳定增长的态势，发明专利的增长幅度更是显著。“十二五”期间国内发明专利申请数量增速尤为明显，远远高于实用新型专利的增长速度。可以看出，随着科技发展以及我国一系列创新鼓励政策的相继出台，国内创新环境进一步改善，我国在生物领域的创新成果不断涌现，国内研究机构和研究者专利意识不断增强，更加注重以专利的形式保护知识产权。

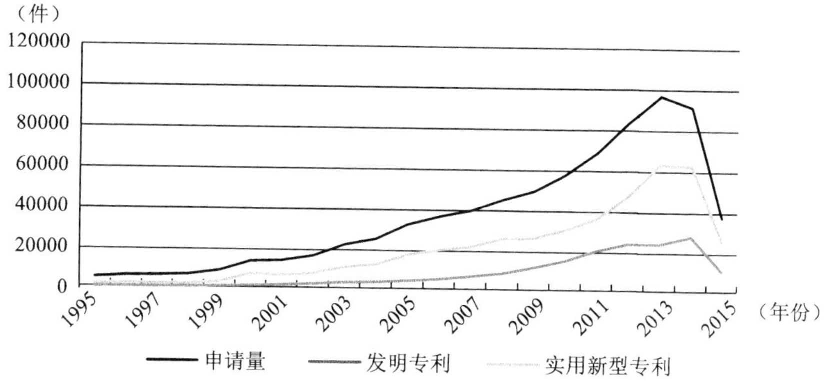

图 4-19 1995—2015 年生物产业创新发展趋势

数据来源：国家知识产权局规划发展司《生物产业专利技术动向分析报告（2016 年）》。

（4）新材料产业。从表 4-5 中可以看出，在 1995—2015 年我国新材料产业专利申请的数量达到 284115 件，其中发明专利方面的数量多达

262651件，占比超过92%，具有绝对优势。这一方面是由于新材料产业涉及诸多制造方法，不属于实用新型保护范畴，另一方面也反映了申请人对专利的稳定性比较看重，因为相较于实用新型专利，发明专利的知识产权具有更高的稳定性。

表4-5 1995—2015年新材料产业创新情况

单位：件

年份	申请数	发明专利数量	实用新型专利数量
1995—2010	140676	132897	7773
2011—2015	143439	129754	13685
合计	284115	262651	21458

数据来源：国家知识产权局规划发展司《新材料产业专利技术动向分析报告（2016年）》。

从新材料产业在我国的历年专利申请发展趋势可以看出（见图4-20），新材料产业的专利申请整体上都处于增长中，且发明专利数量增长趋势较为显著，而实用新型专利的总体规模以及增长速度明显要低于发明专利，并且从2012年开始趋于稳定。这种变化趋势反映了新材料产业在我国经历了一个长足发展阶段，并且与我国的相关政策和经济发展是密切相关的。至于2014年开始出现下滑态势，一方面可能是因为专利申请还未完全公开，另一方面也可能是由于新材料产业在具备一定技术支撑的基础上开始转型，相关研究和发展更加深入和成熟，专利申请也就不再单纯地追求数量。整体看来，在2011—2015年，新材料产业的专利申请增长幅度明显要大于2010年以前的增长幅度，这很大程度上得益于国家在此期间实施的一系列关于促进战略性新兴产业发展以及针对新材料产业重点领域和方向规划的政策，促进了新材料产业的创新发展。

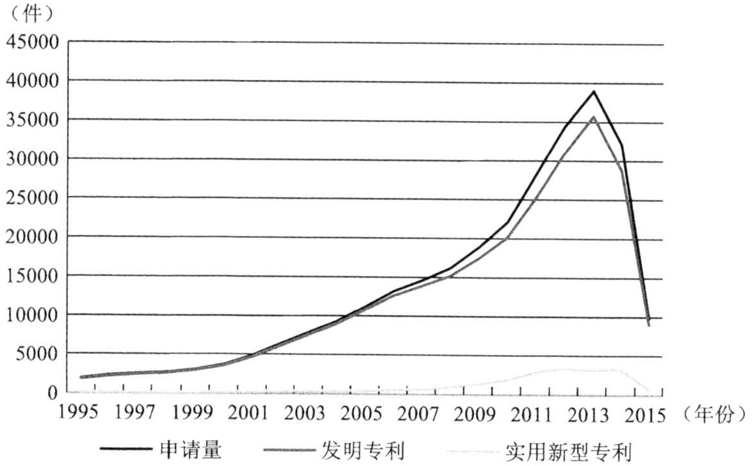

图 4-20　1995—2015 年新材料产业创新发展趋势

数据来源：国家知识产权局规划发展司《新材料产业专利技术动向分析报告（2016 年）》。

截至 2015 年，我国新材料产业的专利授权数量为 136687 件，仅是申请总数的 48%，整体占比偏低，这主要是受到 2010 年以前新材料产业的授权量相对较少的影响。从图 4-21 可以看到，2010 年以前，虽然专利授权量一直在增长但总量较低，仅约为申请总数的 36%，这反映出新材料产业虽然在“十二五”以前专利申请总数在增加，但创新质量并不高，整个产业仍处于发展初期。从 2011 年起，新材料产业的专利授权总数有较大幅度的增加，2013 年占比已接近 50%，2014 年，授权量占比已接近 60%，这表明随着技术的不断发展和成熟，专利质量显著提升。尤其值得注意的是，虽然 2014 年和 2015 年的数据统计还不完全，但这两年的专利授权量依然要高于此前的几年，这反映出进入“十二五”时期后，新材料产业的专利申请不再单纯地追求数量，转而更加注重专利质量，这也进一步说明了新材料产业的技术发展越来越成熟。

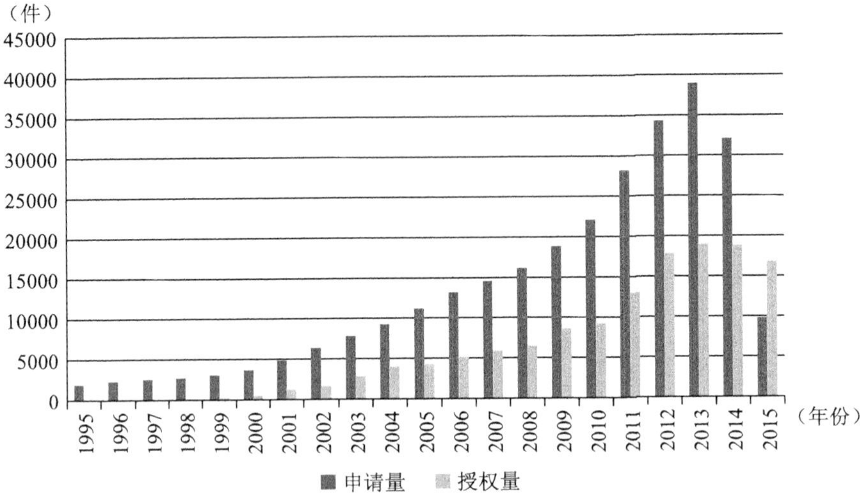

图 4-21　1995—2015 年新材料产业专利申请、授权趋势

数据来源：国家知识产权局规划发展司《新材料产业专利技术动向分析报告（2016 年）》。

（5）新能源产业。从 1995—2015 年我国新能源产业专利申请总体情况来看（见表 4-6），在 222948 件专利申请中，发明专利数量达到 101639 件，而实用新型专利数量也达到了 99019 件，二者占总体比重分别为 46% 和 44%，比例相当。

表 4-6　1995—2015 年新能源产业创新情况　　单位：件

年份	申请数	发明专利数量	实用新型专利数量
1995—2010	90497	37482	38902
2011—2015	132451	64157	60117
合计	222948	101639	99019

数据来源：国家知识产权局规划发展司《新能源产业专利技术动向分析报告（2016 年）》。

从新能源产业在我国的历年专利申请发展趋势来看（见图 4-22），1995—2015 年我国新能源产业专利申请分为缓慢增长期和快速增长期，2004 年以前专利数量增速较低，2005 年以后进入快速增长期，2011 年新能源产业的专利数达到 3 万件左右，此后一直稳定在较高水平。至于在

2014—2015年增长量出现降速态势，主要原因是在计数时一些专利申请还未完全公开。

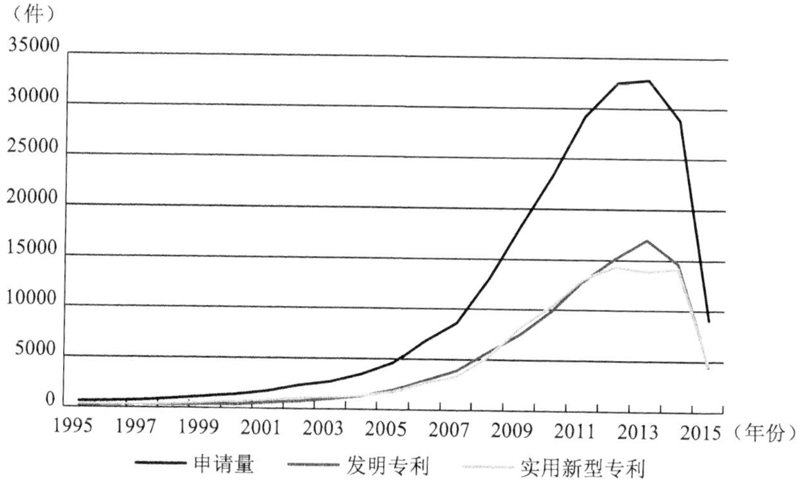

图4-22　1995—2015年新能源产业创新发展趋势

数据来源：国家知识产权局规划发展司《新能源产业专利技术动向分析报告（2016年）》。

从我国新能源产业的申请量与授权量增长趋势来看（见图4-23），从1995年开始，虽然新能源产业的申请量与授权量都在增加，但授权量的占比却有所下降。例如，1995年我国新能源产业专利授权量占比约为82%；虽然在2013年新能源产业申请数达到最高值，但当年授权数仅占申请数的51%，呈现下降趋势。这反映出在"十二五"期间，虽然新能源产业专利授权量稳定在较高水平，但授权率略有下降。

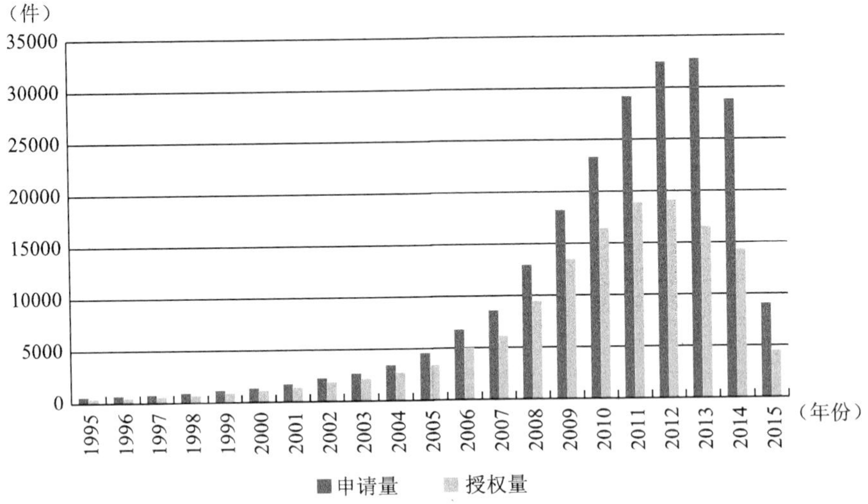

图 4-23　1995—2015 年新能源产业专利申请、授权趋势

数据来源：国家知识产权局规划发展司《新能源产业专利技术动向分析报告（2016 年）》。

（6）新能源汽车产业。从表 4-7 可以看出，1995—2015 年我国新能源汽车产业专利申请规模总计达到 53557 件，其中发明专利数量达到 36704 件，而实用新型专利数量仅达到 16853 件，二者占总体比重分别为 69%和 31%。发明专利规模是实用新型专利的 2 倍多，这表明我国新能源汽车产业创新研发投入较大，技术成果质量较高。

表 4-7　1995—2015 年新能源汽车产业创新情况　　单位：件

年份	专利数	发明专利数量	实用新型专利数量
1995—2010	22655	15840	6815
2011—2015	30902	20864	10038
合计	53557	36704	16853

数据来源：国家知识产权局规划发展司《新能源汽车产业专利技术动向分析报告（2016 年）》。

图 4-24 展示了新能源汽车产业专利历年申请数及类型的发展趋势。可以看出，2000 年以前新能源汽车产业专利的申请量较少，增长幅度也较小，基本维持在少于 400 件的较低水平，表明新能源汽车产业发展刚步入

起步阶段。2001 年之后，随着技术实力的提升，新能源汽车产业逐步进入快速发展阶段，申请量从 2001 年的 432 件增加到 2012 年的峰值 7651 件。特别是在 2011—2015 年，受国家相关政策支持和投入力度加大的影响，5 年间新能源汽车产业的专利申请量较“十二五”以前的 16 年提升近 1/3，总量达到 30902 件，表明“十二五”期间技术创新的空间很大，研发的技术含量很高，新能源汽车产业已进入高速发展阶段，各技术的研发都具有比较高的水准。2013 年之后新能源汽车产业的专利申请量有所下降，目前在 2015 年已经公开授权的专利申请仅为 2096 件，这一方面是因为从申请到获批授权有时间滞后，另一方面是由于产业进入技术调整期，关键技术的突破难度加大。

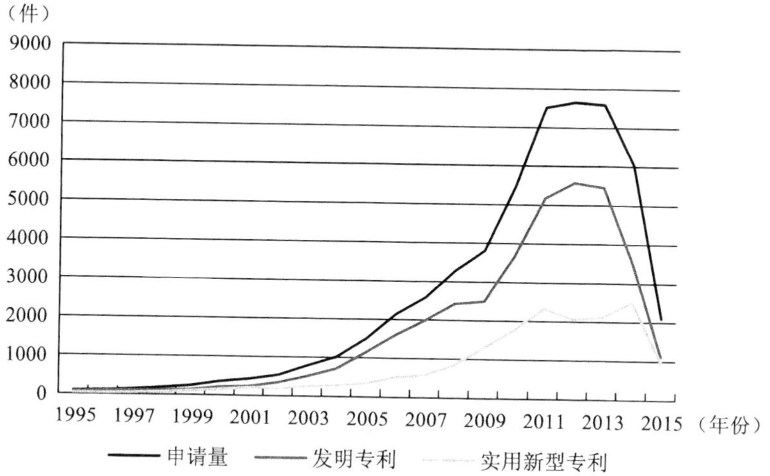

图 4-24　1995—2015 年新能源汽车产业创新发展趋势

数据来源：国家知识产权局规划发展司《新能源汽车产业专利技术动向分析报告（2016 年）》。

从我国新能源汽车产业专利申请、授权趋势情况来看（见图 4-25），二者基本保持了相同的增长趋势，在 1995 年授权数仅为 1 件，而到 2014 年授权数达到 4529 件，这从侧面表明，经过 20 年的发展，新能源汽车产业相关技术在中国已经有了相当深厚的技术积累，并成为各大企业在中国一些区域进行技术布局的重要产业。但分阶段来看，1995 年至 2010 年，授权量仅为 8926 件，还不到专利申请量的一半，反映出“十二五”以前新能源汽车产业总体处于起步及缓慢发展阶段，说明这一期间的技术创新难度较大，技术水平含量高的创新产出成果较少。而“十二五”期间新能源汽车产业的授权量达到 21282 件，占比达到同期申请总量的 69%，表明在此期间新能源汽车产业不仅研发技术含量水平有所提高，创新产出成果也较以往显著。

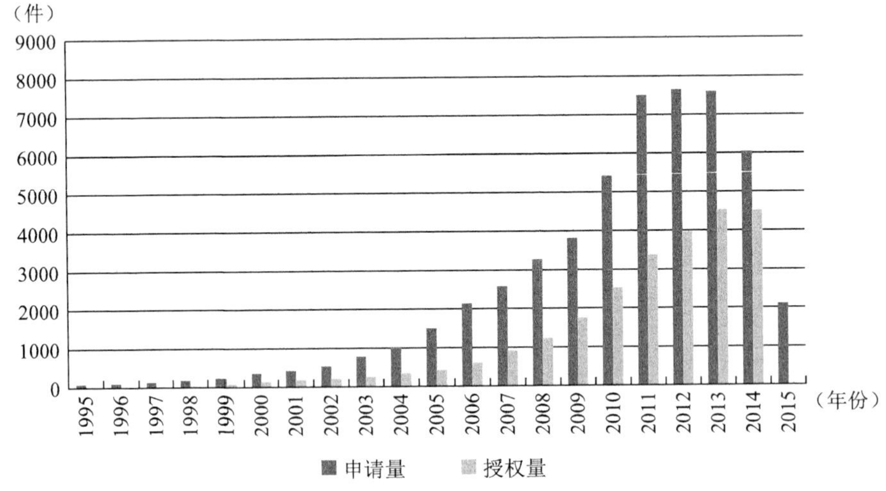

图 4-25　1995—2015 年新能源汽车产业专利申请、授权趋势

数据来源：国家知识产权局规划发展司《新能源汽车产业专利技术动向分析报告（2016 年）》。

（7）新一代信息技术产业。从 1995—2015 年我国新一代信息技术产业专利申请总体情况来看（见表 4-8），在 746185 件专利申请中，发明专利数量达到 603651 件，而实用新型专利数量也达到了 142534 件，分别占总申请量的 81%和 19%，二者的申请量差距显著。这主要是由于新一代信息技术产业涵盖的新一代移动通信网络服务、通信设备制造、高端电子设备和仪器制造等技术领域，大多对技术要求较高，属于知识密集型产业，因此新一代信息技术产业的发明专利申请比例较高。

表 4-8　1995—2015 年新一代信息技术产业创新情况　　单位：件

年份	专利数	发明专利数量	实用新型专利数量
1995—2010	405841	347935	57906
2011—2015	340344	255716	84628
合计	746185	603651	142534

数据来源：国家知识产权局规划发展司《新一代信息技术产业专利技术动向分析报告(2016 年)》。

新一代信息技术产业的专利申请在我国主要呈阶段式发展态势（见图 4-26）。1999 年之前，新一代信息技术产业处于跟随发展阶段。这一阶段中，伴随着全球技术的进步，我国新一代信息技术产业在探索中谋求发展，专利申请增长缓慢。由于这一阶段的重点在于技术的研发和探索，生产规模相对较小，导致这一阶段的发明专利占比达到 89%，而实用新型专利的占比仅为 11%。20 世纪 90 年代末，中国移动通信用户已超 2000 万，银河四代巨型机研制成功，互联网进入普及和快速增长阶段，众多因素促使新一代信息技术产业从 2000 年开始快速增长并进入稳步发展阶段。2000—2010 年，移动通信与电信分营，2.5G 投入使用，3G 网络开始铺设，移动用户达到 4.5 亿；网上教育、网上银行、网络游戏、电子商务快速兴起，各大门户网站，如新浪、网易、搜狐，纷纷上市；国内通信企业崭露头角，并逐渐打破外企对我国通信设备的垄断局面，获得了一定的市场份额。新一代信息技术领域各行业的发展带动了专利申请量的增长，相比于 1999 年前的专利申请趋势，2000—2006 年的专利申请在数量上有了飞跃。虽然在 2006—2010 年申请数的增长速度有所放缓，但是随着产业化发展需求的提升，一些企业开始采用多元化的知识产权保护策略，使得这一阶段的实用新型专利申请数量增速较快，占比有了较大提升，2010 年超过了 21%。2011 年之后，在国家大力发展战略性新兴产业的政策推动下，新一代信息技术产业进入新的发展阶段，产业创新能力和创新水平进一步提高。创新的活跃使得“十二五”期间的专利申请量又有了大幅增长，在2014年、2015年部分专利申请仍未公开的情况下，2011—2015年专利申请已达340344件。

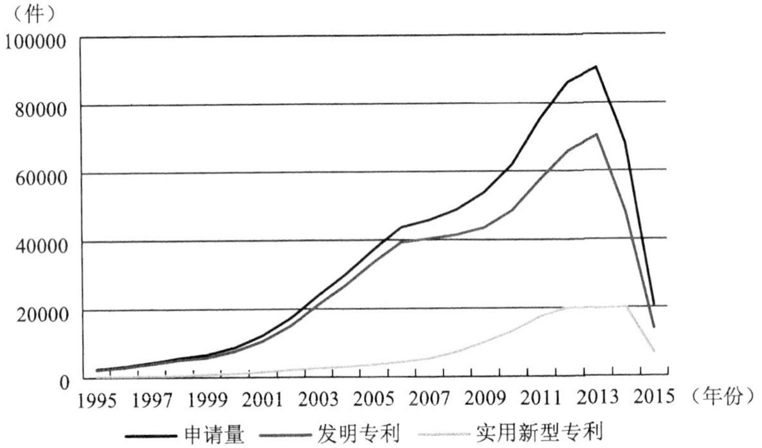

图4-26 1995—2015年新一代信息技术产业专利申请、授权趋势

数据来源：国家知识产权局规划发展司《新一代信息技术产业专利技术动向分析报告（2016年）》。

1995—2015年，伴随新一代信息技术产业专利申请量的增长，其授权量逐年递增，并于2013年达到高峰，其中，2012年的增幅最大，超过了22%。2013年以后，授权量有所下降，这与专利的审批周期有关。从年授权量来看，2008年增速开始加快，占当年申请数量的50%，相较于2007年35%的授权比例，在很大程度上说明技术创新水平有了较大的提升。

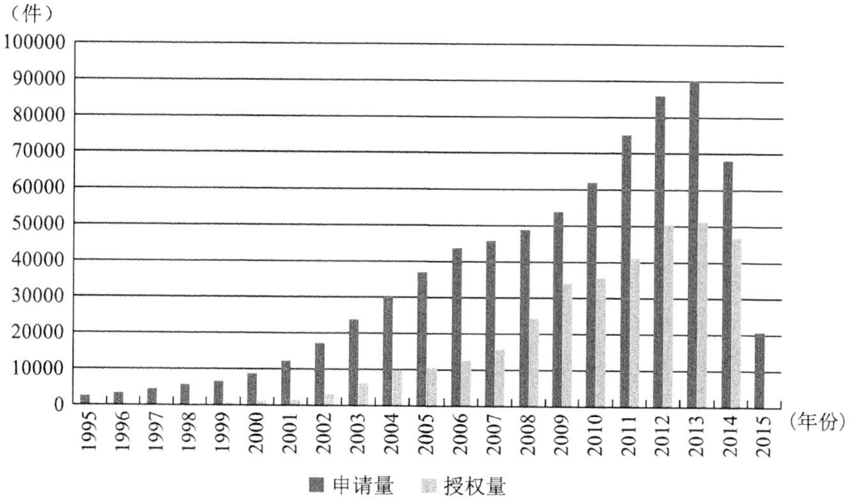

图 4-27　1995—2015 年新一代信息技术产业专利申请、授权趋势

数据来源：国家知识产权局规划发展司《新一代信息技术产业专利技术动向分析报告（2016 年）》。

第五章　联盟创新网络派系内外企业间知识共享模型构建与分析

随着市场竞争的加剧以及企业技术创新复杂性的提升，越来越多的高科技企业逐渐认识到获取各种资源尤其是对创新起关键作用的知识资源是其提高竞争优势的有效途径（Maura Soekijad & Erik Andriessen，2003）①。战略联盟是企业寻求创新资源的重要方式，由企业间通过联盟关系形成的网络镶嵌着多样的创新资源，而争取较多创新资源尤其是异质性知识资源是企业选择结盟嵌入网络的主要目的。因此，为提升创新能力而进行联盟合作所形成的创新网络是企业攫取创新资源、增强创新能力的重要网络组织平台。为了应对激烈的市场竞争，降低技术创新失败的风险，联盟企业间知识共享进行合作创新已成为现代经济发展的一个趋势，企业间一系列的联盟活动，使得较多的联盟派系逐渐进入人们的视野，企业个体间竞争的模式逐渐向基于合作的派系间竞争模式转化。

伴随着社会网络理论的发展，派系内个体间信息传递现象逐渐进入人们的视野，尤其是网络的关系属性与结构属性对派系内外个体间知识流动和转移效果的影响引起了较多学者的关注，而组织型网络（集群网络、联盟网络等）的出现更加拓宽了信息传递研究的范畴。知识自身属性、派系内外个体的差异（吸收能力、参与者的素质等）都会影响网络内和派系间的知识流动和转移的效果。企业间较高的技术相似性，能够促进知识资源的转移（Baum，J. A. C.，A. V. Shipilov & T. J. Rowley，2003）②，相似的知

① MAURA SOEKIJAD，ERIK ANDRIESSEN. Conditions for knowledge sharing in competitive alliance［J］. European Management Journal，2003，21（5）：578-587.

② BAUM，J. A. C.，A. V. SHIPILOV，T. J. Rowley. Where do small worlds come from?［J］. Industrial，Corporate Change，2003，12（4）：697-725.

识更易于被企业吸收，企业能否获取有效的知识资源并提升创新能力取决于其对所获知识的吸收解析能力（Zahra S. A. & George G.，2002）①，尤其是消化、吸收与应用转换的能力（徐二明、张晗，2008；钱锡红等，2010）②③。企业间成立联盟形成派系进行合作创新是知识共享的一个重要方式，不但能够增加获取对创新起关键作用的异质性知识资源的机会（Jennifer W. Spencer，2003）④，而且能够给企业带来联结经济优势和规模效应，可进一步提升企业的竞争优势（任志安，2005）⑤。

企业间合作形成联盟创新网络，其中有关网络中派系内企业间知识资源的流动和转移机制值得更深入探索。目前，已有学者构建了企业间知识共享模型，分析知识共享的影响因素（柴国荣等，2010；郑向杰、赵炎，2013）⑥⑦，但是这些模型要么仅仅从整体出发，没有考虑局部集聚的派系问题，要么为了分析的方便忽略了派系形成的成本问题。而企业要实现利润最大化，需要考虑成本问题，从寻找合适的联盟伙伴，到洽谈合作事宜，再到知识的获取、学习、吸收与应用等各个阶段会产生一系列的成本。另外，企业选择嵌入网络，不但可以直接从派系内获取共享的知识，而且由于网络内存在知识溢出效应，派系内外溢出的所有知识资源也会被嵌入的企业无偿攫取，而这些知识资源往往能够在企业创新时产生积

① ZAHRA，S. A.，GEORGE，G. Absorptive capacity：A review，reconceptualization and extension［J］. The Academy of Management Review，2002，27（2）：185-203.

② 徐二明，张晗. 企业知识吸收能力与绩效的关系研究［J］. 管理学报，2008，5（6）：841-848.

③ 钱锡红，杨永福，徐万里. 企业网络位置、吸收能力与创新绩效［J］. 管理世界，2010（5）：118-129.

④ JENNIFER W. SPENCER. Firms' knowledge-sharing strategies in the global innovation system：Empirical evidence from the flat panel display industry［J］. Strategic Management Journal，2003，24（3）：217-233.

⑤ 任志安. 知识共享与规模经济、范围经济和联结经济［J］. 科学学与科学技术管理，2005（9）：119-124.

⑥ 柴国荣，宗胜亮，王璟珮. 创新网络中的企业知识共享机理及其对策研究［J］. 科学学研究，2010，28（2）：295-298.

⑦ 郑向杰，赵炎. 联盟创新网络中企业间知识共享的博弈分析［J］. 软科学，2013，27（10）：83-86，96.

极的影响。

虽然已有文献涉及了联盟创新网络中企业间知识共享的影响因素研究，但较多学者忽略了联盟创新网络派系内外知识资源的协同创新效应以及嵌入企业为获取知识资源选择派系嵌入网络而付出的成本，因此，联盟创新网络中派系内企业间知识流动与转移机制仍需进一步探索。获取对创新起重要作用的知识是联盟企业进行合作的主要目的，直接通过联盟关系获得的知识、派系内外溢出的知识及其协同效应都会影响联盟创新网络派系内企业的创新绩效。我们假定企业从寻找、洽谈到嵌入派系需要付出一定的成本，通过比较此成本和收益的关系构建知识共享的博弈模型，并探讨了派系内外知识资源共享的协同创新效应。

一、模型假设

（1）共有 n 家企业嵌入联盟创新网络，这些企业生产具有完全替代的同质产品，通过联盟关系形成了多个派系。设定该产品市场价格为 p，企业 i 的产量是 q_i，由经济学中市场供求理论可得：

$$p = a - b\sum_{i=1}^{n} q_i,\ a > 0,\ b > 0 \qquad (5\text{-}1)$$

（2）联盟创新网络中企业选择某个派系进行知识共享，其最终目的是进行工艺创新，降低生产成本。企业嵌入派系能够获取两类异质性知识并都能够被企业准确无误地吸收：一是通过派系内联盟企业间直接共享获取的知识，但是企业从寻找、洽谈到嵌入派系需要付出一定的成本；二是由于网络存在知识溢出效应，嵌入企业可以不花成本地攫取派系内外溢出的知识。假定企业都无固定的成本，而单位成本一样，都是 C_0，研发投入的增加都能够减少企业自身的生产成本，且减少量相同，我们设定企业 i 单位成本减少量为 R_i。

假设企业 i 嵌入在数量规模为 m（i）的派系内，基于联盟协议从与企业 i 有联盟关系的企业 j 那里获取的知识资源总量为 S_{ij}，于是可得企业 i 能够由联盟关系共享得到的知识资源总量为：

$$\sum_{j=1}^{m(i)} S_{ij}$$

假设每个嵌入联盟创新网络的企业为获取单位知识量付出的成本都相同，设为 t_i，则 $t_1 = t_2 = t_3 = \cdots = t_n$，$t_i > 0$，我们把 t_i 称为知识成本率。因此，企业 i 为得到联盟关系企业的知识而付出的成本为：

$$t_i \sum_{j=1}^{m(i)} S_{ij}$$

（3）知识资源流于网络内部，而终止于网络边界，企业唯有选择派系嵌入联盟创新网络才可获取网络中派系内外企业溢出的知识资源。假定无论是派系内还是派系外企业溢出的知识都能被嵌入网络的企业获取，我们假设 M_i 是企业 i 溢出的知识量，则企业 i 可以获得其他企业溢出的知识资源总量为：

$$\sum_{j \neq i}^{n} M_j$$

假设企业得到的全为异质性知识资源并能降低生产成本，为便于计算，我们认为企业得到的知识资源量与单位生产成本的减少值相同。于是，可以得到企业 i 选择派系嵌入联盟创新网络后的单位成本函数：

$$c_i = C_0 - R_i - \sum_{j=1}^{m(i)} S_{ij} - \sum_{j \neq i}^{n} M_j + t_i \sum_{j=1}^{m(i)} S_{ij},\ i,\ j = 1,\ 2,\ \cdots,\ n \quad (5-2)$$

其中，R_i 是研发投入，$\sum_{j=1}^{m(i)} S_{ij}$ 是由联盟关系共享获取的知识资源量，$\sum_{j \neq i}^{n} M_j$ 是由知识溢出获取的知识资源量，而 $t_i \sum_{j=1}^{m(i)} S_{ij}$ 则为获取联盟知识导致成本的增加量。

（4）企业获取的知识具有协同创新效应。联盟创新网络中企业通过契约关系或股权协议形成派系，无论在派系内还是在派系外，由于生产产品的同质性和技术的相似性，各个企业间有较强的动力获取所需的异质性知识，且都有一定能力对获取的异质性知识进行解析、吸收、重组和利用，产生“1+1>2”的知识协同效应。但由于企业自身对外部异质性知识资源的获取利用水平存在差异，其具有的知识协同利用能力也不尽相同。于是，我们用协同利用率这一指标来衡量不同企业的知识协同效应水平。假设 i 企业的协同效应水平函数为：

$$T_i = f(S_{i1}, S_{i2}, \cdots, S_{im(i)}, M_1, M_2, \cdots, M_n)$$

其中，T_i表示 i 企业的协同利用率，S_{i1}，S_{i2}，…，$S_{im(i)}$分别是企业 i 从派系内不同企业由联盟关系直接获取的知识资源量，M_1，M_2，…，M_n分别是企业 i 从派系内外不同企业那里间接得到的溢出知识资源量。且假定：

$$\frac{\partial T_i}{\partial S_{ij}} > 0, \frac{\partial T_i}{\partial M_i} > 0$$

于是，进一步得到了考虑协同效应时企业 i 的单位成本函数：

$$c_i = C_0 - R_i - \sum_{j=1}^{m(i)} S_{ij} - \sum_{j \neq i}^{n} M_j - T_i(\sum_{j=1}^{m(i)} S_{ij} + \sum_{j \neq i}^{n} M_j) + t_i \sum_{j=1}^{m(i)} S_{ij},\ i, j = 1, 2, \cdots, n \tag{5-3}$$

二、无协同效应的知识共享模型

我们从简单情形入手分析，先不考虑协同效应，基于市场经济理论创建一个企业嵌入网络后的简单利润函数（无协同效应），于是，联立式（5-1）与式（5-2）可得：

$$\pi_i = (p - c_i)q_i = [a - b\sum_{i=1}^{n} q_i - (C_0 - R_i - \sum_{j=1}^{m(i)} S_{ij} - \sum_{j \neq i}^{n} M_j + t_i \sum_{j=1}^{m(i)} S_{ij})]\ q_i,\ i, j = 1, 2, \cdots, n \tag{5-4}$$

其中，q_i表示产量，可以看出式（5-4）是关于 q_i的函数，企业 i 可通过调整 q_i来实现最大的利润水平，于是，我们可以基于式（5-4）求关于产量 q_i的一阶导，并令导数为 0，即：

$$\frac{\partial \pi_i}{\partial q_i} = [a - C_0 + R_i + \sum_{j=1}^{m(i)} S_{ij} + \sum_{j \neq i}^{n} M_j - t_i \sum_{j=1}^{m(i)} S_{ij}] - b\sum_{j \neq i}^{n} q_j - 2bq_i = 0 \tag{5-5}$$

对式（5-5）中的 i 从 1 取到 n，可得到 n 个方程。联立并求解可得企业 i 的最优产量 q_i^*：

$$q_i^* = \frac{a - C_0 + nR_i - \sum_{j \neq i}^{n} R_j + n(1 - t_i)\sum_{j=1}^{m(i)} S_{ij} - \sum_{h \neq i}^{n}\sum_{j=1}^{m(h)} (1 - t_h)S_{hj} - (n - 1)M_i + 2\sum_{j \neq i}^{n} M_j}{b(n + 1)} \tag{5-6}$$

将式（5-6）中的 q_i^* 代入式（5-4）可得：

$$\pi_i^* = \frac{\left[a - C_0 + nR_i - \sum_{j \neq i}^{n} R_j + n(1 - t_i)\sum_{j=1}^{m(i)} S_{ij} - \sum_{h \neq i}^{n}\sum_{j=1}^{m(h)} (1 - t_h)S_{hj} - (n - 1)M_i + 2\sum_{j \neq i}^{n} M_j\right]^2}{b\,(n + 1)^2} \tag{5-7}$$

由式（5-7）可知，研发投入（自身研发投入 R_i，其他企业研发投入 R_j），知识成本率（t_i，t_h）、派系内联盟企业共享知识量（S_{i1}，S_{i2}，…，$S_{im(i)}$）、派系内外溢出的知识量（M_1，M_2，…，M_n）等是影响 i 企业利润的主要因素。具体有以下结论：

第一，考虑研发投入（R_i）的影响，随着企业 i 自身 R_i 的增加，其利润也会提高，而其他企业的 R_j 也增加时，由于联盟企业间生产具有同质性的产品，彼此存在市场竞争关系，企业 i 利润的增加量会受到一定的影响，也有可能导致企业利润下降。

第二，由式（5-7）可知，自身知识的溢出量（M_i）会影响企业利润 π_i^*，二者之间存在反向关系，即 π_i^* 随着自身 M_i 的增加而降低，随着派系内外知识溢出量（M_1，M_2，…，M_n）增加而提高。因此，企业为提高自身利润，除了因直接联盟关系必须共享的知识外，企业间在没有协议约定或者相关措施保障企业自身利益时，联盟创新网络中的企业会有“搭便车”的现象，为了提高自身利润，在限制内部知识资源外流的同时，希望其他企业能够有较多的知识溢出。

第三，作为一个“理性人”，企业联盟活动可得收益要高于其付出成本。因此，企业选择派系嵌入联盟创新网络获得的收益（即攫取的知识量，包括通过直接联盟关系获得的知识和派系内外企业溢出的知识）要大于成本的增加量，即：

$$\sum_{j=1}^{m(i)} S_{ij} + \sum_{j\neq i}^{n} M_j - t_i \sum_{j=1}^{m(i)} S_{ij} \geqslant 0\text{，则 } 0 < t_i \leqslant 1 + \frac{\sum_{j\neq i}^{n} M_j}{\sum_{j=1}^{m(i)} S_{ij}} \tag{5-8}$$

式（5-8）是企业选择派系嵌入联盟创新网络的前提条件。当知识成本率满足 $0<t_i<1$ 时，即 $1-t_i>0$，企业可以通过选择派系嵌入联盟创新网络争取获得较多创新资源的机会，以增强自身创新实力，实现更多的创新收益；而当 $1 \leqslant t_i \leqslant 1 + \frac{\sum_{j\neq i}^{n} M_j}{\sum_{j=1}^{m(i)} S_{ij}}$ 时，虽然企业也会维持联盟关系，但主要是因为能够免费获得其他企业较多的溢出知识。由于 $t_i \geqslant 1$，较高的知识成本率意味着企业选择派系嵌入联盟创新网络并维持这一状态要付出较高的成本，大于其获得的知识量，此时派系是不稳定的，联盟也面临解散的风险。

三、有协同效应的知识共享模型

我们基于经济学理论，考虑知识间的协同效应水平，联立式（5-1）与式（5-3），构建企业嵌入联盟创新网络后的利润函数：

$$\pi_i = (p - c_i)q_i = [a - b\sum_{i=1}^{n} q_i - (C_0 - R_i - \sum_{j=1}^{m(i)} S_{ij} - \sum_{j\neq i}^{n} M_j - T_i (\sum_{j=1}^{m(i)} S_{ij} + \sum_{j\neq i}^{n} M_j) + t_i \sum_{j=1}^{m(i)} S_{ij})]q_i \tag{5-9}$$

式（5-9）是关于 q_i 的函数，其中，q_i 表示产量，企业 i 可通过调整 q_i

来实现最大的利润水平，于是，我们可以基于式（5-9）求关于产量 q_i 的一阶导，并令导数为 0，即：

$$\frac{\partial \pi_i}{\partial q_i} = [a - C_0 + R_i + \sum_{j=1}^{m(i)} S_{ij} + \sum_{j\neq i}^{n} M_j + T_i(\sum_{j=1}^{m(i)} S_{ij} + \sum_{j\neq i}^{n} M_j) - t_i \sum_{j=1}^{m(i)} S_{ij}] - b\sum_{j\neq i}^{n} q_j - 2bq_i = 0 \tag{5-10}$$

接下来我们要求出企业 i 最优的产量 q_i^{**} 与最大的利润 π_i^{**}。对式（5-10）中的 i 从 1 取到 n，于是得到 n 个方程。联立并求解可得：

$$q_i^{**} = \frac{a - C_0 + nR_i - \sum_{j\neq i}^{n} R_j + n(1 + T_i - t_i)\sum_{j=1}^{m(i)} S_{ij} - \sum_{h\neq i}^{n}\sum_{j=1}^{m(h)}}{b(n+1)}$$

$$q_i^{**} = \frac{(1 + T_h - t_h)S_{hj} - (n-1)M_i + (2 + nT_i)\sum_{j\neq i}^{n} M_j - \sum_{h\neq i}^{n}\sum_{j\neq h}^{n} T_h M_j}{b(n+1)}$$

(5-11)

将式（5-11）中的 q_i^{**} 代入式（5-9）可得：

$$\pi_i^{**} = \frac{[a - C_0 + nR_i - \sum_{j\neq i}^{n} R_j + n(1 + T_i - t_i)\sum_{j=1}^{m(i)} S_{ij} - \sum_{h\neq i}^{n}\sum_{j=1}^{m(h)}(1 + T_h - t_h)}{b\,(n+1)^2}$$

$$\pi_i^{**} = \frac{S_{hj} - (n-1)M_i + (2 + nT_i)\sum_{j\neq i}^{n} M_j - \sum_{h\neq i}^{n}\sum_{j\neq h}^{n} T_h M_j]^2}{b\,(n+1)^2} \tag{5-12}$$

由式（5-12）可以看出，在考虑知识协同效应时，除研发投入（自身研发投入 R_i，其他企业研发投入 R_j）、知识成本率（t_i，t_h）、派系内联盟企业共享知识量（S_{i1}，S_{i2}，…，$S_{im(i)}$）、派系内外溢出的知识量（M_1，M_2，…，M_n）是影响企业利润的主要因素外，知识的协同效应水平即协同利润率也会影响其利润的大小。具体得出以下结论：

第一，“舍不得孩子套不住狼”。不考虑其他因素，由于企业自身知识溢出量（M_i）增加，其利润会降低，企业始终会控制自身知识溢出的风险。但是如果存在知识协同效应时，由于 $\frac{\partial T_i}{\partial M_i} > 0$，企业要提升自身的知识协同效应水平，需要做出一定的牺牲，即企业增加自身知识的溢出在某种程度上能够吸引较多优质企业嵌入联盟创新网络，有机会获取更多异质性知识的同时，可提升知识的协同利用率，进而能够提高企业的利润。因此，企业应当权衡利弊，一方面要考虑嵌入联盟创新网络会有自身知识溢出风险，所带来的利润减少，另一方面要考虑嵌入联盟创新网络会带来知识协同效应水平的提升，所带来的利润增加。

我们基于式（5-12）求关于 M_i 的一阶导，并令导数为 0，可得到：

$$\frac{\partial \pi_i^{**}}{\partial M_i} = \frac{2}{b(n+1)^2}\Big[a - C_0 + nR_i - \sum_{j \neq i}^{n} R_j + n(1 + T_i - t_i)\sum_{j=1}^{m(i)} S_{ij} - \sum_{h \neq i}^{n}\sum_{j=1}^{m(h)}(1 + T_h - t_h)S_{hj} - (n-1)M_i + (2 + nT_i)\sum_{j \neq i}^{n} M_j - \sum_{h \neq i}^{n}\sum_{j \neq h}^{n} T_h M_j\Big] \times \Big[n\frac{\partial T_i}{\partial M_i}\sum_{j=1}^{m(i)} S_{ij} - (n-1) + n\frac{\partial T_i}{\partial M_i}\sum_{j \neq i}^{n} M_j\Big] = 0 \tag{5-13}$$

可得：

$$\Big[n\frac{\partial T_i}{\partial M_i}\sum_{j=1}^{m(i)} S_{ij} - (n-1) + n\frac{\partial T_i}{\partial M_i}\sum_{j \neq i}^{n} M_j\Big] = 0 \tag{5-14}$$

即：

$$\frac{\partial T_i}{\partial M_i} = \frac{n-1}{n\left(\sum_{j=1}^{m(i)} S_{ij} + \sum_{j \neq i}^{n} M_j\right)} \tag{5-15}$$

第二，由式（5-15）可以看出，企业 i 的知识溢出量（M_i）对其自身协同效应水平 T_i 的影响会受到联盟企业数 n（网络规模）和企业 i 获取的知识量的调节。当联盟创新网络中企业嵌入数量较少时，会导致单个企业知识溢出量占整体网络的比例较大，即使考虑知识的协同效应，由于企业自身溢出的知识量占比较大，其利润也会受到影响，因此，企业为控制自身知识的溢出量，会考虑退出联盟；而联盟创新网络中企业嵌入数量较多时，会导致单个企业知识溢出量占整体网络的比例较小，其进出网络行为以及知识资源溢出的数量几乎不会对联盟创新网络的稳定性造成影响。而企业愿意选择嵌入较稳定的联盟创新网络中，有更多机会争取获得较多的异质性知识来提升自身的知识协同效应水平。

第三，企业作为一个“理性人”，通过联盟活动所得利益仍然要大于自身所付出的成本。因此，企业选择派系嵌入联盟创新网络获得的收益（即攫取的知识量，包括直接通过联盟关系获得的知识和派系内外企业溢出的知识）要大于成本的增加量，即：

$$\sum_{j=1}^{m(i)} S_{ij} + \sum_{j \neq i}^{n} M_j + T_i\left(\sum_{j=1}^{m(i)} S_{ij} + \sum_{j \neq i}^{n} M_j\right) - t_i \sum_{j=1}^{m(i)} S_{ij} \geq 0,$$

则 $$0 < t_i \leq (1 + T_i) + \frac{(1 + T_i)\sum_{j \neq i}^{n} M_j}{\sum_{j=1}^{m(i)} S_{ij}} \tag{5-16}$$

式（5-16）是企业选择派系嵌入联盟创新网络的前提条件。因此，当知识成本率满足 $0<t_i<1+T_i$ 时，即 $1-t_i+T_i>0$，企业可以通过选择派系嵌入联盟创新网络争取获得较多创新资源的机会，以增强自身创新实力，实现更多的创新收益；而当 $1 + T_i < t_i \leq (1 + T_i) + \frac{(1 + T_i)\sum_{j \neq i}^{n} M_j}{\sum_{j=1}^{m(i)} S_{ij}}$ 时，虽然企业也会维持联盟关系，但主要是因为能够免费获得其他企业较多的溢出知识。由于 $t_i \geq 1+T_i$，较高的知识成本率意味着企业选择派系嵌入联盟创新网络并维持这一状态要付出较高的成本，大于其获得的知识量，此时派系是不稳定的，联盟也面临解散的风险。

四、政策与建议

（一）降低联盟构建成本，提升企业创新效益

企业间联盟成本的大小影响着企业是否选择派系嵌入联盟创新网络并

进行知识共享。较高的联盟活动成本减弱了企业选择合作的意愿，在最大化利润的驱动下，其不愿意为攫取知识资源而付出高昂的获得成本，进而会影响联盟关系的稳定性。因此，降低知识获得成本是促进联盟构建、壮大联盟规模并提升联盟创新潜力的一种有效途径。

联盟构建成本是知识获得成本的主要方面。企业为获取外部异质性知识，从寻找联盟伙伴、洽谈合作业务到成立联盟形成派系，再到派系关系的维护与管理，都需要付出一定的成本。因此，追求利润最大化的企业会考虑为获取知识构建联盟而付出的成本和得到的利益，在确保获得所需创新知识资源的前提下，企业尽可能减少因构建联盟而付出的成本，以提高自己的利润。

建立企业信任机制是降低联盟构建成本、提高企业效益的一种有效方式。一方面，企业信任机制可以减少联盟构建、维系的成本，遵照契约精神，积极进行派系内企业间知识共享，提升派系的整体创新绩效，增强派系整体的竞争力；另一方面，信任机制的建立可有效抑制派系内外企业的机会主义行为，减少“搭便车”现象的发生（柴国荣、宗胜亮、王璟珮，2010）①。随着网络规模的扩大，企业可通过派系内外企业间合作的第三方了解和评估所选择联盟伙伴的声誉，较好的信任声誉随着派系内外企业间的网络联结而广泛传播，能够吸引更多企业与自己联盟，增加了企业获得创新知识的机会；而经常“搭便车”的机会主义行为以及诚信污点也会在派系内外的企业间火速流传，从而使企业失去了通过联盟获取知识资源的机会，最终会对企业的创新和发展造成较大的影响。

（二）提高知识获取水平，增强协同利用能力

在新经济时代，企业创新能力的提升是其赢得竞争优势的关键，而外部知识的获取以及有效利用是企业提升创新水平的重要方式。企业在争取

① 柴国荣，宗胜亮，王璟珮．创新网络中的企业知识共享机理及其对策研究［J］．科学学研究，2010，28（2）：295-298.

较多联盟机会使获得知识资源增加的同时，需要提升对外部知识资源的吸收、解析和运用能力。同时，联盟创新网络中派系内企业间要构筑知识共享平台，确保拥有直接联盟关系的企业更充分地沟通与交流，提高派系内知识资源共享的效率，增加自身知识资源的技术积累，增强协同创新能力。

由于联盟创新网络中企业间生产的产品具有同质性，企业间存在直接或间接的联盟关系，形成派系的企业间存在强烈此消彼长的利益关系，所以彼此间形成了较强的竞争关系。企业在选择派系嵌入联盟创新网络的知识交流与转移实践中，为自身利益存在减少知识溢出的倾向，而又希望在网络中有更多知识的溢出，因此，这种行为会抑制联盟网络中创新资源的流动，降低企业间知识共享的效率。所以，为促进联盟创新网络中知识资源的溢出和共享，应设计联盟企业知识资源溢出诱发机制来解决知识共享效率低下问题，进而提高企业以及派系团体的整体创新水平。

在联盟创新网络中，较多的异质性知识可以提升企业的知识协同利用水平，在企业通过直接联盟关系获取协议共享知识的基础上，如何获得派系内外企业的溢出知识是企业提升知识协同利用水平的关键。在开放的知识经济时代，企业首先要有合作意识，无论对方是在派系内还是派系外（即直接联盟关系还是间接联盟关系），都要以谦虚谨慎的态度积极学习、吸收和利用对自身有效的知识资源，如有必要可通过直接的联盟合作获取协议共享的知识资源。企业要在不断加剧的市场竞争中占据一定位置，就不能闭门造车，要积极选择派系嵌入联盟创新网络，不能因惧怕自身知识的溢出而丧失获取更多异质性知识资源的机会。同时，企业还要积极提高对外部知识的吸收、解析和利用水平，积极培育相关技术创新人才，探索并创建企业内部的学习型组织，设计合理的激励创新机制，不断挖掘企业自身的创新潜力。

（三）构建良好创新环境，形成有效共享机制

企业间合作以及能否有效地进行知识交流在很大程度上依赖于外部创

新环境，尤其是区域经济发展环境与产业发展政策等。企业嵌入联盟创新网络的局部集聚形成派系，而多数派系间往往是封闭的，这种派系层面的竞争会导致知识资源的流动局限于派系内，即派系的形成在一定程度上起到边界限制作用，这不利于整体网络的创新与发展。因此，政府可以通过改善经济发展环境，创新产业发展政策，并采取奖励机制鼓励更多的企业参与联盟，加强派系间的桥连接，提升联盟创新网络的网络密度，为知识资源在网络中有效流动提供制度保障。一方面，政府要搭建多种平台增加企业间合作交流的机会，及时提供相关公共产品和服务，引进第三方技术合作创新的担保公司，减少企业间联盟创新的风险，为知识资源的有效流动与转移提供便利条件；另一方面，政府可以利用资金引导企业间联盟，减少“搭便车”现象的发生。通过转移支付手段、法律法规以及奖惩性措施等促进企业间的合作与交流，及时制裁企业的机会主义行为，创建一个良好的合作创新环境。

企业间知识共享存在溢出效应，政府鼓励企业嵌入联盟创新网络进行知识共享不在于创新本身，而在于知识的外溢，只有联盟创新成果得到及时的扩散和传播，才能提升整体网络以及派系团体的创新能力，进而推动整个社会经济的发展。那么如何保障联盟企业知识溢出的效果则是相关政府部门着重考虑的关键因素。一方面，在加大教育资金投入，增加企业员工学习培训机会的同时，制定相关政策实施人尽其才的人才区域和行业流动机制，打破企业知识无效率的市场垄断，让更多企业积极参与市场竞争，形成企业间你追我赶，竞相交流学习的创新氛围；另一方面，政府要加大对各种知识信息平台的建设力度，增加各类技术研讨会和科技展览筹办次数，以发展现代“信息高速公路”为契机，增加企业获取异质性知识资源的机会，提升企业相关能力。

第六章　联盟创新网络结构对企业创新能力的影响研究

一、战略性新兴产业上市企业的企业嵌入与创新

在新常态下的知识经济时代，创新已成为企业取得竞争优势的重要方式。然而，企业仅靠自身知识进行创新已不能适应国际化的市场竞争需要，获取外部知识资源已成为企业能否创新成功的关键，尤其是高科技企业。于是，企业间出于知识资源和创新能力的互补性，开展形式多样的合作，出现了各种形式的战略联盟，并使得企业间的联结越来越紧密，边界也变得越来越模糊，单个企业的创新行为逐渐转为群体创新行为。

自从经济社会学家 Granovetter（1985）① 发表人们的经济行为嵌入社会网络的观点，网络嵌入性研究受到学者们较多关注，形成的诸如强弱关系、社会资本与结构洞等理论已成为较多嵌入性研究的理论基础。随着计算机软件设计水平的逐步提高，以图论为基础的复杂性社会关系网络如科研合作网络、专利网络、演员合作网络、联盟网络、集群网络等逐渐进入人们的视野。其中，联盟网络作为社会网络中一类重要的组织关系网络，企业嵌入与抉择的经济行为对企业创新产出的影响已成为复杂网络研究中的一块重要领域。较多学者基于社会网络分析方法对联盟网络中企业嵌入与创新关系进行分析，对于这方面的研究，国外相对较多，国内主要

① GRANOVETTER. Economic action and social structure: The problem of embededness [J]. American Journal of Sociology, 1985, 91 (3): 481-510.

集中在集群网络方面（黄晓等，2015；周钟、陈智高，2015；吕一博等，2015）①②③，而涉及联盟网络的内容相对较少。国外学者运用 SDC Platinum、MERIT-CATI 等联盟数据库，并基于负二项回归模型、时间滞后模型等国际普遍方法对不同行业、多个国家的企业间联盟关系网络进行研究，发现网络具有小世界性、无标度等复杂性（Verspagen B.，Duysters G.，2004）④。而国内学者的研究往往只停留在仿真模拟、理论解释阶段或案例研究方面（宋志红等，2013；来向红，2014；张红娟、谭劲松，2014；王斌，2016）⑤⑥⑦⑧。

虽然有些学者进行了实证分析（李守伟等，2007；陈子凤、官建成，2009；Zeng S.，Xie X.，Tam C.，2010；彭伟、符正平，2015）⑨⑩⑪⑫，但是，一方面，其研究所用数据是通过专利网络或问卷调

① 黄晓，胡汉辉，于斌斌．产业集群式转移中新集群网络的建构与演化——理论与实证［J］．科学学研究，2015，33（4）：539-548.

② 周钟，陈智高．产业集群网络中知识转移行为仿真分析——企业知识刚性视角［J］．管理科学学报，2015，18（1）：41-49.

③ 吕一博，程露，苏敬勤．组织惯性对集群网络演化的影响研究——基于多主体建模的仿真分析［J］．管理科学学报，2015，18（6）：30-40.

④ VERSPAGEN，B.，DUYSTERS，G. The small worlds of strategic technology alliances［J］．Technovation，2004，24（7）：563-571.

⑤ 宋志红，李常洪，李冬梅．技术联盟网络与知识管理动机的匹配性——基于 1995—2011 年索尼企业的案例研究［J］．科学学研究，2013，31（1）：104-114.

⑥ 来向红．伙伴选择方式对创新网络绩效影响的仿真［J］．南京信息工程大学学报（自然科学版），2014，6（1）：17-25.

⑦ 张红娟，谭劲松．联盟网络与企业创新绩效：跨层次分析［J］．管理世界，2014（3）：163-169.

⑧ 王斌．知识联盟中知识转移效率作用机理研究［J］．科研管理，2016，37（6）：159-167.

⑨ 李守伟，钱省三，沈运红．基于产业网络的创新扩散机制研究［J］．科研管理，2007，28（4）：49-54.

⑩ 陈子凤，官建成．合作网络的小世界性对创新绩效的影响［J］．中国管理科学，2009，17（3）：115-120.

⑪ ZENG，S.，XIE，X.，TAM，C. Relationship between cooperation networks and innovation performance of SMEs［J］．Technovation，2010，30（3）：181-194.

⑫ 彭伟，符正平．联盟网络、资源整合与高科技新创企业绩效关系研究［J］．管理科学，2015，28（3）：26-37.

查与访谈获得，可能会涉及非正式的合作关系，而不是企业间正式联盟；另一方面，多数研究仅涉及了网络整体，并未考虑企业个体的嵌入，也没有把网络整体与个体嵌入二者结合起来研究对嵌入企业创新的影响。

因此，基于社会网络分析理论与方法，以中国战略性新兴产业上市企业的联盟创新网络嵌入为例①，运用负二项回归模型实证分析网络嵌入对企业创新能力的影响。一方面可以充实拓展现有联盟创新网络中尚未充分研究的内容，另一方面为处在联盟创新网络中的企业嵌入选择提供重要的决策参考，因而具有重要的研究意义与实践价值。

（一）研究假设

嵌入性研究是经济社会学研究的一个重要内容，其研究重点是探讨嵌入因素及个体创新行为与绩效的关系。学者们在考虑社会关系网络整体功能发挥的同时，网络位置、整体网络密度是影响嵌入个体创新与发展的关键要素（Uzzi，B.，1996；钱锡红等，2010；赵炎、刘忠师，2012）②③④。因此，接下来我们把企业嵌入联盟网络位置及其所在行业的网络密度对嵌入企业创新能力的影响作为探讨的主要内容。

1. 网络位置与企业创新

网络中的位置体现着节点拥有的权利，通过资源依赖理论可以很好地阐释这种权利控制。在社会关系网络中，假设一个节点是信息传导的中介扮演者，那么它就处于中介中心的位置优势点，此位置可以通过控制便捷的信息传递渠道谋取利益。为了便于衡量该类节点位置的重要性，经济社

---

① 2010 年，A 股上市企业中属于战略性新兴产业的上市企业达到了 674 家，占比 33.3%，到 2015 年末达到了 1031 家，占比 36.6%，并保持了良好发展态势。

② UZZI，B. The source and consequences of embedded ness for the economic performance of organizations：The network effect ［J］. American Sociological Review，1996，61（4）：674-698.

③ 钱锡红，杨永福，徐万里. 企业网络位置、吸收能力与创新绩效——一个交互效应模型［J］. 管理世界，2010（5）：118-129.

④ 赵炎，刘忠师. 联盟中企业网络位置与资源位置对创新绩效影响的实证研究——基于中国化学药品行业联盟的分析［J］. 研究与发展管理，2012（5）：73-82.

会学家 Freeman（1979）提出了中介中心度（Betweenness Centrality）的概念（Freeman L.，1979）[①]，他认为处于较多路径上的节点的中介中心度也较高，可以通过控制和扭曲信息的传递取得竞争优势。对于联盟关系网络来说，随着其他节点企业对一中心企业所拥有知识信息的依赖性增加，这个中心企业的权利也会增加，企业有机会获得较多的信息源，通过对比多样的信息源能够得到对创新更有价值的知识信息（Powell W. W.，K. W. Koput，L. Smith-Doerr，1996）[②]。如图 6-1 所示，节点 D 居于绝对的中介中心位置。处于中介中心位置的企业有更多机会获取较多的异质性知识资源，在创新方面更具优势。因此，提出以下假设：

假设 1：具有中介中心位置优势的企业创新能力较强。

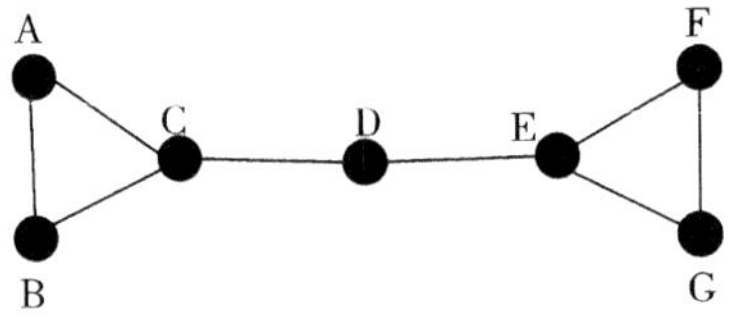

图 6-1　简单的联盟创新网络图

2. 网络密度与企业创新

网络密度（Network Density）反映了节点间相互连接数量的总体水平，较多企业间关系会产生较高的网络密度。高密度的网络在为节点企业提供接触各种信息机会的同时，也会缩短信息和资源传递的路径，即附着在网络节点上的各种知识信息能够较快地流动（Coleman J. S，1988）[③]。同时，网络密度的增加使得彼此更容易建立相互信任的关系，进行深度的

① FREEMAN，L. Centrality in social networks：Conceptual clarifications［J］. Social Networks，1979，1（3）：215-239.

② POWELL，W. W.，K. W. KOPUT，L. Smith - Doerr. Interorganizational collaboration and the locus of innovation：Networks of learning in biotechnology［J］. Administrative Science Quarterly，1996，41（1）：116-145.

③ COLEMAN，J. S. Social capital in the creation of human capital［J］. American Journal of Sociology，1988（94）：95-120.

合作与交流，可增强隐性知识的转移力度，进一步促进企业的创新（Ahuja G.，2000）①。但是，随着网络内各种企业关系进一步增多，企业间共享的信息和知识会变得冗余，即同一知识资源会由较多路径到达同一个节点企业。此外，联盟企业间复杂的网络关系以及稠密连接容易促使企业间确立一致的标准和惯例（Uzzi B.，J. Spiro，2005）②。这些都有可能抑制企业的创造力。因此，联盟网络中存在一个适中的网络密度能够使嵌入企业达到最佳的创新效率。因此，提出以下假设：

假设 2：整体网络密度对嵌入企业的创新能力有显著的倒“U”形影响，即企业嵌入适度稠密连接的网络中才能够获得较高的创新产出。

（二）数据、变量与模型

1. 数据

研究所用数据主要有三类。一是战略性新兴产业上市企业的专利数据，通过中国知识产权网（http：//www. cnipr. com）搜集样本企业每年的专利数据；二是企业间战略联盟关系数据，主要来源于中国战略性新兴产业联盟数据库③，此数据库是在中国企业间联盟数据库与 SDC Platinum 数据库基础上经过补充、修订完善得到的，该数据库已被用于许多中国企业间战略联盟的实证研究；三是反映战略性新兴产业上市企业自身特征的数据，如地理位置、企业规模、研发投入等，主要通过企业官网披露的数据获得。

基于我国战略性新兴产业的联盟数据④，通过联盟关系持续时间的经验研究，假定每个联盟的关系持续时间为 3 年，并基于 3 年时间窗生成联

① AHUJA，G. Collaboration networks，structural holes，and innovation：A iongitudinal study [J]. Administrative Science Quarterly，2000，45（3）：425-455.

② UZZI，B.，J. SPIRO. Collaboration and creativity：The small world problem [J]. American Journal of Sociology，2005，111（2）：447-504.

③ 有关中国战略性新兴产业联盟数据库的详细说明请见附录I。

④ 选取半导体、测控设备、航天设备、化学药品、计算机、家居音响设备、汽车车身与零部件、石油冶炼、通信、生物制药等 10 个行业作为战略性新兴产业，这些行业在 2010 年正式被确立为战略性新兴产业进行培育。

盟网络，通过设计无向的二元邻接矩阵自动提取算法自动获得联盟关系网络的邻接矩阵，共形成了 7 个时间窗口的联盟关系网络（2000—2002 年、2001—2003 年、2002—2004 年、2003—2005 年、2004—2006 年、2005—2007 年、2006—2008 年）。接着运用 UCINet、Eclipse 等软件计算所需要的各个时间窗口的网络结构指标。从 7 个时间窗口的联盟创新网络中共筛选出 420 个战略性新兴产业上市企业的联盟企业（观测样本数量），图 6-2 显示了 2001—2003 年时间窗内的 83 个观测样本嵌入在中国战略性新兴产业的联盟网络图。

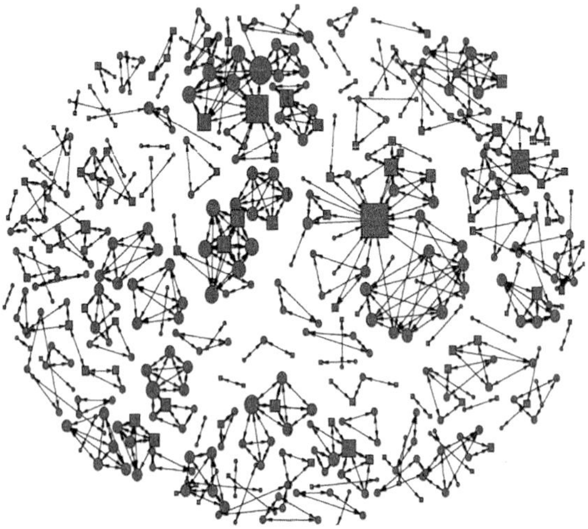

图 6-2　2001—2003 年上市企业嵌入网络图

注：方块代表上市企业，圆点代表非上市企业；点的大小代表节点企业处于中心的强度。

2. 变量

（1）因变量：专利数（$Patents_{it}$）。在高科技行业中，企业往往通过申请专利来保护新技术或新产品，专利数量在一定程度上能够反映企业的创新能力和知识创新的积累程度。我们使用企业当年申请并最终获得批准的专利数作为因变量。

（2）自变量。

1）中介中心性（*Betweenness Centrality*，BC）[①]

计算公式为：

$$BC_i = \sum_{j<k} \frac{g_{jk}(i)}{g_{jk}}$$

其中，g_{jk}是j与k之间距离最短的路径数目。g_{jk}（i）是j与k之间经过节点i距离最短的路径数目。

2）网络密度（*Density*）

计算公式为：

$$Density = \frac{2l}{n(n-1)}$$

其中，l是网络中实际连线数，n是网络中的节点数目。

（3）控制变量。为了控制企业自身特征及网络中各企业点的一致性程度对企业创新能力的影响，用企业嵌入联盟网络时的企业地理位置（*Zone*）、企业规模（Log-*assets*）、研发投入（Log-*rd*）、企业自身的知识创新积累（*Presample*5，Pre5）、联盟伙伴的知识创新积累（*Partner presample*5，P-pre5）作为控制变量建立模型。

如果样本企业处于经济发达区域（三大经济圈），则*Zone*=1，反之*Zone*=0；用企业的总资产表示企业规模，取其对数（Log-*assets*）进入模型以消除由计量数字的差距引起的偏差，同理，企业的研发投入也以取对数（Log-*rd*）的形式进入模型；企业原有的知识积累会影响后续的创新绩效，因此，本书选取样本企业嵌入联盟创新网络之前5年的专利之和加入模型；联盟伙伴的知识创新积累有机会被嵌入企业吸收学习，进而也会促进企业的创新，所以，我们选取与嵌入企业有直接联盟关系（路径长度为1）的联盟伙伴的前5年专利之和（*Partner presample*5，P-pre5）作为控制

① 有关中介中心性与网络密度的详细计算说明请参考：郑向杰．基于企业嵌入视角的联盟创新网络中知识共享与创新研究［D］．上海大学，2014：59-61.

变量建立模型。

3. 模型

把非负计数型数据专利数作为因变量，运用泊松模型分析是恰当的，但是泊松分布需要满足均值等于方差的假设，而专利数往往过度离散，方差明显大于均值。因此，我们选择允许过度离散的广义泊松回归，即负二项回归模型进行实证分析。

战略联盟的成立、运行往往需要一定的时间，尤其是创新成果即新技术或新产品申请专利并获批可能需要更长的时间（1~3 年），所以，根据联盟创新网络的相关研究，为确保分析结果的稳健性，考虑联盟当年、滞后 1 年、滞后 2 年与滞后 3 年的负二项回归模型。基本模型如下：

$$Patents_{it+0(1,2)} = E\ (Patents_{it+0(1,2)}/Density_{it},\ BC_{it},\ Pre5_{it},\ P-pre5_{it},\ Zone_{it},\ \text{Log-}assets_{it},\ \text{Log-}rd_{it})$$
$$= exp\ (a_0+a_1BC_{it}+a_2\ Density_{it}+a_3\ Density_{it}^{\ 2}+a_4\ Pre5_{it}+a_5\ P-pre5_{it}+a_6\ Zone_{it}+a_7\text{Log-}assets_{it}+a_8\ \text{Log-}rd_{it})$$

其中，$Patents_{it+0(1,2)}$代表 i 企业在联盟当年、滞后 1 年、滞后 2 年专利数期望值。

（三）结果分析

表 6-1 是各变量的描述性与相关性统计，专利数的均值明显小于标准差，这表明运用负二项回归模型是合适的。同时各变量的相关系数的绝对值小于 0.7，这表明各变量间不存在多重共线性问题。

表 6-2 是负二项回归分析结果。之所以选择随机效应的负二项回归模型，是因为 Hausman 检验在 $p<0.01$ 的水平下拒绝了固定效应模型。对每个模型的结果进行似然比检验（likelihood-ratio）的 p 值很小，都在 0.1% 的水平上拒绝了泊松分布，进一步表明了负二项回归模型较合适。同时，可以看到，对模型整体显著性进行检验的 LR chi^2 统计量的 p 值也都很小（$p<0.001$），这表明所有模型整体具有较高的显著性。

表 6-1 变量描述性与相关性统计（Obs=420）

变量	均值	标准差	*Zone*	*Log-assets*	*Log-rd*	*Pre5*	*P-pre5*	*BC*	*Density*
Zone	0. 59	0. 49	1. 00						
Log-*assets*	9. 78	0. 76	0. 20	1. 00					
Log-*rd*	7. 76	0. 93	0. 11	0. 66	1. 00				
*Pre*5	148. 3	471. 8	0. 08	0. 43	0. 42	1. 00			
*P-pre*5	109. 4	407. 7	0. 07	0. 20	0. 09	0. 03	1. 00		
BC	2. 22	14. 1	0. 10	0. 28	0. 19	0. 11	0. 09	1. 00	
Density	0. 08	0. 13	0. 08	-0. 15	0. 04	0. 04	0. 09	0. 07	1. 00
$Patents_{it+0}$	109. 2	383. 1							
$Patents_{it+1}$	126. 4	432. 4							
$Patents_{it+2}$	141. 7	440. 9							

表 6-2 随机效应的负二项回归模型（Obs=420）

变量	$Patents_{it+0}$			$Patents_{it+1}$			$Patents_{it+2}$		
	1	2	3	4	5	6	7	8	9
Constant	-8. 47***	-8. 35***	-7. 37***	-8. 64***	-8. 40***	-7. 51***	-5. 75***	-5. 63***	-5. 26***
Zone	0. 211	0. 191	0. 221	0. 195	0. 192	0. 271	0. 091	0. 087	0. 156
Log-*assets*	0. 193	0. 183	0. 264	0. 007	0. 004	-0. 162	-0. 021	-0. 033	-0. 115
Log-*rd*	0. 88***	0. 87***	0. 93***	1. 09***	1. 12***	1. 13***	0. 81***	0. 81***	0. 84***
*Pre*5	0. 001***	0. 001***	0. 001***	0. 001***	0. 001***	0. 001***	0. 001**	0. 001***	0. 001***
*P-pre*5	0. 001***	0. 001**	0. 001**	-0. 001	-0. 001	-0. 001	-0. 001	-0. 001	-0. 001
BC		0. 003	0. 002*		0. 003**	0. 004**		0. 003**	0. 003**
Density		0. 10	3. 06*		0. 45	3. 63*		0. 05	3. 69*
$Density^2$			-5. 04***			-6. 55***			-6. 36***
Wald-chi^2（n）	182. 23	189. 56	201. 06	130. 72	144. 58	167. 05	76. 45	83. 20	94. 63
Prob>chi^2	0. 000	0. 000	0. 000	0. 000	0. 000	0. 000	0. 000	0. 000	0. 000
Log like lihood	-1640. 1	-1639. 1	-1635. 7	-1705. 58	-1703. 45	-1698. 45	-1773. 99	-1772. 59	-1768. 46

注：* 表示 p<0. 1，* * 表示 p<0. 05，* * * 表示 p<0. 01。

模型1、模型4、模型7只包含了控制变量，企业的研发投入（Log-*rd*）、知识创新积累（Pre5）对企业的创新影响是显著的。联盟伙伴的知识创新积累（P-pre5）在联盟当年显著，滞后1年、滞后2年不显著，可能的原因是：在联盟当年企业获取联盟伙伴知识的积极性较高，而随着时间的推移，企业获得的有用知识量越来越少。企业所在的地理位置（*Zone*）对其创新能力的影响并不显著，即随着现代物流以及通信技术的发展，区位优势对高科技企业已显得不是那么重要。此外，规模（Log-*assets*）较大的企业创新能力也并不一定较强。

从模型2、模型5、模型8可以发现，中介中心性（*BC*）与企业的创新能力有显著的正向关系，但这种关系具有明显的滞后性，因此，假设1得到验证；而网络密度（*Density*）对嵌入企业创新能力的线性关系不明显。但在模型3、模型6、模型9中，网络密度（*Density*）的二次项系数显著为负，而一次项系数为正，这表明整体网络密度与嵌入企业的创新绩效有显著的倒"U"形关系，所以，假设2也获得验证。

为了进一步说明网络密度对企业创新能力的影响，根据模型3绘制图6-3，模型6、模型9可参考画之。在仅考虑影响因素网络密度时（其他因素为0），$Patents_{it+0}=\exp(a_2 Density_{it}+a_3 Density_{it}^2)=\exp(3.06Density_{it}-5.04Density_{it}^2)$，等式两端同时取对数可得 $\ln(Patents_{it+0})=3.06Density_{it}-5.04Density_{it}^2$，于是得到图6-3。

从图中可以看出，当网络密度小于0.30357时，随着网络密度的增加，嵌入企业的创新效率得到明显提高；当网络密度等于0.30357时，嵌入企业的创新产出达到最大即 $Patents_{it+0}=1.6$；当网络密度大于0.30357时，嵌入企业的创新效率逐渐降低。

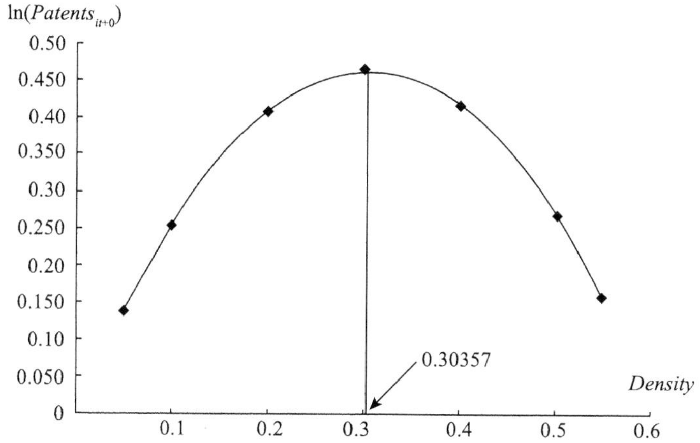

图 6-3　Network Density 与企业创新能力的关系

（四）结论与启示

我们基于企业嵌入与创新关系的研究假设，以中国高科技上市企业的联盟网络嵌入为例进行实证研究，主要结论如下：企业嵌入网络中心位置的优势能够在联盟滞后 1 年、滞后 2 年时得以体现；整体网络密度与嵌入企业创新绩效的线性关系不明显，而是有显著的倒“U”形关系，即企业嵌入适度稠密连接的网络中才能够获得较多的创新产出。

联盟是除市场交易、内部化经营之外企业获得创新资源的重要方式。很多联盟关系的建立有利于创新资源的流动和转移，为企业攫取异质性资源、形成创新思想提供机会。而占据不同的网络位置具有不同的机会获取知识信息，占据较优网络位置（即中介中心性较高）的企业占据了大量信息源的流动通道，一方面可以通过对比多样的信息源，获取对自己创新有用的知识；另一方面通过控制或者曲解知识信息影响整体网络。因此，处于有利网络位置的企业具有较强的创新能力。我们的研究结论也证实了这一点。

联盟网络中的多样关系为嵌入企业及时地获取创新资源提供了便利，但同时也增加了自身核心知识溢出的风险。联盟创新网络中，关系数量越多意味着企业嵌入网络的程度越高（Inkpen A. C.，Tsang E. W. K.，2005）[①]，网络内信息流动的频度就越大，企业就越有机会获取较多的网络资源，尤其是对企业创新起关键作用的隐性知识资源，有利于企业技术创新和相关产品的更新换代（Julia L. Lin，et al.，2009）[②]。然而，对于高科技企业而言，如果联盟企业间过度连接，网络内企业就会担心因频繁的信息交流而使自身核心知识泄露，因此，较多的企业在各种联盟关系的交流中就会有所保留，尤其是对和自身有竞争关系的企业。同时，过度的联盟连接关系会使联盟共享的冗余知识通过较多路径达到同一个企业，企业花费了高昂的成本却获取了重复的知识信息。因此，企业只有嵌入适度稠密连接的网络中才能够获得较高的创新产出。

研究结论对企业开展联盟活动、相关部门制定联盟政策也有重要的实践意义。对于企业来说，在积极寻找联盟合作伙伴的同时，要注意由此所形成的网络结构属性。企业不但要确保自身尽量嵌入较优的网络位置（即中介中心性较高），而且要考虑全局网络的各种关系，争取使自己嵌入适度关联的网络中。此外，企业也要增加自身的知识积累，提升自身吸收知识信息的能力，提高获取并利用外部知识资源的效率。对于相关部门来说，一方面要为企业搭建合作创新平台，积极改善创新环境，通过产业政策和奖惩机制，鼓励联盟参与，促进知识共享，提升整体网络的创新效率。另一方面要建立健全法律法规，加强知识产权的立法保护，使企业愿意共享和交流知识资源，为联盟网络内知识资源的良性流动保驾护航。

---

① INKPEN，A. C.，TSANG，E. W. K. Social capital，networks and knowledge transfer [J]. Academy of Management Review，2005，30 (1)：146-165.

② JULIA L. LIN，et al. Network embeddedness and technology transfer performance in R&D consortia in Taiwan [J]. Technovation，2009，29 (11)：763-774.

二、联盟创新网络结构对企业创新能力的影响及其比较分析：以生物产业为例

近年来，“网络”已成为组织管理研究与发展过程中的热门概念。各种关系网络如专利网络、科研网络、演员网络、集群网络以及联盟网络的出现已使得双向、互动的网络组织逐渐取代单个、自主的个体组织，产业形态也正向网络化、虚拟化方向发展（刘雪峰，2007）①。企业也是一个组织，它的各种网络关系对企业的生存与发展起着重要作用，战略联盟作为企业间网络的一种具体表现形式，影响着企业的创新和发展能力。然而，基于社会网络视角对联盟创新网络影响企业创新的研究是伴随着计算机技术水平的不断提高而发展起来的。

本节基于SNA理论与方法，选择中国生物产业的企业间正式联盟为样本，基于产业层面来探索联盟创新网络结构对企业创新能力的影响。在充实组织网络理论研究与实践经验的基础上，将研究结论与国内外相关研究结果进行比较，这有助于了解不同行业、不同市场经济环境条件下联盟网络结构与企业创新能力的关系，从而引起人们对网络结构影响企业创新能力的作用机制的深入思考。

（一）研究假设

在创新活动中，越来越多的企业逐渐认识到从外部获取创新资源，掌握并利用关于不同用户、技术和市场的具体知识尤其重要。由战略联盟所形成的企业间网络是企业获取外界知识资源并整合利用的重要方式。网络结构在一定程度上影响着企业获取知识资源的效率，进而影响企业的创新

① 刘雪峰．网络嵌入性与差异化战略及企业绩效关系研究［D］．浙江大学，2007.

能力（Burt R. S.，2001；Schilling M. A.，Phelps C. C.，2007）[①②]。

网络中的稠密联结不但为企业间提供各种信息传递的机会，而且在一定程度上缩短企业间信息传递的路径，有利于信息资源的流通（Valente T. W.，1996）[③]。而节点间相互连接的稠密程度可以用网络密度来衡量。一般来讲，企业在网络中有越多的节点相互连接，在增加企业间信息交流机会的同时，企业获取有利于创新的知识资源的概率就越大，企业的创新优势就越明显（Inkpen A. C.，Tsang E. W. K.，2005）[④]。另外，企业间知识资源的互补或相似会增强彼此的合作意愿，从而导致网络中关系的局部集聚（Baum J. A. C.，A. V. Shipilov，T. J. Rowley，2003）[⑤]，而这种集聚进一步加强了企业间的合作与交流，这又会提高企业间知识转移的效率与准确度，并有利于合作问题的解决与企业创新（Ahuja G.，2000）[⑥]。所以，我们提出如下假设：

假设 1：联盟创新网络的密度越大，企业的创新能力就越强。

在一般的关系网络中，若一个节点处于较多节点连接的路径上，那么此节点就居于重要位置，因为它可以通过控制或者扭曲信息的传递来影响群体。Freeman（1979）[⑦] 提出了中介中心性（Betweenness Centrality）的

① BURT，R. S. Bandwidth and echo：Trust，information，and gossip in social networks［A］// A. Casella，J. E. Rauch，eds. Networks and markets：Contributions from economics and sociology［M］. Russel Sage Foundation，New York，2001：30-74.

② SCHILLING，M. A.，PHELPS，C. C. Interfirm collaboration networks：The impact of large scale network structure on firm innovation［J］. Management Science，2007，53（7）：1113-1126.

③ VALENTE，T. W. Network models of the diffusion of innovations［J］. Computational & Mathematical Organization Theory，1996，2（2）：163-164.

④ INKPEN，A. C.，TSANG E. W. K. Social capital，networks and knowledge transfer［J］. Academy of Management Review，2005，30（1）：146-165.

⑤ BAUM，J. A. C.，A. V. SHIPILOV，T. J. Rowley. Where do small worlds come from?［J］. Industrial Corporate Change，2003，12（4）：697-725.

⑥ AHUJA，G. Collaboration networks，structural holes，and innovation：A longitudinal study［J］. Administrative Science Quarterly，2000，45（3）：425-455.

⑦ FREEMAN，L. Centrality in social networks：Conceptual clarifications［J］. Social Networks，1979，1（3）：215-239.

概念，并认为具有较高中介中心性的节点都处于其他节点连接的路径上，通过控制网络资源的流动取得创新优势。对于企业网络来说，处于中介中心位置的企业有机会获得较多的信息源，通过对比多样的信息源能够得到对创新更有价值的信息（Powell W. W.，K. W. Koput，L. Smith - Doerr，1996）①。因此，居于中介中心位置的企业有更多机会获取较多的异质性知识资源，在创新方面更具优势。所以，我们提出如下假设：

假设2：占据中介中心位置越多，企业的创新能力越强。

在企业网络中，如果一个节点通过任何路径都能够到达较多的节点，那么就增加了该节点企业获取较多信息与资源的机会。从该节点企业经由任何路径可以到达的节点数目及其路径长度都会影响企业间知识信息的传递数量和效率。一般来说，联通性较好的企业网络中，多数企业间能够相互到达，并且也会有相对较短的到达路径。因此，好的联通性使企业有机会及时获取丰富的外部知识资源，促进企业的创新。所以，我们提出如下假设：

假设3：网络的联通性越好，企业的创新能力越强。

Burt（1992）② 认为如果在两个节点之间的最短路径上存在且仅有一个节点企业，那么此节点就占据了结构洞位置。在企业网络中，结构洞体现了两个节点企业间的非冗余连接，能够为企业带来多样的异质性知识资源。占据结构洞位置的企业具有信息资源的“处置权”，与网络中其他位置上的节点企业相比有更多资源的索取优势。因此，我们提出如下假设：

假设4：企业占据结构洞位置越多，其创新能力越强。

---

① POWELL，W. W.，K. W. KOPUT，L. SMITH - DOERR. Interorganizational collaboration and the locus of innovation：Networks of learning in biotechnology ［J］. Administrative Science Quarterly，1996，41（1）：116-145.

② BURT，R. S. Structural holes：The social structure of competition ［M］. Cambridge，MA：Harvard University Press，1992.

（二）数据、变量与模型

1. 数据

我们所用数据主要有三类。一是企业的专利数据，主要来自中国战略性新兴产业联盟企业专利数据库，通过中国知识产权网（http：//www.cnipr.com）搜集样本企业每年的专利数据；二是企业间战略联盟关系数据，主要来源于中国战略性新兴产业联盟数据库①，此数据库是在中国企业间联盟数据库与SDC Platinum数据库基础上经过补充、修订完善得到的，已被用于许多中国企业间战略联盟的实证研究；三是反映企业自身特征的数据，如企业地理位置、是否上市等，主要通过企业官网获得。

从数据库中筛选出中国生物产业的企业间联盟数据，并假设每个联盟的关系持续三年，即基于三年时间窗生成联盟网络，并设计无向的二元邻接矩阵自动提取算法获得联盟网络的邻接矩阵。接下来运用UCINet、Eclipse等软件计算所需要的各个时间窗口的网络结构指标。图6-4以2001—2003年为例展示了中国生物产业的企业间战略联盟网络图。

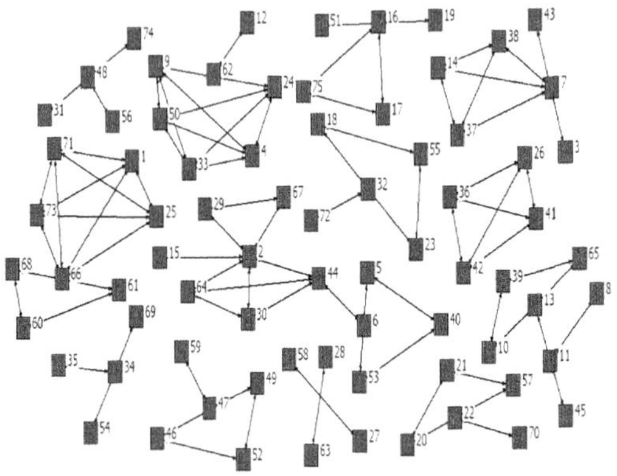

图6-4　2001—2003年生物产业的企业间战略联盟网络图

① 有关中国战略性新兴产业联盟数据库的详细说明请见附录Ⅰ。

2. 变量

（1）因变量：专利数（$Patents_{it}$）。在具有高技术性特点的化学药品行业中，企业往往通过申请专利来保护新技术或新产品，专利数量在一定程度上能够反映企业的创新能力和知识创新的积累程度。我们使用企业当年申请并最终获得批准的专利数作为因变量。

（2）自变量。

1）网络密度（*DENSITY*）

计算公式为：

$$Density = \frac{2l}{n(n-1)}$$

其中，l 是网络中实际连线数，n 是网络中的节点数目。

2）集聚系数（*Clustering Coefficient*，CC）

计算公式为：

$$CC = \frac{1}{n}\sum_{i=1}^{n} CC_i = \frac{1}{n}\sum_{i=1}^{n}\frac{3N_{\triangle}(i)}{N_3(i)}$$

其中，$N_{\triangle}(i)$ 表示网络中包含节点 i 且相互连接的三节点组（相当于三角形）的总数，$N_3(i)$ 表示网络中包含节点 i 且缺少任意两点连接的三节点组（相当于缺少一边的三角形）的总数，n 是网络中的节点数目。

3）中介中心性（*Betweenness Centrality*，BC）

计算公式为：

$$BC_i = \sum_{j<k}\frac{g_{jk}(i)}{g_{jk}}$$

其中，g_{jk} 是 j 与 k 之间距离最短的路径数目。$g_{jk}(i)$ 是 j 与 k 之间经过节点 i 距离最短的路径数目。

4）平均到达率（*Average Reach*，A-REACH）

计算公式为：

$$A-REACH = \left[\sum_{i=1}^{n}\sum_{j=1}^{m} 1/d_{ij}\right]/n，\ i \neq j$$

其中，i 与 j 的最短路径长度是 d_{ij}，m 是 i 所能到达的节点总数，n 是网络中的节点数目。整体网络的到达率是所有网络中节点的到达率之和。

5）局部效率（*Local Efficiency*，LE）

局部效率是反映企业结构洞位置的一个重要指标（Burt R. S.，1992）①，计算局部效率首先要考虑企业节点的有效规模，它是联盟创新网络中的非冗余因素，可由网络规模减去网络的冗余因素得到。而冗余因素一般用冗余度来表示，即企业节点所在个体网的平均度数，常用公式 $2t/n$ 来表示一个节点的冗余度（Borgatti S. P.，Everett M. G.，1997）②。因此，我们可以得到有效规模的计算公式：

$$Effectivesize = n - 2t/n$$

其中，n 代表网络规模，t 是个体网的关系数量。所以，局部效率可由有效规模和实际规模的比率得到，即：

$$LE = 1 - 2t/n^2$$

（3）控制变量。为了控制企业自身特征及网络节点企业一致性程度对企业创新的影响，我们用企业嵌入联盟网络时的知识积累（*Presample*5，PRE5）、联盟伙伴的知识创新积累（*Partner Presample*5，P-PRE5）、企业地理位置（*ZONE*）、是否上市（*PUBLIC*）、网络中心势（*Network Centralization*，CEN）③作为控制变量建立模型。

3. 模型

把非负计数型数据专利数作为因变量，运用泊松模型分析是恰当的，但是泊松分布需要满足均值等于方差的假设，而专利数往往过度离散，方差明显大于均值。因此，我们选择允许过度离散的广义泊松回归即

---

① BURT，R. S. Structural holes：The social structure of competition［M］. Cambridge，MA：Harvard University Press，1992.

② BORGATTI，S. P.，EVERETT，M. G. Network analysis of 2 - mode data［J］. Social Networks，1997（19）：243-269.

③ 网络中心势（Network Centralization）是一个整体层次概念，表现的是网络图的总体凝聚力，说明该网络是否具有较高的中心趋势。有关网络中心势的详细计算说明请参考：刘军. 社会网络分析导论［M］. 北京：社会科学文献出版社，2004.

负二项回归模型进行实证分析。

战略联盟的成立、运行往往需要一定的时间，尤其是创新成果即新技术或新产品申请专利并获批可能需要更长的时间（1~3 年），所以，同样根据联盟创新网络的相关研究，并确保分析结果的稳健性，考虑联盟当年、滞后 1 年、滞后 2 年与滞后 3 年的负二项回归模型。基本模型如下：

$$
\begin{aligned}
Patents_{it+0(1,\ 2,\ 3)} = {} & E(patents_{it+0(1,\ 2,\ 3)}/DENSITY_{it},\ CC_{it},\ BC_{it},\ A-REACH_{it},\ LE_{it},\ PRE5_{it},\ P-PRE5_{it},\ ZONE_{it},\ PUBLIC_{it},\ LOGCEN_{it}) \\
= {} & exp\ (a_0 + a_1\ DENSITY_{it} + a_2\ CC_{it} + a_3\ BC_{it} + a_4\ A-REACH_{it} + a_5\ LE_{it} + a_6\ PRE5_{it} + a_7\ P-PRE5_{it} + a_8\ ZONE_{it} + a_9 PUBLIC_{it} + a_{10}\ CEN_{it})
\end{aligned}
$$

其中，$Patents_{it+0(1,2,3)}$代表 i 企业在联盟当年、滞后 1 年、滞后 2 年与滞后 3 年专利数期望值。

（三）结果分析

我们利用统计软件 Stata11.0 进行分析。表 6-3 显示了变量的均值、标准差以及自变量间的相关性。由自变量间的相关系数都小于 0.7 可知不存在多重共线性问题。表 6-4 是回归模型实证分析结果。之所以选择随机效应的负二项回归模型，是因为 Hausman 检验在 $p<0.05$ 的水平下拒绝了固定效应模型。模型 1 与模型 2、模型 3 与模型 4、模型 5 与模型 6、模型 7 与模型 8 分别是联盟当年、滞后 1 年、滞后 2 年与滞后 3 年的回归结果。同时，由模型的 likelihood-ratio 检验可知，使用负二项模型优于泊松模型，因为在 0.1%的水平上都拒绝了泊松分布。另外，由统计量 LR chi^2 的 p 值较小（$p<0.001$）可知每个模型都具有较高的显著性。

表 6-3　变量描述性与相关性统计（Obs=441）

变量	均值	标准差	①	②	③	④	⑤	⑥	⑦	⑧	⑨	⑩
①*PRE5*	34.21	225.36	1.00									

续表

变量	均值	标准差	①	②	③	④	⑤	⑥	⑦	⑧	⑨	⑩
②*P-PRE5*	51.41	281.07	0.02	1.00								
③*ZONE*	0.46	0.49	0.15	−0.04	1.00							
④*PUBLIC*	0.24	0.42	0.24	0.01	0.10	1.00						
⑤log*CEN*	3.45	0.23	−0.04	−0.05	0.01	0.02	1.00					
⑥*DENSITY*	0.02	0.01	−0.01	−0.03	−0.05	−0.03	0.01	1.00				
⑦*CC*	0.95	0.03	0.05	0.07	0.03	−0.03	−0.44	−0.05	1.00			
⑧*BC*	0.03	0.31	0.14	−0.01	0.06	0.13	0.07	0.01	0.03	1.00		
⑨*A-REACH*	1.47	0.21	−0.03	−0.03	0.01	0.01	0.62	0.23	−0.14	0.07	1.00	
⑩*LE*	0.76	0.36	−0.03	0.06	0.04	−0.01	−0.14	−0.01	0.02	−0.07	−0.14	1.00
$Patents_{it+0}$	18.68	94.73										
$Patents_{it+1}$	21.53	102.01										
$Patents_{it+2}$	25.32	113.70										
$Patents_{it+3}$	32.26	139.03										

分析表 6-4 的结果可以得到：

（1）网络的密度（*DENSITY*）与局部聚集（CC）对企业创新能力都没有显著的正向作用，假设 1 没有得到支持。即企业间的稠密连接与“三元闭合”程度并不能显著提升企业的创新能力，反而在滞后 3 年时会有一定的负向影响。

（2）中介中心性（BC）对企业创新能力的正向作用较显著，假设 2 得到验证。即拥有中介中心位置优势的企业创新能力较强，但是这一影响却在滞后 3 年时消失。

（3）整体网络的企业平均到达率（A-REACH）虽然对企业的创新能力有显著的影响，但这种影响是负向的，因此，假设 3 被拒绝。即网络的联通性不但没有促进企业的创新，反而在一定程度上起到抑制作用。

（4）网络中企业的局部效率（LE）对企业的创新能力的影响不显著，假设 4 没有被支持。这说明在中国化学药品行业的企业间联盟关系网络中，企业占据结构洞位置并不能显著提高其创新能力。

表 6-4　随机效应的负二项回归模型（Obs=441）

	$Patents_{it+0}$		$Patents_{it+1}$		$Patents_{it+2}$		$Patents_{it+3}$	
	1	2	3	4	5	6	7	8
PRE5	0.01***	0.01***	0.01***	0.01***	0.01*	0.01*	0.01***	0.01*
P-PRE5	0.01	0.01	0.01	0.01	0.01	0.01	0.01	0.01
ZONE	1.66***	1.66***	1.43***	1.53***	1.64***	1.68***	1.30***	1.53***
PUBLIC	1.78***	1.75***	1.41***	1.53***	1.45***	1.76***	1.64***	1.90***
Log*CEN*	0.58**	0.35	0.21	3.17*	-0.17	3.65**	0.42**	0.77
DENSITY		-2.50		73.45		34.79		-50.89*
CC		-2.08		0.68		3.37		-6.49*
BC		0.15*		0.29***		0.19**		-0.02
A-REACH		-0.05		-4.00*		-5.06**		-2.14*
LE		0.03		-0.18		-0.01		-0.05
Constant	-3.63***	-0.75	-2.10**	-8.57	-0.34	-10.01	-1.66**	7.84
Wald chi^2 (i)	108.31	119.82	81.32	111.23	96.32	129.22	88.23	144.35
Prob>chi^2	0.000	0.000	0.000	0.000	0.000	0.000	0.000	0.000
Log likelihood	-771.62	-769.82	-838.08	-829.90	-898.82	-886.76	-970.48	-947.64

注：*表示 $p<0.1$，**表示 $p<0.05$，***表示 $p<0.01$。

（四）结论与启示

基于 SNA 理论与方法，通过企业间联盟关系构建中国化学药品行业的战略联盟网络，并运用负二项回归模型实证分析网络结构对企业创新能力的影响。结果表明：网络的聚集与稠密连接并不能显著提升嵌入企业的创新能力，甚至在滞后 3 年时有一定的负向影响；而拥有中介中心位置优势的企业能够在短期内显著提升其创新能力；网络的联通性不但没有促进企业的创新，反而在一定程度上起到抑制作用；占据结构洞位置并不能显著提高企业的创新能力。将研究结论与国内外同类研究对比可得以下启示：

第一，联盟创新网络对嵌入企业创新能力的影响在不同国家、市场经济体制下会存在差异。Schilling 等（2007）研究了美国 10 个高科技企业间网络的聚集、联通能力与创新能力的关系，结论是高聚集性与高联通性的网络都会显著提升企业的创新能力（Schilling M. A.，Phelps C. C.，2007）①。而对于中国高科技企业间网络而言，网络的局部聚集并没有显著提高企业的创新产出，联通性较好的网络也没有提升企业的创新能力，甚至起到阻碍作用。可能的原因是美国等发达国家较中国有更加完善的市场经济体制，成熟的知识产权保护体系，以及较强的知识产权保护意识，网络的聚集与联通能够促使企业间较好地交流与学习，有利于创新资源的流通。而在中国，企业的知识管理水平相对较低，知识产权保护的法律保障体系不健全，在这样的环境下，网络的聚集与联通会使企业担心自身的核心知识与先进技术被网络中的其他企业轻易获得，这会进一步增加企业在市场上的竞争激烈程度，使得嵌入网络的企业不敢轻易地进行知识交流与共享，从而导致整体网络的创新性得不到提高。

第二，联盟创新网络结构对企业创新能力的影响会因行业类别的不同而相异。学者们对中国高科技企业间合作网络的研究中，多数结论是网络的聚集性对企业的创新没有显著的影响（赵炎、郑向杰，2013；赵炎等，2014）②③，但是有些学者基于不同行业研究认为网络的聚集性能够影响企业的创新，如郑向杰（2014）④ 通过研究中国汽车产业的联盟网络发现网络聚集对企业的创新产出有倒“U”形的影响，且对企业间路径长度与创新能力的关系有倒“U”形的调节效应；赵炎与王琦（2013）⑤ 通过

① SCHILLING，M. A.，PHELPS，C. C. Interfirm collaboration networks：The impact of large scale network structure on firm innovation［J］. Management Science，2007，53（7）：1113-1126.

② 赵炎，郑向杰．网络聚集性、连通性与企业知识创新——基于中国 10 个高科技行业的联盟关系网络分析［J］．科学学与科学技术管理，2013，34（3）：23-32.

③ 赵炎，王琦，郭霞婉．战略联盟企业间创新网络的创新绩效研究［J］．华东经济管理，2014，28（1）：108-112.

④ 郑向杰．合作网络的“小世界性”对企业创新能力的影响——基于中国汽车行业的企业间联盟网络的实证分析［J］．科技进步与对策，2014，31（13）：40-44.

⑤ 赵炎，王琦．联盟网络的小世界性对企业创新影响的实证研究——基于中国通信设备产业的分析［J］．中国软科学，2013（4）：106-114.

研究中国通信设备企业间联盟发现网络的小世界性（高集聚系数、短路径长度）对企业的创新绩效有滞后的正向影响。以多个高科技行业作为样本的企业间网络，高联通性在一定程度上能够促进企业的创新（赵炎、郑向杰，2013；郑向杰、赵炎，2013）①②。而对单个行业的研究（如汽车行业、化学药品行业等具有高知识密集性的行业），网络的高联通性并不能提升嵌入企业的创新能力。

第三，网络密度对企业创新能力的影响会因企业规模不同导致研究结论不一致。池仁勇在分析区域中小企业间的创新网络时认为网络密度并不是越大越好（池仁勇，2005）③，而赵炎和郑向杰以高科技上市企业（规模较大、融资程度较高）为样本分析网络嵌入对企业创新能力的影响时，发现网络密度能够促进企业的创新产出（赵炎、郑向杰，2013）④，这说明在不同规模的企业网络中，网络密度的作用会有差异。

第四，文化背景也可能会影响到战略联盟网络结构与企业创新能力的关系。在中国，占据结构洞位置的企业往往受到两个或多个局部网络的不信任或排斥，因为这种“脚踏两只船”的行为在中国集体主义价值观下很难被接受，在一定程度上会弱化结构洞的效果。所以，即使企业拥有结构洞位置优势也很难实现控制性收益。此结果与 Zhixing Xiao、赵炎等的研究结论是一致的（Zhixing Xiao，Anne，S. Tsui，2007；赵炎等，2014）⑤⑥。

第五，中介中心性（BC）与企业创新绩效有显著的正向关系，但是这

① 赵炎，郑向杰．网络聚集性、连通性与企业知识创新——基于中国 10 个高科技行业的联盟关系网络分析［J］．科学学与科学技术管理，2013，34（3）：23-32.

② 郑向杰，赵炎．联盟创新网络中企业嵌入与区域位置对企业知识创造能力影响的实证研究［J］．研究与发展管理，2013，25（4）：20-29.

③ 池仁勇．区域中小企业创新网络形成、结构属性与功能提升：浙江省实证考察［J］．管理世界，2005（10）：102-112.

④ 赵炎，郑向杰．网络嵌入性与地域根植性对联盟企业创新绩效的影响——基于中国高科技上市企业的实证分析［J］．科研管理，2013，34（11）：9-17.

⑤ ZHIXING XIAO，ANNE，S. TSUI. When brokers may not work：The cultural contingency of social capital in Chinese High-Tech Firms［J］．Administrative Science Quarterly，2007，52（1）：1-31.

⑥ 赵炎，王琦，郭霞婉．战略联盟企业间创新网络的创新绩效研究［J］．华东经济管理，2014，28（1）：108-112.

种关系却在滞后3年时消失。一种可能的解释是，处于有利位置的企业在合作的短时间内非常积极地攫取异质性知识资源进行创新，能够尽快得到收益，但随着时间的推移，合作关系延续，而占据中介中心位置的企业控制着较多的冗余资源，这可能会不利于甚至会阻碍企业创新。

（五）政策与建议

战略联盟网络结构对企业创新能力的影响得到进一步证实，研究的结论可以为企业开展联盟活动、相关部门制定联盟政策提供依据。

第一，企业积极地寻找联盟伙伴，加强合作，才能有机会获取较多的创新资源，提高创新效率。同时，更要充分理解不同国家、市场经济体制以及文化背景的差异，尤其是进行全球化扩张的企业。这对于企业开展联盟活动时要如何嵌入全球创新网络中有重要的实践意义。比如，在中国应避免同行业内企业间的局部聚集，而在经济发达国家要尽量嵌入聚集性较高的企业网络中。

第二，企业要充分认识“自己”，深入了解自身的行业特点、企业规模以及融资水平。例如，由于化学药品行业的知识密集程度较高，一旦核心知识与技术泄露将会造成灾难性的损失，企业间的过度稠密连接增加了这种可能性，我们的研究结论也证实网络密度对企业的创新能力的影响并不明显，因此，企业应尽量避免嵌入密度较大的网络。

第三，由于企业占据有利的网络位置会在短期内提升其创新能力，而在滞后3年时消失，所以企业应选择占据一个有利的中介中心位置，并争取在短期内获取较多的异质性创新资源，然后重新审视自己在网络中的位置，寻找新的有利位置，以避免在“原地”获取较多的冗余知识与信息资源。

第四，政府部门在完善市场经济体制的同时，要健全法律保障体系，提升企业的知识保护意识；搭建企业间合作创新的平台，鼓励开展广泛的合作，并形成有利于企业间知识与信息资源转移的创新环境。

第七章 派系结构与企业创新——对中国高端装备制造产业的实证分析

进入21世纪，战略性新兴产业已逐渐成为世界各国经济和社会发展的重要推动力量。全球性金融危机的出现，凸显了发展实体经济的战略价值，高端制造的知识密集型产业已成为各国角逐的核心。不断涌现的新兴技术催使新一轮的产业革命正在兴起，发展战略性新兴产业已成为各国抢占经济和社会发展制高点的重要举措（吕政，2012）①。与此同时，我国政府也认识到发展战略性新兴产业的重要性，出台了支持产业发展的一系列政策，吸引了愈来愈多的高科技企业与相关从业人员参与并享用政策红利，进一步促进了战略性新兴产业的高速发展。然而随着市场国际化程度的提升，国内企业的相关产品与技术受到国际市场的强势冲击。产品与技术创新的复杂性增强使得更多的企业意识到自身的资源已不能满足国际竞争的需要，企业间纷纷选择合作，创新已由个体企业行为逐渐转化为企业间合作创新的群体行为。

基于合作创新的战略联盟是企业获取创新资源的重要途径，在规避创新风险的同时，对企业的创新能力的提升也起着关键作用。联盟创新网络的形成与发展已成为企业创新的主要方式（郑准、余亚军、王国顺，2012）②，但这种网络具有显著的“核心—边缘”结构（Rank C.，O. Rank，et al.，2006）③。其中，基于互惠关系的网络成员之间相互选择

① 吕政.《中国战略性新兴产业发展研究》评介［J］. 经济学动态，2012（4）：160.

② 郑准，余亚军，王国顺. 战略性新兴产业内企业联盟网络的演化机理——基于耗散结构论的视角［J］. 财经科学，2012（6）：54-61.

③ RANK，C.，O. RANK，et al. Integrated versus core-periphery structures in regional biotechnology networks［J］. European Management Journal，2006，24（1）：73-85.

而形成紧密结合的群体称为派系（Cliques），它是创新网络演化过程中的局部网络集聚现象。目前，较多的学者探讨了人际关系网络中的派系问题，而企业间网络中的派系问题最近几年才引起人们的关注。在关于人际关系网络的研究中，有的学者认为派系结构对于网络成员获得信息和资源在一定程度上起到边界限制作用（Singh J.，et al.，2010）①。而涉及企业内部的人际关系网络中，具有中等水平的派系间联系会导致高水平的绩效（Fang C.，et al.，2010）②，人际关系网络中派系的形成提高了派系局内人的满意度，但降低了派系局外人的满意度（王海珍等，2011）③。仅有少数学者探索了企业间网络的派系问题。如我国学者研究了社会关系网中的“圈子”现象，并基于这个思想探索了企业间的社会网络结构与复杂适应（罗家德等，2014）④。与此同时，也有学者探析了中国汽车企业联盟网络抱团现象，认为这种抱团有利于企业的创新，并在此基础上，探讨了派系与知识流动的耦合对企业创新能力的影响（赵炎、孟庆时，2014；赵炎等，2016）⑤⑥。但从目前的研究来看，在联盟创新网络中有关派系的研究仍处于探索阶段，虽然有学者已经尝试研究了企业间网络的派系问题，但是企业在面对派系选择时，如何嵌入、多大程度上嵌入才能更加有利于创新，已成为企业抉择的难题。

鉴于此，我们基于社会网络理论，提出研究假设，选择了2000—2013年的中国高端装备制造企业间联盟数据构建创新网络，在考虑整体网络中

---

① SINGH，J.，M. T. HANSEN，et al. The world is not small for everyone：Inequity in searching for knowledge in organizations［J］. Management Science，2010，56（9）：1415-1438.

② FANG，C.，J. LEE，et al. Balancing exploration and exploitation through structural design：The isolation of subgroups and organizational learning［J］. Organization Science，2010，21（3）：625- 642.

③ 王海珍，刘新梅，张永胜. 派系形成对员工满意度的影响及机理：社会网络视角的研究［J］. 管理评论，2011，23（12）：116-123.

④ 罗家德，张田，任兵. 基于“布局”理论视角的企业间社会网络结构与复杂适应［J］. 管理学报，2014，11（9）：1253-1264.

⑤ 赵炎，孟庆时. 创新网络中基于结派行为的企业创新能力评价［J］. 科研管理，2014，35（7）：35-43.

⑥ 赵炎，冯薇雨，郑向杰. 联盟网络中派系与知识流动的耦合对企业创新能力的影响［J］. 科研管理，2016，37（3）：51-58.

派系数量对嵌入企业创新影响的同时，分析了个体网络中反映企业拉帮结派能力的核心度对其创新能力的影响，并在此基础上分析了企业是否上市以及自身创新积累的调节效应。最后，基于研究结论，提出了有利于联盟创新网络中企业创新与派系发展的政策建议。

一、研究假设

（一）派系与企业创新

在传统的社会网络研究中，派系指“至少包含三个节点的最大完备子图”（Wasserman S.，Faust K.，1995）①，即派系中任何两个节点对之间都存在一条直接相连的线，且派系之外不存在另外的、同样连接这个派系中所有参与者的节点（刘军，2004）②。派系中含有 k 个节点则称为 k-派系。联盟创新网络中也广泛存在这种派系。图 7-1 为联盟创新网络中企业 A、B、C、D 组成的一个 4-派系团体。

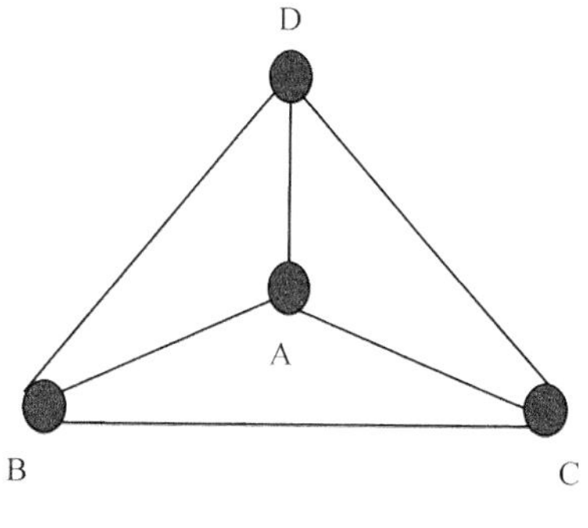

图 7-1　4-派系团体

① WASSERMAN，S.，FAUST. K. Social network analysis：Methods and applications［M］. Cambridge University Press，1995.

② 刘军. 社会网络分析导论［M］. 北京：社会科学文献出版社，2004：12.

战略性新兴产业联盟的实践表明，企业间广泛的结盟活动，促进了合作网络内派系的形成与发展，并成为企业提高技术创新能力、增强核心竞争力的一种有效途径。网络内派系的形成，在提升企业间彼此信任的基础上，也为网络内知识的有效流动提供了结构基础（赵炎等，2016）①。一方面，基于互惠关系而形成派系内的企业间联系比与其他企业的联系更加频繁，这不但提升了知识流动的速度，而且通过对比多样性信息获取对企业更有价值的创新资源；另一方面，派系内企业间多层次的互惠关系，加深了彼此的了解和信任而促使双方进行更深层次的合作，比如企业间技术人员的频繁互动与交流在一定程度上会诱致对创新起重要作用的隐性知识的传递。因此，联盟创新网络中的派系团体数越多，越有利于知识信息的扩散，嵌入派系内的企业能够从派系团体中获取较为丰富的创新资源。

创新是企业持续发展的不竭动力，也是其获取竞争优势的主要途径，越来越多的高科技企业投入较多的资本用于技术创新。拥有雄厚资本的高新技术上市企业往往通过市场途径就能获取较多的创新资源，而非上市的高新技术企业由于受自身资本规模的限制，往往更倾向于寻求联盟获取较多的创新资源来增强自身的创新能力。

企业在网络中的资源位置对创新的影响已经得到证实，前期的创新积累能够促进企业的后续创新产出（赵炎、刘忠师，2012）②。然而，拥有较少创新积累的企业往往也很难与派系内其他企业进行更多知识共享的互动与交流，相反，较多的创新积累则能够为派系内的企业间的知识共享提供先天保障。因此，企业拥有的创新积累越多，派系团体数越能促进企业的创新。所以，我们提出如下假设：

假设 1：联盟创新网络中派系团体数量越多，嵌入企业的创新能力越强。

---

① 赵炎，冯薇雨，郑向杰．联盟网络中派系与知识流动的耦合对企业创新能力的影响［J］．科研管理，2016，37（3）：51-58.

② 赵炎，刘忠师．联盟中企业网络位置与资源位置对创新绩效影响的实证研究——基于中国化学药品行业联盟的分析［J］．研究与发展管理，2012（5）：73-82.

假设2：企业是否上市对派系团体数影响创新水平具有负向的调节效应。

假设3：企业创新积累对派系团体数影响其创新水平具有正向的调节效应。

（二）核心度、创新积累与企业创新

在社会网络分析中，如果一个子图的全部节点都至少与该子图中的k个其他点邻接，则称这样的子图为k-核（吴鹏，2011）①。图7-2所示为一个2-核子图。而节点的核心度（Coreness Values，CV）是指此节点所在凝聚子群的k-核情况，图7-2中的节点E嵌入在2-核之中，其核心度即为2。

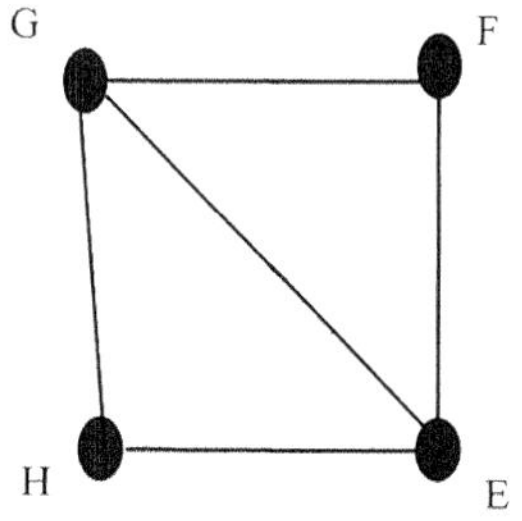

图7-2　2-核子图

同样，企业嵌入联盟创新网络，也在选择不同的凝聚子群。企业选择不同的伙伴结盟及关系数目影响子群内企业对创新资源获取的便利程度和选择的范围。当企业嵌入k-核的凝聚子群时，随着k值的增加，与其直接相连的关系数目就增加，企业嵌入网络的程度亦随之增强，由于凝聚子群中每个企业都至少与k个其他企业连接，这就有利于子群内部企业间信息资源的流通，增加嵌入企业获得外部创新资源的机会。然而，k值增加到一定程度，较多的企业间连接可能提高了企业获取冗余信息的概率，使企

① 吴鹏．基于本体论的社会关系网络信息可视化研究［D］．国防科学技术大学，2011.

业从多条路径获取的知识资源变得一致和冗余，即使付出了高昂的嵌入成本，也难以攫取有价值的创新资源（赵炎、郑向杰，2013）①。随着企业间关系数量的进一步增加，嵌入企业在担心自身有竞争力的核心技术被联盟伙伴获取的同时，也增加了共享知识被伙伴的伙伴攫取的风险，这不但会间接增加竞争者的数量，也可能会提高竞争对手的竞争实力。此时，嵌入企业会有意识地保护自身核心知识和技术，减少知识的共享与交流（郑向杰、赵炎，2013）②，进而影响嵌入企业有效地获取较高价值的知识资源，不利于企业的创新。

此外，当嵌入企业的核心度较低时，虽然其自身创新积累能够促进企业创新（赵炎、刘忠师，2012）③，但此时群体内企业间的连接数较少，从外部获取的创新资源有限，创新产出水平也相对较低。随着企业核心度增加，较多的联盟关系为企业获取外部创新资源提供了更多的机会。但是，当核心度较高并超过某一数值时，一方面，导致企业获取较多的冗余资源，群体内企业间制定的统一规范和标准在一定程度上也会限制企业的创新；另一方面，群体内较多的网络关系使企业担心一些“暂时性合作”的竞争对手轻易获取自身的核心技术资源（郑向杰，2014）④，不愿意过多地交流，从而影响对企业创新起重要作用的缄默知识的转移，这也会限制企业的创新产出。由此，我们提出如下假设：

假设4：嵌入企业的核心度对其创新能力的影响呈倒“U”形。

假设5：嵌入企业的核心度对创新积累影响企业创新能力存在倒“U”形调节效应。

---

① 赵炎，郑向杰．网络聚集性、连通性与企业知识创新——基于中国10个高科技行业的联盟关系网络分析［J］．科学学与科学技术管理，2013，34（3）：23-32.

② 郑向杰，赵炎．联盟创新网络中企业间知识共享的博弈分析［J］．软科学，2013，27（10）：83-96.

③ 赵炎，刘忠师．联盟中企业网络位置与资源位置对创新绩效影响的实证研究——基于中国化学药品行业联盟的分析［J］．研究与发展管理，2012（5）：73-82.

④ 郑向杰．基于企业嵌入视角的联盟创新网络中知识共享与创新研究［D］．上海大学，2014.

二、数据、变量与模型

（一）数据获取

本书构建联盟创新网络所用数据来源于中国战略性新兴产业联盟数据库[①]，此数据库数据主要来自美国 SDC Platinum 数据库、中国企业联盟数据库的企业联盟数据，按照中国战略性新兴产业中高端制造业的划分标准，构建中国高端装备制造产业联盟数据库；企业专利数据主要通过国家知识产权局官方网站搜集获取，反映企业自身特征数据（如企业是否上市）则主要通过企业官网查询。

由于企业间联盟关系结束时间很少发布，国际研究惯例假定持续时间为 3~5 年，我们折中选择 4 年创建时间窗口，将 2000—2013 年划分为 11 个时间窗口来构建联盟创新网络（2000—2003 年，2001—2004 年，……，2010—2013 年），计算相关结构指标并进行模型构建。具体处理方法：首先，利用 MATLAB、Eclipse 等软件设计邻接矩阵自动提取算法，基于各时间窗口的联盟关系生成各时间窗口的邻接矩阵[②]。其次，利用 UCINET 绘制联盟创新网络以及计算相关结构指标。最后，使用 Stata 软件进行变量的统计分析。

需要说明的是，在我们搜集的联盟关系数据中，只要有高端装备制造企业参与的联盟即为样本联盟，因此，参与联盟的企业会有部分国外、国内非高端装备制造企业。因此，为保证联盟创新网络的完整性，仍利用原始样本联盟构建网络并计算相关结构指标，而在统计分析中剔除部分国外企业和国内非高端装备制造企业以获取有效样本来保障结果的稳健性。各时间窗口的原始样本数和有效样本数见表 7-1。图 7-3 是 2010—2013 年时

---

① 有关中国战略性新兴产业联盟数据库详见附录Ⅰ。

② 有关邻接矩阵的生成详见附录Ⅲ。

间窗口中国高端装备制造业联盟创新网络图。

表 7-1 各时间窗的样本数据

时间窗口	2000—2003 年	2001—2004 年	2002—2005 年	2003—2006 年	2004—2007 年	2005—2008 年	2006—2009 年	2007—2010 年	2008—2011 年	2009—2012 年	2010—2013 年
原始样本数	77	69	59	38	66	90	105	123	186	215	220
有效样本数	45	42	34	26	34	46	55	57	99	119	133

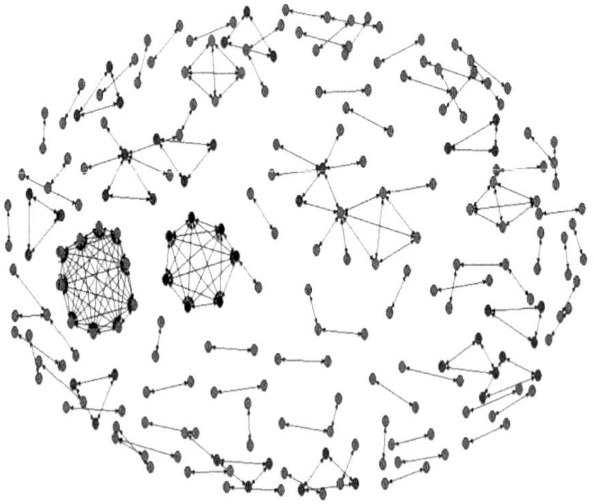

图 7-3 2010—2013 年时间窗口中国高端装备制造业联盟创新网络图（节点数=220）

（二）变量

1. 因变量：专利数（*Patents*）

高端装备制造企业属于高科技企业，其创新成果较多体现在新产品或新技术的出现以及它们的应用上。随着信息技术的发展以及企业法律意识尤其是知识产权意识的增强，企业更倾向于以申请专利来保护自身的创新成果。因此，专利数量在很大程度上能够代表企业创新能力。我们使用企业当年申请并最终被审核批准的专利数量作为因变量。

2. 自变量

（1）派系数（*Cliques Number*，CN）。派系是"最大的完全子图"，子图中任何一个企业都与其他企业相连，且该派系不能被其他任何派系所包含（刘军，2004）①。因此，联盟创新网络中的派系数能够反映整体网络中企业"抱团"的程度，而网络中与结构洞相关联的节点间更有"三元闭合"的趋势，这一趋势已成为联盟创新网络中企业间"拉帮结派"的重要体现（赵炎、孟庆时，2014）②。所以，我们用每一时间窗的联盟创新网络中的派系数作为自变量之一建立模型。基于社会网络分析中的计算方法（Luce R.，Perry A.，1949；Bron C.，Kerbosch J.，1973）③④，利用UCINET等软件进行这一指标值的获取和分析。如图7-3中共有18个派系。

（2）核心度（*Coreness Values*，CV）。除派系之外，基于节点度的k-核也是反映网络中凝聚子群的一个重要指标，它是通过限制子群中的每个成员的邻点个数而得到的（Seidman S.，1983）⑤。嵌入不同的k-核，企业具有不同的核心度，为获取创新资源要处理和维护的企业间关系的复杂程度也不相同。企业的核心度是基于企业个体而言的，体现了企业嵌入网络中的凝聚子群内企业间的"扎堆"程度。基于社会网络分析中的计算方法，利用UCINET等软件进行这一指标值的获取和分析。

（3）创新积累（*Presample5*）。企业原有知识积累为以后企业创新打下坚实的基础，因此，已拥有较多知识积累的企业创新能力较强（Blundell

① 刘军．社会网络分析导论［M］．北京：社会科学文献出版社，2004：12.

② 赵炎，孟庆时．创新网络中基于结派行为的企业创新能力评价［J］．科研管理，2014，35（7）：35-43.

③ LUCE，R.，PERRY，A. A method of matrix analysis of group structure［J］．Psychometrika，1949（14）：95-116.

④ BRON，C.，KERBOSCH，J. Finding all cliques of an undirected graph［J］．Comm of the ACM，1973（16）：575-577.

⑤ SEIDMAN，S. Network structure and minimum degree［J］．Social Networks，1983（5）：269-287.

R. R., et al., 1995; Schilling M. A., Phelps C. C., 2007)①②。利用企业在嵌入联盟创新网络之前5年的专利数量之和作为企业的创新积累，作为控制变量加入模型。

（4）是否上市（*public*）。企业上市为其提供了利用资本市场募集创新资金的重要途径，上市企业会比一般企业拥有更多的创新机会（赵炎、郑向杰，2013）③。我们把企业是否上市作为控制变量加入模型，如果样本企业上市，则 *public* = 1，反之，*public* = 0。

3. 控制变量

较多研究表明网络结构指标如集聚系数（*Clustering Coefficient*，CC）、中介中心度（*Betweenness Centrality*，BC）以及网络密度（*Network Density*，ND）等会影响嵌入企业的创新能力（郑向杰，2014）④。因此，我们把集聚系数、中介中心度、网络密度作为控制变量加入模型。

（1）集聚系数。集聚系数是一种关于局部网络结构的指标，其值大小主要用传递性比率来衡量，即封闭三方组的数量与可能三方组数量之比。集聚系数的大小会影响嵌入企业的创新能力已得到较多学者的证实（Schilling M. A., Phelps C. C., 2007；赵炎、郑向杰，2013）⑤⑥。计算公式如下：

① BLUNDELL, R. R., R. GRIFFITH, J. VAN RENEE. Dynamic count data models of techno logical innovation [J]. The Economic Journal, 1995, 105 (429): 333-344.

② SCHILLING, M. A., PHELPS, C. C. Inter-firm collaboration networks: The impact of large scale network structure on firm innovation [J]. Management Science, 2007, 53 (7): 1113-1126.

③ 赵炎，郑向杰．网络嵌入性与地域根植性对联盟企业创新绩效的影响——基于中国高科技上市公司的实证分析［J］．科研管理，2013，34（11）：9-17.

④ 郑向杰．基于企业嵌入视角的联盟创新网络中知识共享与创新研究［D］．上海大学，2014.

⑤ SCHILLING, M. A., PHELPS, C. C. Inter-firm collaboration networks: The impact of large scale network structure on firm innovation [J]. Management Science, 2007, 53 (7): 1113-1126.

⑥ 赵炎，郑向杰．网络聚集性、连通性与企业知识创新——基于中国10个高科技行业的联盟关系网络分析［J］．科学学与科学技术管理，2013，34（3）：23-32.

$$CC = 3 \times \frac{\sum_{k>j} a_{ij}a_{jk}a_{ik}}{\sum_{k>j} a_{ij}a_{ik}}$$

此公式表示加权的集聚系数，分子表示包含节点 i 的三方组总数，分母表示包含节点 i 的可能三方组总数，乘以 3 以确保取值在 0~1。

（2）中介中心度。中介中心度是体现企业嵌入网络位置的重要指标，体现了一个企业在多大程度上居于其他企业的“中间”位置，此指标对企业创新的影响在第五章的研究中也已得到证实。计算公式为：

$$BC_i = \sum_{j<k} \frac{g_{jk}(i)}{g_{jk}}$$

其中，g_{jk}是 j 与 k 之间距离最短的路径数目。g_{jk}（i）是 j 与 k 之间经过节点 i 距离最短的路径数目。

（3）网络密度。网络密度反映了整体网络中企业间关系数量的多寡，企业间资源信息传递的比率和范围受网络密度的影响（Yamaguchi K.，1994；池仁勇，2005）①②。计算公式为：

$$ND = \frac{2l}{n(n-1)}$$

其中，l 是关系数量，n 是节点数量。

（三）模型

研究发现，将计数型数据作为被解释变量加入模型，运用线性回归模型模拟可能会导致无效和有偏的估计，而专利数据是非负的计数型数据，可以考虑使用泊松模型，但泊松回归要求被解释变量的期望与方差相等或近似，而因变量专利数的方差明显大于均值（见表 6-2），存在“过

---

① YAMAGUCHI，K. The flow of information through social networks：Diagonal-free measures of inefficiency and the structural determinants of inefficiency［J］. Social Networks，1994，16（1）：57-86.

② 池仁勇．区域中小企业创新网络形成、结构属性与功能提升：浙江省实证考察［J］．管理世界，2005（10）：102-112.

度分散”，考虑使用“负二项回归”模型，即样本来自负二项分布，利用最大似然估计法进行估计。

企业嵌入联盟创新网络，从企业间关系的建立、合作运营与发展，到创新成果以专利形式申请并获批往往需要2年甚至更长的时间，为了保证研究结果的稳健性，我们考虑联盟当年的派系数、企业核心度以及相关变量指标对滞后1年、滞后2年的创新能力的影响来构建模型。基本模型如下：

$$
\begin{aligned}
Patents_{it+1(2)} &= E\ (patents_{it+1(2)} / Presample5_{it},\ public_{it},\ CC_{it},\\
&\quad BC_{it},\ ND_{it},\ CN_{it},\ CV_{it})\\
&= exp\ (a_0 + a_1 Presample5_{it} + a_2 public_{it} + a_3 CC_{it} + a_4 BC_{it} +\\
&\quad a_5 ND_{it} + a_6 CN_{it} + a_7 CV_{it} + a_8 CV_{it}^{\ 2})
\end{aligned}
$$

其中，$Patents_{it+1(2)}$ 代表 i 企业在滞后1年、滞后2年专利数期望值。

三、结果分析

表7-2是变量的描述性统计与相关性分析。可以看出，专利数的方差（标准差的平方）明显大于均值，这表明使用泊松模型是不恰当的。各自变量间的相关系数绝对值均小于0.7，说明不存在共线性问题。

表7-3、表7-4是随机效应的负二项回归分析结果。Hausman检验结果表明使用随机效应的负二项回归模型更加有效。经过拟合优度检验，当分散参数 a=0 时，负二项回归即为泊松回归，对每个模型的 a=0 进行似然比检验，得到 p 值很小，从而拒绝数据服从泊松分布的原假设，也就是说负二项回归是更恰当的。对模型进行整体显著性检验的 $LR-chi^2$ (n) 统计量的 p 值全部为 0.000，表明所有模型的系数整体都很显著。

表 7-2　变量描述性统计与相关性分析（n=690）

变量	均值	标准差	*Presample5*	*public*	*CC*	*BC*	*Density*	*CN*	*CV*
Presample5	106	602	1.00						
public	0.45	0.50	0.18	1.00					
CC	0.81	0.08	-0.02	-0.10	1.00				
BC	2.42	25.9	-0.01	0.01	-0.08	1.00			
ND	0.02	0.01	-0.05	-0.08	0.69	-0.03	1.00		
CN	13.5	4.16	0.07	-0.01	-0.12	-0.06	-0.63	1.00	
CV	1.68	1.40	-0.05	-0.11	0.18	0.04	0.10	-0.01	1.00
$Patents_{it+2}$	75.92	404.9							

表 7-3　随机效应的负二项回归结果（Obs=690）

变量	$Patents_{it+1}$			$Patents_{it+2}$		
	1	2	3	4	5	6
Presample5	0.003***	0.003***	0.003***	0.003***	0.002***	0.002***
	(0.0003)	(0.0004)	(0.0004)	(0.0003)	(0.0003)	(0.0003)
public	1.818***	1.834***	1.813***	2.001***	2.071***	2.046***
	(0.125)	(0.127)	(0.128)	(0.127)	(0.129)	(0.130)
CC	0.964	0.497	0.783	0.403	-1.547	-1.391
	(1.049)	(1.266)	(1.290)	(1.078)	(1.302)	(1.325)
BC	0.001	0.001	0.001	-0.001	-0.001	-0.001
	(0.004)	(0.004)	(0.004)	(0.004)	(0.004)	(0.004)
ND	-24.43***	-18.83*	-19.42*	-21.53***	1.191	0.123
	(6.739)	(10.863)	(10.770)	(6.604)	(10.928)	(10.852)
CN		0.016	0.019		0.068***	0.073***
		(0.024)	(0.024)		(0.025)	(0.025)
CV			0.040			0.160
			(0.146)			(0.154)
CV^2			-0.020			-0.034**
			(0.017)			(0.016)
Constant	1.258	1.320	1.100	1.858	2.105	1.830
LR-chi^2（n）	604.63	605.07	611.73	555.66	563.14	569.84

续表

变量	$Patents_{it+1}$			$Patents_{it+2}$		
	1	2	3	4	5	6
Prob>chi^2	0.000	0.000	0.000	0.000	0.000	0.000
Log likelihood	-2467.77	-2467.54	-2464.22	-2571.55	-2567.81	-2564.46

注：括号内为标准误差，* 表示 p<0.1，* * 表示 p<0.05，* * * 表示 p<0.01。

模型1、模型4只包含了控制变量，模型2、模型5增加了自变量派系数，模型3、模型6又增加了自变量核心度。从模型1、模型4可以看出，企业自身的创新积累（*Presample5*）对其嵌入联盟创新网络后的创新绩效有显著的正向影响，这表明企业要创新，“打铁还需自身硬”，积极增加自身的知识储备，提升获取、吸收外部创新资源的能力，才能更好地促进创新。上市企业（*public*=1）拥有更多的创新资本，具有较高的创新水平。而集聚系数（CC）对企业创新的影响不显著，这与Schilling等对美国高科技企业联盟创新网络的研究所得的结论不同（Schilling M. A.，Phelps C. C.，2007）①，而支持了赵炎等对中国高科技企业联盟创新网络的研究结论（赵炎、郑向杰，2013）②。中介中心度（BC）对企业的创新能力也没有显著的影响，这表明居于网络位置优势的企业并没有发挥出位置优势。而网络密度（ND）对企业创新呈现出显著的负向影响，这表明较多的网络关系不但不能促进嵌入企业的创新，反而阻碍了企业的发展。

在模型5中，派系数（CN）对嵌入企业创新能力有较显著的正向影响，所以，假设1被支持，即派系数量越多，嵌入企业的创新能力越强。但在模型2中，派系数的系数不显著，说明这种影响存在滞后效应。同样，由模型6可以得出，核心度（CV）的一次项系数为正，而二次项系数显著为负，这表明核心度对企业创新能力的影响呈现倒“U”形，因

① SCHILLING，M. A.，PHELPS，C. C. Inter-firm collaboration networks：The impact of large scale network structure on firm innovation［J］. Management Science，2007，53（7）：1113-1126.

② 赵炎，郑向杰. 网络聚集性、连通性与企业知识创新——基于中国10个高科技行业的联盟关系网络分析［J］. 科学学与科学技术管理，2013，34（3）：23-32.

此，假设4也被支持。但在模型3中，核心度的二次项系数不显著，表明这种影响也存在滞后性。

派系数和核心度对企业创新绩效的影响都存在滞后性，一种可能的解释是企业从派系内其他企业获取创新资源需要一定的过程。一方面，知识具有黏性，尤其是对创新起重要作用的隐性知识传播需要较高的媒介，只有企业间人员彼此熟悉，深入沟通与交流，才能使其在企业间传递成为可能，而这都需要时间；另一方面，企业从派系内联盟伙伴那里获取、学习、消化与吸收异质性知识也需要一定的时间才能完成。

为了清晰地说明核心度对企业创新绩效的倒“U”形影响，基于模型6的分析结果绘制核心度与企业创新的关系图。在仅考虑影响因素核心度时（其他因素为0），$Patents_{it+2}=\exp\ (a_0+a_7\ CV_{it}+a_8\ CV_{it}^2) = \exp\ (1.830+0.16\ CV_{it}-0.034\ CV_{it}^2)$，等式两端同时取自然对数可得，Cn（$Patents_{it+2}$）$=1.830+0.16\ CV_{it}-0.034\ CV_{it}^2$，再向下平移1.830个单位，于是得到图7-4。当核心度小于2.35时，随着核心度的增加，嵌入企业的创新水平得到明显提高；当核心度大于2.35时，嵌入企业的创新水平逐渐降低；当核心度等于2.35时，嵌入企业的创新能力最好。

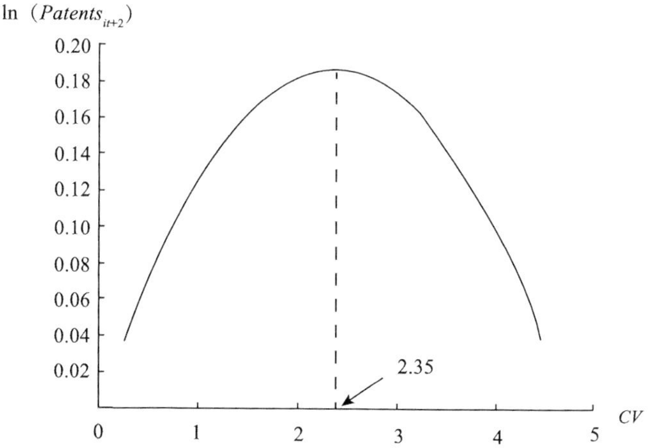

图7-4　核心度对企业创新能力的倒“U”形影响

表7-4为滞后2年的模型分析结果（滞后1年的模型可得出同样结论），在模型7中增加了*public*与CN的乘积项，为了剔除共线性的影响，把*public*与CN经过中心化处理以后再相乘，可以看出乘积项的系数显著为负，说明存在显著的负向调节效应，所以，假设2也被支持。同样，在模型8中增加了*Presample5*与CN经过中心化处理以后的乘积项，但是乘积项的系数不显著，这说明不存在调节效应，假设3没有被支持。

为了保证结论的稳健性，对*Presample5*的自然对数进行中心化处理后分别乘以核心度的一次方和二次方中心化处理后的结果见模型9，结果表明，核心度二次方乘以创新积累的系数显著为负，表明存在调节效应，而核心度一次方乘以创新积累的系数为正，这表明核心度对创新积累影响企业创新能力存在倒"U"形的调节效应。

为深入分析企业是否上市对派系数影响嵌入企业创新绩效的调节效应，分别在*public*=0与*public*=1时进行负二项回归分析。如表7-5所示，当*public*=0时，派系数的系数显著为正，而当*public*=1时，派系数的系数则不显著。假设2进一步得到支持。

为了清晰地说明核心度对创新积累影响企业创新绩效的调节效应，基于模型9的分析结果绘制核心度的调节效应图，如图7-5所示。创新积累对企业自身创新能力存在显著的正向影响，且核心度对这种关系的调节效应呈倒"U"形。随着核心度（CV）的增加，较多的创新积累促进企业自身的后续创新，但是当核心度增加到一定程度时，创新积累对企业创新能力的作用逐渐得到了充分发挥，如果继续增加核心度，就降低了创新积累对企业创新能力的作用。

表 7-4 随机效应的负二项回归模型（n=690）

变量	$Patents_{it+2}$		
	7	8	9
Presample5	0.002*** (0.000)	0.002*** (0.000)	0.001*** (0.000)
public	2.078*** (0.128)	2.085*** (0.130)	0.703*** (0.117)
CC	-1.700 (1.291)	-1.587 (1.304)	-0.734 (1.073)
BC	-0.001 (0.003)	-0.001 (0.004)	-0.003 (0.003)
ND	5.355 (10.975)	0.700 (10.944)	-3.512 (9.118)
CN	0.076*** (0.024)	0.059** (0.028)	0.030* (0.018)
pubic×CN	-0.068** (0.031)		
Presample5×CN		0.005 (0.007)	
CV			0.106 (0.147)
CV^2			-0.007 (0.018)
lnpresample5×CV			0.632*** (0.030)
lnpresample5×CV^2			-0.093*** (0.007)
Constant	2.034** (0.816)	2.264*** (0.855)	2.445*** (0.675)
LR-chi^2 (n)	568.01	563.02	961.47
Prob>chi^2	0.000	0.000	0.000
Log likelihood	-2565.38	-2567.58	-2368.65

注：括号内为标准误差，*表示 p<0.1，**表示 p<0.05，***表示 p<0.01。

表 7-5 *public*=0 与 *public*=1 时的负二项回归结果

变量	$Patents_{it+2}$	
	***public*=0（n=378）**	***public*=1（n=312）**
Presample5	0.027*** (0.004)	0.001*** (0.000)
CC	-4.296*** (1.425)	-0.840 (2.258)
BC	-0.003 (0.003)	-0.011 (0.011)
Density	18.407* (11.400)	5.867 (21.205)
CN	0.079*** (0.028)	0.058 (0.040)
Constant	3.500*** (0.918)	3.868*** (1.337)

续表

变量	$Patents_{it+2}$	
	public = 0 (n = 378)	*public* = 1 (n = 312)
LR-chi^2 (n)	233.92	130.00
Prob>chi^2	0.000	0.000
Log likelihood	-1002.14	-1511.39

注：括号内为标准误差，* 表示 p<0.1，* * * 表示 p<0.01。

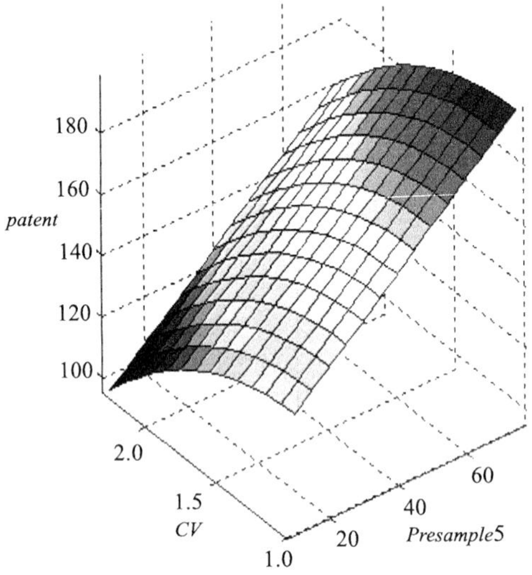

图 7-5 核心度（CV）调节效应图

四、结论与启示

目前，战略性新兴产业代表新一轮科技革命和产业变革的方向，是支撑全球经济复苏增长的核心力量和取得未来竞争新优势的关键领域。在国际环境复杂多变、国内经济进入新常态的局面下，战略性新兴产业已成为中国在经济下行压力下逆势增长的一股重要力量，并逐渐成为我国经济发展的新引擎，在稳定经济增长、促进新旧动能转换、引领创新发展方面发挥了重要作用。然而，我国战略性新兴产业在发展过程中也存在一些亟须解决的问题，例如科技转化能力有待提升，产业关键核心技术需要加强，支持产业发展的政策环境有待完善，等等，这些问题都已经成为制约我国战略性新兴产业进一步发展的瓶颈。在市场的驱动下，一些企业为了自身发展寻找突破口，认识到获取创新资源的重要性，于是企业间纷纷选择合作来提升自身的创新能力。

随着市场竞争的加剧，企业间个体层面的竞争已逐渐转化为以派系为单元的网络层面竞争，派系内的合作机制、路径选择以及市场份额等都会影响派系内企业的竞争力和利益，甚至对派系外企业的认知、行为与绩效产生重要影响。我们基于资源依赖理论，利用社会网络分析方法，以中国高端装备制造产业联盟创新网络为研究对象，分析了其中的派系结构对企业创新能力的影响。

主要结论是：整体网络中较多的派系数能够有效提升嵌入企业的创新绩效，但这种影响具有明显的滞后性，在企业嵌入网络的第 2 年才显现出来；而企业核心度对其创新的影响则呈现倒“U”形，即只有当企业嵌入适度的 k-核子图中，企业才能有最好的创新产出。同时企业核心度对创新积累影响企业创新能力的调节效应也呈现倒“U”形。此外，企业是否上市对派系团体数影响企业创新具有负向调节效应，这表明拥有较多资本的上市企业，更多创新产出主要依赖于自身创新资本投入，而非从派系团体合作中攫取创新资源。但是对于非上市企业来说，由于自身资本的限制，其创新资源主要基于企业间合作进行知识共享而获得。

研究结果表明，网络中建立较多的具有互惠关系的派系团体，有利于企业创新。由于子群间桥连接作用的节点较少（见图 7-3），虽然有学者尝试探索了不同节点属性下的子群关系如何影响网络资源的流动（Lewis

K., et al., 2008)[①]，但是对企业创新起作用的知识往往局限于派系内分享与流动，而终止于派系的边界，创新主要发生在子群内而非子群间(Staudenmayer, et al., 2005; Kajikawa Y., et al., 2010)[②③]，我们的研究结论也支持了这一观点。

假设3没有得到验证，创新积累对派系数影响企业创新不具有调节效应，企业创新积累的多寡不会影响派系数与企业创新的关系。可能的解释是：一方面，无论企业具有多少创新积累，在抱团的关系中仅仅在合作领域内进行知识的共享与交流，而对不涉及合作领域的知识是屏蔽的；另一方面，知识技术更新较快，合作伙伴的以往创新积累对企业的即时创新影响不大。

基于个体中心网考虑企业嵌入的凝聚子群，应考虑处理的联盟关系数，适度的企业核心度，可有效提升企业创新能力。较少的联盟关系可能会使企业间信息交流不便，甚至会中止一些关键创新资源的有效流动。而较多的联盟关系不但使企业获得的知识变得一致和冗余，而且使企业担心自身核心知识和技术会由于伙伴企业频繁的外部联盟而迅速溢出，为避免增加不必要的市场竞争，企业会有意识地减少知识的共享与交流，这些行为都不利于嵌入企业有效地获取外部创新资源。因此，企业在嵌入联盟创新网络时不但要争取嵌入拥有较多派系的网络中，而且应充分考虑自身所融入的凝聚子群的k-核情况，选择嵌入一个拥有适度规模关系的派系，才能更有利于创新。

战略联盟是企业间知识共享与交流的重要途径，相关政府部门要鼓励企业间建立互惠的联盟关系，形成紧密合作的派系团体，提升企业获取创

---

① LEWIS, K., J. KAUFMAN, et al. Tastes, ties, and time: A new social network dataset using facebook. com [J]. Social Networks, 2008, 30 (4): 330-342.

② STAUDENMAYER, TRIPSAS, et al. Inter-firm modularity and the implications for product development [J]. Journal of Product Innovation Management, 2005, 22 (4): 303-321.

③ KAJIKAWA, Y., Y. TAKEDA, et al. Multiscale analysis of inter-firm networks in regional clusters [J]. Technovation, 2010, 30 (3): 168-180.

新资源的水平。一方面，要健全知识产权保护法律法规，建设企业信任机制，在为企业间合作创新提供良好的社会环境的同时，抑制联盟创新网络中机会主义行为的发生；另一方面，鼓励企业间合作注重创新产品与技术的扩散，在确保知识产权不受侵害的前提下，着重实现创新溢出效应，推动我国经济社会快速发展。然而，在具体实施过程中，相关政府部门在进行政策引导的同时，也要进行配套的金融支持，可以通过支持符合条件的企业债券融资、相关税收优惠政策、推进股票市场注册制改革（设立战略新兴版）等方式拓宽企业的融资渠道。

第八章　案例分析：节能环保产业联盟创新网络结构与企业创新

环境污染、资源枯竭的威胁已成为阻碍我国经济可持续发展的关键，作为能够为保护环境、节约资源提供物质基础、技术保障和服务的综合性新兴产业，节能环保产业被确定为我国优先支柱产业进行培育。但是我国节能环保产业的大量传统技术存在缺陷，企业原始创新能力和国际市场竞争力急需提升，产业规模和集中度也有待提高，提升节能环保企业的创新能力已成为我国实施经济可持续发展过程中面临的突出问题。

一、引言

（一）研究背景

企业要想保持和提高自身市场竞争力，创新是达成目的的主要途径与方式。我国有一些参与国际竞争的企业长期以来受到创新不足的困扰，核心技术缺乏并受制于人，涉外企业往往处于全球产业链的非关键环节，产品定价能力弱，生产附加值低。近年来，学术界开始着手从多个角度探索创新的影响因素，其中企业间联盟合作机制引起了较多重视。

1. 创新的成本和风险要求企业间联盟合作

现代科学技术在持续或加速发展，而创新的难度和风险也在加大。对于企业来说，为满足市场竞争的需要，创新已经不能仅依赖于内部资源。

企业依靠自身技术以及技术创新获取竞争优势，需要投入大量的资金、人力和时间，并且承担着市场风险。高新技术企业为降低创新成本、规避创新风险开展了一系列的联盟活动。随着经济全球化的进一步发展，越来越多的高新技术企业开始组建战略联盟以共享创新资源，增加各自的创新机会。战略联盟不但可以提升联盟企业的规模经济和范围经济、降低经营风险、减少过度竞争（张树义等，2001）①，增强企业在制度和组织方面的竞争能力（周建，2000）②，还可以通过联盟企业间的知识流动和转移获取显性、隐性知识，提高企业的知识创造能力（沈祖志等，2003）③。

2. 企业的创新行为受到联盟创新网络的激发、影响和制约

在创新过程中企业间形成的各种联盟合作关系的集合，称为联盟创新网络。这一网络组织有助于企业技术创新这一推断，得到了越来越多的学者的认同。企业创新绩效受网络规则和嵌入性的影响（陈雪颂等，2016；宋晶等，2017）④⑤，不但与本地和外地集群网络的嵌入程度存在一定的相关性（魏江、徐蕾，2014）⑥，而且受网络关系的多样性、持久度以及关系的紧密程度的影响比较显著（向永胜等，2016）⑦。联盟关系质量的好坏直接影响企业的创新绩效，企业间联盟关系强度与企业创新绩效之间存在一

① 张树义，郭强，袁磊．试论企业战略联盟形成的内部原因［J］．软科学，2001，15（4）：6-10.

② 周建．企业战略联盟的竞争力研究：核心竞争能力的观点［J］．南开管理评论，2000，3（1）：42-48.

③ 沈祖志，景劲松，徐操志．应对知识竞争的企业联盟范式的转变——产品联盟到知识联盟［J］．电子科技大学学报（社会科学版），2003，5（2）：50-54.

④ 陈雪颂，王志玮，陈劲．外部知识网络嵌入性对企业设计创新绩效的影响机制——以意义创新过程为中介变量［J］．技术经济，2016（7）：27-31+96.

⑤ 宋晶，孙永磊，陈劲．基于调节定向的网络惯例对合作创新绩效的作用研究［J］．科学学与科学技术管理，2017（2）：127-135.

⑥ 魏江，徐蕾．知识网络双重嵌入、知识整合与集群企业创新能力［J］．管理科学学报，2014，17（2）：34-47.

⑦ 向永胜，魏江，郑小勇．多重嵌入对集群企业创新能力的作用研究［J］．科研管理，2016，37（10）：102-111.

定的关系（谢永平、王晶，2017）①，强关系对技术创新有正“U”形影响，而在产业联盟中弱关系与技术创新之间则呈正相关性（王静宇等，2017）②。联盟网络关系指标对企业创新绩效存在影响（张英华等，2016）③，尤其是研发合作关系紧密的联盟对突破性创新有较强的促进作用（高太山、柳卸林，2016）④。综上，在全局性视角下，一些高新技术企业为提高创新能力而组建联盟，形成了联盟创新网络，企业的创新行为受到联盟创新网络的激发、影响和制约，进而影响联盟企业的创新绩效。

（二）研究方法：社会网络分析

社会网络理论从最早的人际关系网络研究发展到后来的社会网络研究，多学科交叉融合，形成了较完备的理论、方法与技术。经济社会学家格兰诺维特（Granovetter）指出传统经济学的理论假设——纯经济关系在现实生活中是不存在的，经济活动无法绕开社会关系背景，进行了通过社会网络分析方法研究经济社会学的探索（吴晓波等，2011）⑤。近年来，随着计算机技术和网络分析软件的发展，具有高复杂性的大型社会网络结构分析已逐渐成为重要的研究对象和手段，同时社会网络、整体网络分析等社会学网络分析方法正逐渐向经济管理领域渗透，这一趋势在国际上已出现了10余年。近年来，国内外学者开始尝试构建联盟关系网络，将企业间相互关联的分析层次从孤立的个体扩展到一个相互关联的网络。

---

① 谢永平，王晶．技术不确定环境下联盟关系对创新绩效的影响研究［J］．科学学与科学技术管理，2017（5）：60-71.

② 王静宇，刘颖琦，ARI KOKKO. 社会网络视角下的产业联盟技术创新——中国新能源汽车产业联盟的实证［J］．中国科技论坛，2017（5）：186-192.

③ 张英华，彭建强．科技型小微企业联盟网络关系特征对企业创新绩效的影响——基于创新资源的中介作用［J］．科技管理研究，2016，36（17）：140-147.

④ 高太山，柳卸林．企业国际研发联盟是否有助于突破性创新？［J］．科研管理，2016，37（1）：48-57.

⑤ 吴晓波，许冠南，杜健．网络嵌入性：组织学习与创新［M］．北京：科学出版社，2011.

目前国内已有学者运用社会网络分析方法针对企业间正式联盟开展研究，并取得了一些有重要价值的研究成果。例如，在企业间联盟网络中，企业的网络中心性指标与企业创新存在滞后正相关性（赵炎、王燕妮，2017）①，小世界性指标与创新绩效存在正相关性（赵炎、王琦，2013）②，网络节点企业的有效连接和聚集与创新存在一定关联（赵炎、郑向杰，2013）③，结构洞指标与创新绩效之间存在显著的正相关性（赵炎、郭霞婉，2012）④，派系、知识流动与创新绩效之间存在着正相关性（赵炎等，2016）⑤，等等。所以，本章也将利用社会网络分析方法对我国节能环保产业联盟进行研究，以发现节能环保产业联盟创新网络结构对嵌入企业创新绩效的影响。

（三）研究目的和意义

节能环保产业作为我国规划的七大战略性新兴产业之一，在《“十三五”国家战略性新兴产业发展规划》中明确提出要重点培育。为应对气候变化，建成生态文明之国，在“十三五”期间将全面推进节能环保和循环经济产业建设，把节能环保产业发展成为国民经济中的重要支柱产业。鼓励节能环保产业中的企业根据环境污染的具体状况和国家对环保、能耗、资源消耗等的要求，研发适用的高新技术设备，而这需要大量的节能环保技术创新。与此同时，节能环保产业中存在着较多的以技术合作、加速创新为目标的企业间战略联盟。那么，节能环保企业如何选择联盟并对其中

---

① 赵炎，王燕妮．越强越狭隘？企业间联盟创新网络的证据——基于资源特征与结构特征的视角［J］．科学学与科学技术管理，2017（5）：117-127.

② 赵炎，王琦．联盟网络的小世界性对企业创新影响的实证研究——基于中国通信设备产业的分析［J］．中国软科学，2013（4）：108-116.

③ 赵炎，郑向杰．网络聚集性、连通性与企业知识创新——基于中国10个高科技行业的联盟关系网络分析［J］．科学学与科学技术管理，2013，34（3）：23-32.

④ 赵炎，郭霞婉．结构洞度对联盟网络中企业创新绩效的影响研究——基于中国家用视听设备制造业企业联盟网络［J］．科技进步与对策，2012，29（17）：76-81.

⑤ 赵炎，冯薇雨，郑向杰．联盟网络中派系与知识流动的耦合对企业创新能力的影响［J］．科研管理，2016，37（3）：51-58.

的关系进行维持和管理才能更有利于企业创新呢？为回答此问题，接下来我们进行理论思考、模型构建与估计以及实证分析，探究我国节能环保企业所嵌入联盟创新网络结构对企业创新绩效的影响及具体表现形式（数学表达式）。最后，在此基础上，提出了针对企业和产业发展的政策与建议。

二、理论思考

（一）企业创新函数

企业的创新能力与总量受到企业内外的多方面因素制约，我们把这些影响因素简单地分为网络因素（Freeman C.，1991；Nambisan S.，Sawhney M.，2011）[①②] 和其他因素两个方面。因此，我们提出如下企业创新函数：

$$Y(i)=f(\text{网络因素}\ i,\ \text{其他因素}\ i) \tag{8-1}$$

其中，i 表示第 i 个企业，$Y(i)$ 表示 i 企业创新总量。网络因素包括以下结构指标：度（Degree）、中介中心性（Betweenness Centrality）、局部效率（Local Efficiency）、网络密度（Network Density）、集聚系数（Clustering Coefficient）、平均路径长度（Average Path Length）、派系数（Clique Number）、核心度（Coreness Values）等。其他因素包括个体因素，如企业规模、企业性质、行业特点、企业文化、企业历史、研发投入强度、管理者特质、企业战略选择以及政治、经济、文化等。

我们侧重研究联盟网络因素对企业创新的影响，因此，对于所有其他因素采用“创新积累”变量进行整体的衡量。在本章后面的计算中我们可以发现，“创新积累”对企业创新做出了主要解释。与此同时，若干网络因素也对企业创新的影响做出了部分解释。

---

① FREEMAN，C. Networks of innovators：A synthesis of research issues［J］. Research Policy，1991，20（5）：499-514.

② NAMBISAN，S.，SAWHNEY，M. Orchestration processes in network-centric innovation：Evidence from the field［J］. Academy of Management Perspectives，2011，25（3）：40-57.

用 X_j，X_k（j，$k=0$，1，2，3，…）表示第 j（或 k）个影响因素，其中 X_0 表示创新积累，当 j，$k\neq0$ 时，X_j，X_k 表示各网络结构参数。创新函数（8-1）可写为：

$$Y(i)=f(X_0,\ X_1,\ X_2,\ \cdots) \tag{8-2}$$

当企业的个体因素和网络因素对创新呈线性影响时，该函数可以写成以下形式：

$$Y(i)=\sum_{i,\ j}f_j\ (X_{ji}) \tag{8-3}$$

考虑到影响因素之间有可能存在交叉影响，于是可得到：

$$Y(i)=\sum_{i,\ j}f_j\ (X_{ji})+\sum_{i,\ j,\ k}f_{jk}\ (X_{ji}X_{ki}) \tag{8-4}$$

（二）单因素创新函数的性质

下面分析当 $j\neq0$ 时 f_j（X_{ji}）的性质，即各网络因素对企业创新的影响函数的性质。

网络因素主要通过两个方面影响企业创新，首先是创新资源获取的可得性与便利性（AC），其次是联盟关系的管理成本（$Cost$）（钟书华，1998）①。因此，有：

$$f(X_i)=AC(X_i)-Cost(X_i) \tag{8-5}$$

下面我们用一个最基础的网络结构参数度（degree）来粗略分析该函数的性质。

式（8-4）等号右边第一部分对企业创新的影响是正向的，即可以促进企业的创新。随着联盟关系的增进，企业在网络中的地位、重要性和中心性在增强，其创新资源的可得性与获取的便利性也在增加。很显然，AC 函数通过原点，并单调上升。当企业仅有少量联盟关系时，企业处于联盟网络的边缘位置，获取信息受制于核心企业，缺少话语权，联盟关系带来

① 钟书华．技术联盟：类型、效益与成本分析［J］．科学学与科学技术管理，1998，19（8）：25-27.

的益处不易显现。随着联盟关系增多，企业逐渐接近网络的中心位置，可以获得更多的信息和更强的话语权。借鉴经济学理论，当经济要素投入从零开始逐渐增加时，首先表现为规模经济效应（边际收益递增），当投入超过某一临界值后，表现为规模不经济（边际收益递减）。据此推测 AC 函数的斜率先递增再递减，最终趋近于零。即随着联盟关系数量的增加，每多一个联盟关系，所带来的收益先是逐渐上升，然后由于联盟关系增多，企业获取更多的冗余资源而导致收益的增加量逐渐下降直至消失。式（8-4）等号右边第二部分对企业创新起到负向的制约作用，其绝对值随着联盟关系的增加而增加。很显然，Cost 函数也通过原点，且单调上升，其斜率没有明显的变化，我们假定斜率固定（顾元勋等，2001；范莉、钟书华，2003；金雪涛、李琳，2005）①②③。

显然，当 degree 达到理论最大值 d_{max}时，Cost 函数值应该大于 AC 函数，否则企业会选择与所有的其他企业组建联盟（见图 8-1）。从图 8-1 中我们可以看出，f（$degree$）在一个合适的度数（d_0）上取得最大值 f_{max}，它应该与现实生活中企业所选择的联盟关系数量均值或中值相去不远。

---

① 顾元勋，孙林岩，侯卓生．企业联盟与企业集团的组建及运行成本分析比较［J］．系统工程理论与实践，2001（8）：75-79.

② 范莉，钟书华．企业技术联盟的成本变化分析［J］．科技进步与对策，2003（9）：21-23.

③ 金雪涛，李琳．超越交易成本理论与企业战略联盟［J］．商业经济，2005（5）：8-10.

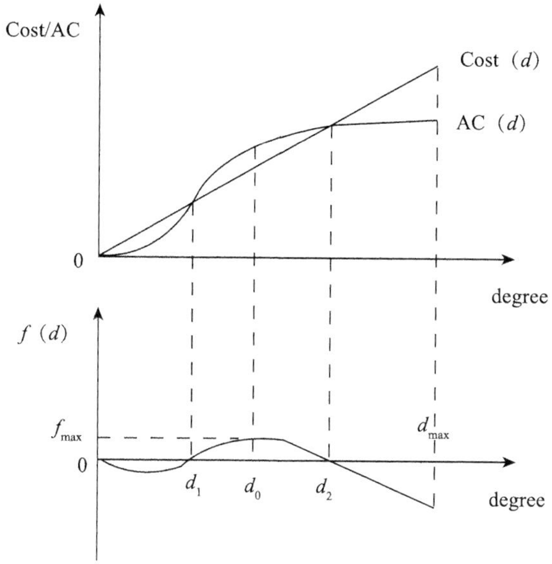

图 8-1　以网络结构参数（以度 degree 为例）为自变量的创新函数 *f* 及其成分函数 AC 和 Cost 的性质示意图

以上仅是粗略的理论分析，函数 AC 和 Cost 的性质不一定与我们的分析相吻合，很可能差别很大。各因素对创新的影响，有可能是非线性的，也有可能是线性的，相互之间还可能存在交叉影响。这都需要通过实证来验证。

三、模型估计过程

选择式（8-3）、式（8-4）作为估计模型，首先采用线性的形式，逐步引入交叉项和二次项，使用 Stata11.0 软件进行估计。在估计过程中做滞后 0、1、2、3 期的处理，即假定联盟形成当年、第 1 年、第 2 年、第 3 年之后对于企业创新的影响才显现出来。其中第 n 年的联盟网络因素对第 n 年、第 $n+1$、第 $n+2$ 年、第 $n+3$ 年年的企业创新构成影响：

$$Y(i)_m = \sum_{i,\ j} f_j\ (X_{nji}) + \sum_{i,\ j,\ k} f_{jk}\ (X_{nji}X_{nki})\ (m = n,\ n+1,\ n+2,\ n+3) \tag{8-6}$$

（一）数据

本研究主要涉及两类数据：联盟关系数据与企业专利数据。基于联盟关系数据来绘制联盟创新网络结构图，并计算网络结构相关指标。联盟关系数据来源于中国战略性新兴产业联盟数据库，索取有关我国节能环保产业的联盟数据（2000—2013 年）。假定联盟关系维持 4 年，即基于 4 年时间窗口（2000—2003 年，2001—2004 年，……，2010—2013 年）构建联盟创新网络，并使用相关软件（UCINET）来计算各种网络结构指标。所用企业专利数据来源于中国战略性新兴产业联盟企业专利数据库，该数据库基于中国知识产权网（www. cnipr. com）专利信息服务平台查询 1995—2016 年相关企业的专利数据，并用此数据代表企业的创新能力。

图 8-2　我国节能环保产业的联盟创新网络图（2000—2013 年）

注：圆点代表企业，线段代表联盟关系。该图是用 UCINET6. 0 中的 netdraw 模块生成的。

从图 8-2 我们可以看出，个别企业（仅 2 家）与较多数量（5 家以上）的企业建立了联盟，较多企业联盟关系的数量仅有 1~2 家。

（二）参数

1. 因变量——专利数（$Patents_{it}$）

节能环保产业中的企业大多数都是高新技术类企业，它们主要通过专利申请来保护自己的创新成果。因此，专利数量在很大程度上能够体现节能环保企业的创新能力。专利数（$Patents_{it}$）的下标 i 指的是第 i 家企业，$i=1$，2，…，282。下标 t 指的是滞后期数，$t=0$，1，2，3，分别表示第 n 年、第 $n+1$ 年、第 $n+2$ 年、第 $n+3$ 年。

2. 自变量

（1）创新积累（*Presample5*，Pre5）。创新积累是指企业原有的知识储备能够体现企业原有的创新能力（Blundell，et al.，1995）[①]。我们用联盟当年作为基期，之前五年（第 $n-4$ 年~第 n 年）的专利数量总和作为企业的创新积累。

（2）度（*Degree*，D）。联盟网络中与某企业有着直接联盟关系的企业数量（点），或者某企业的联盟关系数量（边），称为度，是对节点邻域规模的数值测度。

（3）网络密度（*Network Density*，ND）。网络密度是联盟创新网络中各企业节点联结的紧密程度，反映了整体网络中企业间互动的多寡。由于联盟关系是双向的，网络是无向的联盟创新网络，其网络密度计算公式为：

$$Density = 2\sum T_{ij}/[n(n-1)] \tag{8-7}$$

其中，n 是企业数量，i 与 j 代表企业，$\sum T_{ij}$ 指企业联盟关系总数，即图中的实际连线数量，因此，网络密度的取值范围在 0 到 1。

（4）平均路径长度（*Average Path Length*，APL）。平均路径长度是所

① BLUNDELL，R. R.，R. GRIFFITH，J. VAN RENEE. Dynamic count data models of technological innovation［J］. The Economic Journal，1995，105（429）：333-344.

有企业节点对之间网络距离的平均值。而企业节点对之间的网络距离就是企业节点之间最短路径的边数。

$$APL = \frac{1}{n(n-1)}\sum_{i \neq j} d_{ij} \tag{8-8}$$

其中，d_{ij}代表网络图中的节点企业 i 与 j 之间边数最少的一条通路的边数，n 是联盟创新网络中的企业节点数量。

（5）集聚系数（*Clustering Coefficient*，CC）。集聚系数反映了网络“三元闭合”的规模，即呈现小集团结构的程度。它测度了联盟创新网络中与某一个企业节点相邻的节点企业也互为邻点的比例。可由以下公式计算得到：

$$CC_i = \frac{3N_{\triangle}(i)}{N_3(i)} \qquad N_{\triangle}(i) = \sum_{k>j} a_{ij}a_{jk}a_{ik} \qquad N_3(i) = \sum_{k>j} a_{ij}a_{ik} \tag{8-9}$$

其中，$N_{\triangle}(i)$ 是网络中三元闭合数量（含企业节点 i），$N_3(i)$ 是开放三元组数量（含企业节点 i），a_{ij}、a_{jk}、a_{ik}是网络邻接矩阵的矩阵元。因此，整体网络的集聚系数可记为：

$$CC = \frac{1}{n}\sum_{i=1}^{n} CC_i = \frac{1}{n}\sum_{i=1}^{n}\frac{3N_{\triangle}(i)}{N_3(i)} \tag{8-10}$$

式（8-10）中，右边分子乘以 3 是为了确保其取值范围在 0 到 1。

（6）中介中心性（*Betweenness Centrality*，BC）。中介中心性反映联盟创新网络中一个企业节点在多大程度上位于其他企业节点的中间位置。我们所考虑的是绝对中介中心性，其计算公式如下：

$$BC_i = \sum_{j<k}\frac{g_{jk}(i)}{g_{jk}} \tag{8-11}$$

其中，g_{jk}指企业节点 j 与 k 之间最短的连接边数。$g_{jk}(i)$ 表示企业节点 j 与 k 连边经过企业节点 i 最短的连接边数。其值大小反映了企业节点居于网络中心的程度。

（7）局部效率（*Local Efficiency*，LE）。局部效率是反映企业结构洞位置的一个重要指标（Burt R. S.，1992）[①]，计算局部效率首先要考虑企业节点的有效规模，它是联盟创新网络中的非冗余因素，可由网络规模减去网络的冗余因素得到。而冗余因素一般用冗余度来表示，即企业节点所在个体网的平均度数，常用 $2t/n$ 表示一个节点的冗余度（Borgatti S. P.，Everett M. G.，1997）[②]。因此，我们可以得到有效规模的计算公式：

$$\text{Effectivesize} = n - 2t/n$$

其中，n 代表网络规模，t 是个体网的关系数量。所以，局部效率可由有效规模和实际规模的比率得到，即：

$$LE = 1 - 2t/n^2 \tag{8-12}$$

（8）派系数（*Clique Number*，CN）。本研究涉及的派系指的是至少有3个企业节点的凝聚子群（最大完备子图）。派系数是指某联盟创新网络中存在的派系数量，可由相关软件计算得出，有关派系及派系数的详细说明请见第七章内容。

（9）核心度（*Coreness Values*，CV）。如果一个子图的全部点都至少与该子图中的k个其他点邻接，则称这样的子图为k-核，企业节点 i 嵌入k-核之中，则称其核心度为k。有关核心度的详细说明请见第六章内容。

（三）估计过程

首先进行描述性和相关性分析，表8-1为变量的描述性与相关性分析结果。

由于专利数呈现过度的离散，且方差明显大于均值，为减少误差，我们采用广义泊松回归（负二项回归）模型进行实证分析，这一模型适用于因变量过度离散的数据。同时，我们还发现 *ND* 与 *CN*，*CV*、*D* 与 *LE* 高度相关。在后面的模型估计过程中，排除变量 *LE*、*ND*、*CV*。

① BURT，R. S. Structural holes：The social structure of competition［M］. Cambridge，MA：Harvard University Press，1992.

② BORGATTI，S. P.，EVERETT，M. G. Network analysis of 2-mode data［J］. Social Networks，1997（19）：243-269.

表 8-1 变量描述性和相关性分析结果（Obs=706）

变量	均值	标准差	最小值	最大值	*Pre5*	*D*	*LE*	*CC*	*APL*	*ND*	*BC*	*CN*	*CV*
Pre5	222.54	1452.98	0.00	17513.00	1								
D	1.68	1.22	0.00	17.00	0.09	1							
LE	0.79	0.29	0.25	1.00	-0.10	-0.91	1						
CC	0.93	0.03	0.88	0.97	-0.01	0.09	-0.11	1					
APL	1.25	0.35	1.02	2.08	-0.06	0.30	-0.30	-0.02	1				
ND	0.04	0.00	0.01	0.07	0.01	-0.06	0.07	-0.02	-0.07	1			
BC	0.82	9.15	0.00	189.50	-0.01	0.32	-0.05	-0.02	0.18	-0.01	1		
CN	9.21	1.16	5.00	16.00	-0.02	-0.07	0.08	-0.05	-0.06	0.94	-0.01	1	
CV	1.59	0.89	0.00	4.00	0.10	0.98	-0.95	0.11	0.27	-0.06	0.16	-0.07	1
p0	51.56	259.60	0.00	3248.00									
p1	50.68	238.55	0.00	2739.00									
p2	49.37	232.59	0.00	2439.00									
p3	47.95	230.59	0.00	2439.00									

表 8-2 Stata 负二项回归模型（Obs=706）

变量	(1)	(2)	(3)	(4)	(5)	(6)	(7)	(8)
	p0	***p0***	***p1***	***p1***	***p2***	***p2***	***p3***	***p3***
Pre5	0.00331***	0.00818***	0.00327***	0.00322***	0.00308***	0.00314***	0.00312***	0.00308***
D	0.180		0.104		0.0921		0.0568	
CC	6.414		8.820*	2.002***	11.11***	11.49***	13.50***	12.37***
APL	-1.589***		-1.395**		-1.328**	-1.272**	-0.821	
BC	0.110		0.116		0.138	0.150*	0.127	
CN	-0.313		-0.544		-0.772*	-0.803*	-1.063**	-1.031**
chi^2	225.0	89.68	258.8	263.9	276.2	275.7	285.2	291.7
prob	0.0000	0.0000	0.0000	0.0000	0.0000	0.0000	0.0000	0.0000
Log likelihood	-1227.0	-1264.7	-1267.6	-1272.9	-1274.6	-1274.8	-1213.0	-1217.9

注：＊表示<0.1，＊＊表示<0.05，＊＊＊表示<0.01。

表 8-2 为 Stata 计算结果，所有模型的解释度都较高，p 值均小于

0.0001。其中模型（1）、模型（2）以联盟窗口期结束当年的专利数（$p0$）为因变量，模型（3）、模型（4）以联盟窗口期结束后第 1 年的专利数（$p1$）为因变量，模型（5）、模型（6）以联盟窗口期结束后第 2 年的专利数（$p2$）为因变量，模型（7）、模型（8）以联盟窗口期结束后第 3 年的专利数（$p3$）为因变量。模型（1）、模型（3）、模型（5）、模型（7）以 *Pre*5、*D*、*APL*、*BC*、*CN* 为自变量，未剔除不显著的变量。模型（2）、模型（4）、模型（6）、模型（8）剔除了所有不显著的自变量。

四、结果分析

观察表 8-2 的结果，我们可以得出以下结论：

（1）较多的创新积累能够促进企业创新，且具有稳定性。所有模型中，创新积累影响企业创新的显著性都很高，且较为稳定。这说明无论联盟关系存在的时间长短，创新积累对企业创新都有稳定持久的影响力。"打铁还需自身硬"，企业想要提高创新能力，需要持续积累自身的创新资源。

（2）网络特征影响企业创新在联盟窗口期后第 2 年达到最大。全变量模型系列［模型（1）、模型（3）、模型（5）、模型（7）］中显著变量的数目 $N_{p2}>N_{p1}>N_{p3}>N_{p0}$。剔除变量模型系列［模型（2）、模型（4）、模型（6）、模型（8）］中，解释变量数目 $N_{p2}>N_{p3}>N_{p1}>N_{p0}$。这说明企业网络特征对于创新的影响随着时间的推移会发生变化，企业网络特征对于创新的影响在联盟滞后第 2 年达到最大，第 3 年开始减弱（或发生变化）。

接下来，我们着重对模型（6）所涉及的网络结构指标进行分析。

（3）集聚系数与企业创新呈正相关。集聚系数是整体网络结构指标，指网络中闭合三元组占全部三元组的比例，它描述了联盟创新网络中小团体的完备性。当企业所在网络的集聚系数增大时，不一定伴随着更高的度（Degree）和网络密度。模型中集聚系数 CC 的系数显著为正意味着它对企业创新起到正向的促进作用。

闭合三元组指的是三个企业共同组成的一个关系紧密的小团体，其中任意两个企业间都存在联盟关系。三角形结构有利于企业之间信息和其他创新资源的循环往复的流动、碰撞、启发、增值和反馈，它要比单链式结构或星形结构更容易构成网络回路，存在着某种创新优势。图 8-3 为闭合三元组对创新作用示例图，其他参数相同的情况下，闭合三元组占比越高，意味着网络回路越多，这会带来某种特殊的创新优势，从而产生更多的创新行为。

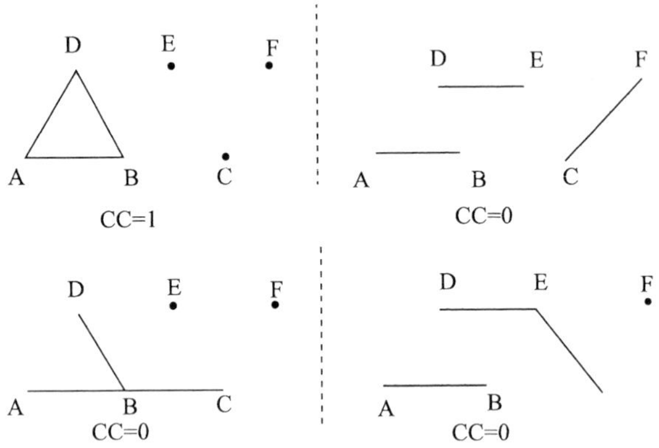

图 8-3　闭合三元组对创新作用示例图（图中总的联盟关系数相同）

注：假定信息每经过一个节点（企业）的传递获得一次倍增，如果是一个闭环，则在环内循环 2 次才结束。本图中企业网络中 6 家企业分别作出一次创新突破（不完全创新，假定创新值=0.5），经过联盟关系传递，再回到本企业，得到一个增值后的创新值。计算四种情况的最终创新值，分别为：16+16+0.5+16+0.5+0.5=49.5；1+1+1+1+1+1=6；2+1+2+2+0.5+0.5=8；1+1+2+2+1+0.5=7.5。

（4）优越的网络位置能够促进企业创新。中介中心性越大表示企业节点的位置越优越，即较高的 BC 意味着企业在联盟网络中占据着更多的“咽喉要道”和“必经之地”，这使得企业可以掌控较多的创新资源。可以推测，较高的中介中心性能够促进个体企业的创新。而从表 8-2 模型（6）也可以看出，中介中心性的系数显著为正值。

（5）平均路径长度的增加不利于企业创新。平均路径长度指所有存在直接或间接联盟关系的企业间平均距离，不计算没有任何关系的企业对。这一指标能够衡量联盟创新网络中创新资源的传输性能与效率，一般来说，较短的路径长度有利于创新资源的传输，损耗更少，效率更高，企业创新更活跃。反之，平均路径长度的增加会伴随着企业创新能力的下降。

（6）派系数/网络密度与企业创新呈负相关。表 8-2 模型（6）中派系数 CN 的系数意外地为负值，同时表现非常稳定，这与第六章对我国高端制造业的实证分析的结论不一致。考虑到派系数与网络密度高度相关（相关系数为 0.94），这意味着网络密度与企业创新负相关，较高的网络密度会抑制企业创新。对此的解释如下：

一方面，对于具有较低创新积累的企业来说，较高的网络密度是有利的。它会促进信息的沟通和扩散、创新资源的获取，从而拉低老牌企业的创新积累优势。随着网络密度的增加，企业间信息流动和创新资源获取的可能性和便利性在增加，然而，对于具有较高创新积累的企业来说，这可能意味着技术、经验、人才等自身长期积累的创新财富的外流，提升了竞争对手的创新能力，丧失了自身原本的创新优势。我们计算的网络密度是整个行业的网络结构参数，较高的网络密度意味着该行业具有一种鼓励初创企业积极创新的风气。较低的创新壁垒，使新设立企业比较容易获得创新的成功。

另一方面，较高的网络密度意味着较多的联盟关系需要建立和维护，由联盟关系获取的收益不足以弥补成本。如果把图 8-1 中的自变量 *degree* 换成网络密度 ND，则创新函数为 $f(ND)$，$f(ND_0)=f_{max}$，我们所考察企业的 ND 值大于最优值 ND_0，$f(ND)$ 位于单调下降区域，如图 8-4 所示。

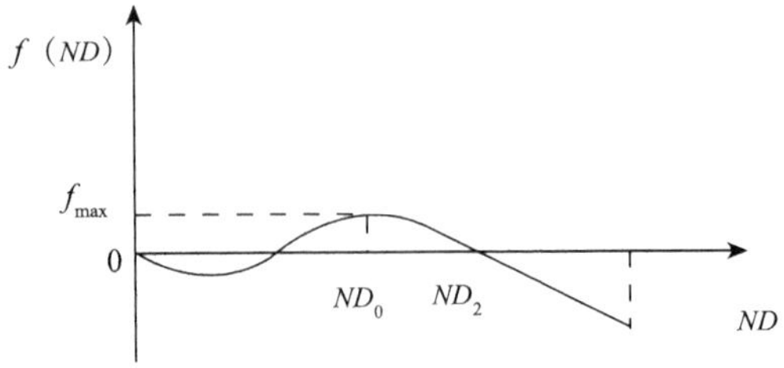

图 8-4　以网络密度 ND 为自变量的创新函数 f（ND）

五、结论与启示

我们提出了一个简化的创新函数，并对其性质进行了初步的逻辑分析，以我国节能环保产业为案例分析联盟创新网络结构参数对企业创新能力的影响。从上述分析过程可以判断，我国节能环保产业联盟创新网络结构对嵌入企业创新存在一定的影响。创新积累等历史因素对于企业创新影响持久稳定，网络密度、派系数、平均路径长度、集聚系数、中介中心性等网络结构参数对企业创新也存在显著的滞后影响（滞后 2 年），优越的网络位置能够促进企业创新，平均路径长度的增加不利于企业创新，集聚系数与企业创新呈正相关，而派系数/网络密度则与企业创新呈负相关。基于上述研究结论，提出以下促进企业创新发展的建议：

第一，我们建议改善企业创新的宏观、微观环境，改善联盟创新网络的结构，提高联盟创新的小团体完备性以及网络的效率，以提升整体创新水平。通过各种途径鼓励企业积极创新，提高企业自身的创新积累水平。可以通过创建创新园区，制定各种优惠政策，减免创新型企业的税费，鼓励企业创新行为。

第二，对于我国节能环保产业，应从整体上适当控制网络密度，在构建联盟关系时，需要注意不要盲目追求数量而花费过高的成本，对于新进入联盟企业来说，应抓住联盟机遇，积极利用联盟创新网络中外部创新资源，做出创新突破。

第三，政府也可出台激励政策，鼓励并使企业积极地参与联盟合作，形成更多的合作小团体，增加闭合三元组占比以提升整个产业联盟创新网络的集聚系数。存在间接联盟关系的企业应积极建立直接的联盟关系，以降低平均路径长度，使整个产业联盟创新网络建立更多的网状连接，而非星形连接或链式连接。同时，企业应该努力提高自身的中介中心性，更多地扮演信息沟通、资源交换的中间人和桥梁的角色，进而提升自身的创新能力。

第四，相关研究结论是以我国节能环保产业联盟为案例分析得到的，能否简单推广到其他产业或其他国家和地区还需持谨慎态度。下一步研究，一是对不同时期、不同产业、不同国家和地区的数据进行拓展研究和验证，二是在建立模型时考虑其他网络结构参数、企业特征变量和宏观因素，对模型进行优化。

第九章　联盟创新网络动态演化及影响因素初探：以新材料产业的半导体为例

随着经济全球化浪潮的兴起与技术创新复杂性的提升，企业仅靠内部资源进行创新已不能满足激烈市场竞争的需要，可以通过寻求合作以共享彼此的资源赢得竞争优势，企业间联盟逐渐成为现代经济活动的重要形式。开放式创新范式的提出，更加推动了企业间合作基础上关系网络的发展（郑向杰、赵炎，2013）①。然而，竞争激烈性与市场多变性使企业在寻求合作的同时不断更新所处的关系网络。知识变迁、市场需求以及产业环境与体制的变化促使联盟关系网络随着时间的推移而发生演化（Malerba F.，2006）②，表现为新企业加入、新联盟诞生、原有企业退出或联盟解体等，导致联盟关系网络结构发生变化的同时影响创新资源在企业间转移的效果。因此，深入了解联盟关系网络演化的路径与影响因素，不仅能够使企业有效地嵌入联盟关系网络，更有利于优化网络关系进而提升企业创新能力。

网络的形成和演化机制在一定程度上决定了网络结构（王文旭，2007）③，进而影响联盟企业间资源转移效率，并影响企业创新绩效（赵

① 郑向杰，赵炎．联盟创新网络中企业嵌入与区域位置对企业知识创造能力影响的实证研究［J］．研究与发展管理，2013，25（4）：20-29.

② MALERBA，F. Innovation and the evolution of industries［J］. Journal of Evolutionary Economics，2006，16（1）：3-23.

③ 王文旭．复杂网络的演化动力学及网络上的动力学过程研究［D］．中国科学技术大学，2007.

炎、郑向杰，2013；赵炎、王冰，2014）①②。因此，对联盟关系网络形成与演化机制的探索逐渐受到学者们的关注。国内学者对这方面的研究以理论演化居多，包括集群、非正式等在内的各种网络的演化模型已得到较多的研究（李勇等，2006；李金华，2008）③④，但由于联盟关系数据的缺乏，对联盟网络演化的实证研究比较少见。国外学者倾向于采用社会网络分析方法，每隔3年或5年做时间截面窗口，获得特定网络随着时间变化的“快照”。网络生成方法是，将专利受让者（通常是公司）与专利发明人联系起来，获得二分图，进而转化为无向无权重连接网络；或者通过劳动力流动建立企业间联系。例如对美国生物技术产业以及对美国电信产业的研究发现，不同地区、不同行业的网络具有不同的集中度和联通性（Powell W. et al，2005；Casper S.，2007；He J.，Hosein Fallah M.，2009）⑤⑥⑦。虽然国外学者研究了具体网络变化的“快照”，但是多数研究仅涉及了网络结构对嵌入个体创新绩效的影响，而对网络演化动因以及演化对个体嵌入结构影响的分析比较少见。

近年来，新材料产业受利润的驱动吸引了广泛的创新投资，尤其是IT技术的迅速革新以及广泛的应用范围使得新材料中的半导体产业快速成

---

① 赵炎，郑向杰．网络聚集性、连通性与企业知识创新——基于中国10个高科技行业的联盟关系网络分析［J］．科学学与科学技术管理，2013，34（3）：23-32.

② 赵炎，王冰．战略联盟网络的结构属性、资源属性与企业知识创造——基于中国生物医药产业的实证研究［J］．软科学，2014，28（7）：59-64.

③ 李勇，屠梅曾，史占中．企业集群创新网络动态演化模型［J］．系统工程理论方法应用，2006，15（2）：180-184.

④ 李金华．广义创新网络的演化结构及其现实意义［J］．科学学与科学技术管理，2008，29（2）：101-107.

⑤ POWELL，W.，WHITE，D.，KOPUT，K.，OWEN-SMITH，J. Network dynamics and field evolution：The growth of inter-organizational collaboration in the life sciences［J］．Chicago，US：American Journal of Sociology，2005，110（4）：1132-1205.

⑥ CASPER，S. How do technology clusters emerge and become sustainable? Social network formation and inter-firm mobility within the san diego biotechnology cluster［J］．Nentherlands，1000 AE：Research Policy，2007，36（4）：438-455.

⑦ HE，J.，HOSEIN FALLAH，M. Is inventor network structure a predictor of cluster evolution［J］．New York，USA：Technological Forecasting & Social Change，2009，76（1）：91-106.

长，并逐渐成为整个国民经济发展中具有重大战略意义的高新技术产业。半导体产业是一个知识密集型并具有高风险性的产业，企业间易于结成广泛的战略联盟来共同应对原材料采购、技术研发以及市场开拓的风险。因此，我们选取新材料产业中的半导体作为案例，分析企业间联盟关系网络演化的影响因素，具有重要的现实意义。

一、中国半导体行业发展现状

中国半导体行业在我国经过近半个世纪的发展，技术不断成熟，产业规模不断壮大，产业链、产业模式也不断演进。随着改革开放的逐步深入，市场导向以及政府支持进一步推动了半导体产业的飞速发展，但是与发达国家相比仍存在着差距，并具有自身的特点。

（一）外资企业占据主导地位，国内企业面临严峻竞争

随着国外资本加速进军国内半导体行业，原来国有和外资企业实力均衡的局面开始发生转变，外资企业逐渐居于主导地位。在战略联盟中，表现为：多数联盟都有外资企业的参与。2009 年的产业发展报告显示，在芯片制造和封装测试领域，中芯国际、宏力半导体、和舰科技、Intel（上海、成都）、Infineon（苏州）等均为外资企业投资项目（赛迪顾问公司，2010）①，它们在为国内企业带来高素质人才、先进技术与管理模式的同时，也给本土企业的成长带来了较大压力。在半导体设计市场上，虽然本土企业如炬力、中星微电子、展讯等占有一席之地，但随着国内需求的不断增加，跨国公司的设计中心也开始为本地市场提供设计和服务，本土设计企业面临严峻的市场与资源竞争。

---

① 赛迪顾问公司．中国半导体产业发展演变研究［J］．电子工业专用设备，2010（9）：62-64.

（二）“二元化”的联盟关系模式与“头轻脚重”的产业结构

近年来，芯片制造与半导体设计业迅速发展，其产业结构也发生了变化。但总体上，中国半导体产业的市场结构还是呈现一种高中心性与不对称的现象。尽管有上百家的半导体企业参与联盟活动，但仅有少数企业如英特尔中国、中芯国际、四通集团等长期处于中心地位①，较多企业处于边缘状态，联盟关系也很简单，市场份额较少，这就形成了“二元化”的联盟关系模式。另外，从产业链角度看，位于中上游的设计与制造业比例较低，而下游的封装测试产业占比较大，呈现出“头轻脚重”的产业结构（吴灏，2016）②，影响了产业链的完善和半导体产业的健康发展。

（三）产业链脱节严重，产品附加值有待提高

在半导体设计方面，市场所需产品需要大量进口。国内企业与外资企业除存在技术差距外，在渠道方面也存在缺陷。目前外商独资或合资企业是市场需求的主体，国内企业想要获得订单，不仅要接受严格的企业资格认证和漫长的产品检测，还需面对来自全球的各大半导体厂商的激烈竞争。在半导体制造领域，“出口退税，内销征税”的政策使得企业都努力将产品出口到境外以获得较高的收益，致使半导体产业出现“大进大出”的现象。虽然国内半导体产业的整体发展速度高于全球平均水平，但产品多为附加值较低的中低端产品，中高端产品仍严重依赖进口。因此，调整产业结构，促进产品升级已成为国内半导体产业发展的迫切要求。

（四）国内相关产品需求旺盛，为半导体产业发展提供契机

受2008年金融危机的影响，电子类产品在国外市场上的需求增速减

---

① 基于中国企业联盟数据库中国半导体战略联盟的数据分析。

② 吴灏．芯片封装测试行业发展概况［J］．环球市场，2016（1）：9-10.

缓，相反，国内半导体应用类产业却保持了较强的生命力，相关产品的需求仍持续增长。在消费电子领域，电视机、组合音响等传统产品的需求平稳上升，特别是数字电视创造了巨大需求，大屏幕、超薄型和平面化成为发展方向；在计算机领域，台式计算机、笔记本电脑、显示器等产品的需求仍有不同幅度的上涨；在网络通信领域，智能手机市场不断扩大，加速促进手机产品的更新换代（中国半导体行业协会等，2009）①，特别是互联网的衍生应用，更加推动了半导体产业的发展，PC、手机等平台及其衍生品创造了多样化的产品和多元化的应用，针对这些利基市场，许多国内企业利用这一契机也开始有了上好的表现。

二、联盟创新网络演化与影响因素分析

（一）半导体企业间联盟网络及其演化

基于中国企业联盟数据库②选取2000—2008年的联盟数据构建中国半导体企业间联盟网络，此数据库已经被用于许多战略联盟的实证研究。按照半导体产业的SIC（Standard Industrial Classification）编码（3674），最终得到2000—2008年的60个中国半导体产业战略联盟。联盟关系一般会持续一年以上，而终止日期很少报道，因此需要估算联盟的持续时长，我们依据Schilling等（2007）的研究方法（Schilling M.，Phelps C.，2007）③，假定联盟关系持续期为三年，即基于三年时间窗（2000—2002年，2001—2003年，……，2006—2008年）构建网络，图9-1、图9-2、图9-3与图9-4分别显示了2000—2002年、2002—2004年、2004—2006

① 中国半导体行业协会，中国电子信息产业发展研究院．中国半导体产业发展状况报告［R］．2009.

② 有关中国企业联盟数据库的介绍详见附件Ⅰ。

③ SCHILLING，M.，PHELPS，C. Inter-firm collaboration networks：The impact of large-scale network structure on firm innovation［J］．Management Science，2007，53（7）：1113-1126.

年以及 2006—2008 年时间窗口的联盟关系网络。

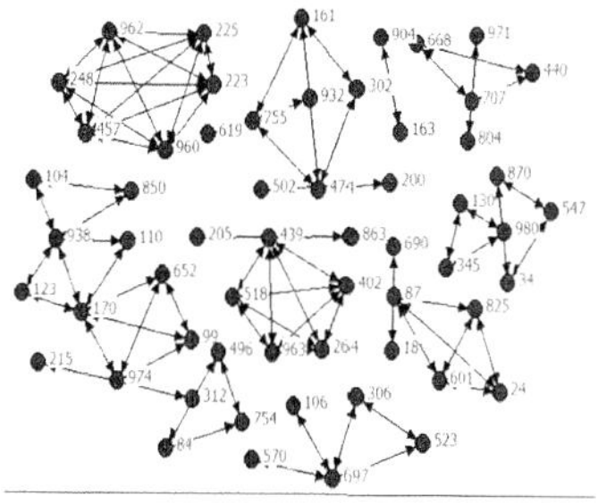

图 9-1　2000—2002 年时间窗口联盟网络图

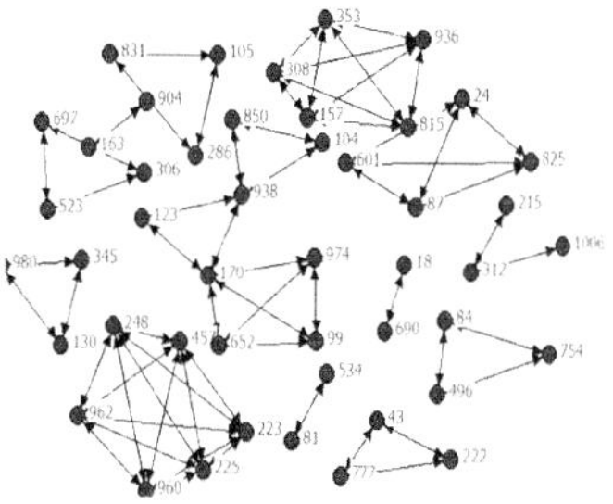

图 9-2　2002—2004 年时间窗口联盟网络图

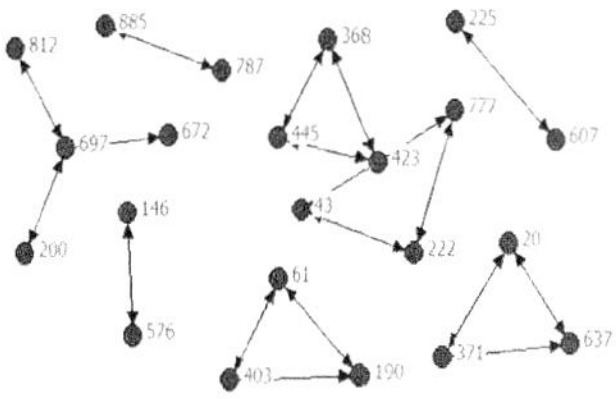

图 9-3　2004—2006 年时间窗口联盟网络图

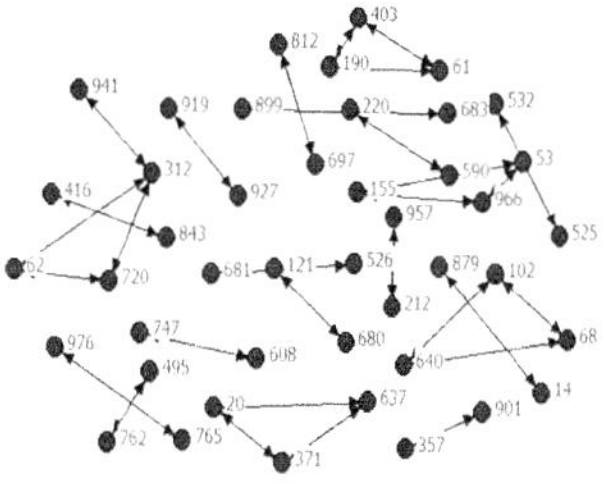

图 9-4　2006—2008 年时间窗口联盟网络图

从图 9-1、图 9-2、图 9-3、图 9-4 可以看出，2000—2002 年、2002—2004 年两个时间窗包含了较多的凝聚子图，有更多的企业参与联盟；而 2004—2006 年时间窗的联盟关系网络较稀疏，此时间段参与联盟的企业较少；虽然在 2006—2008 年时间窗参与联盟的企业数量有所增加，但更多的是企业间的节点对联盟，企业间“抱团”现象较少。

图 9-5 是 2000—2008 年成立的联盟数量变化趋势，清晰地显示了半导体产业联盟规模的走势。

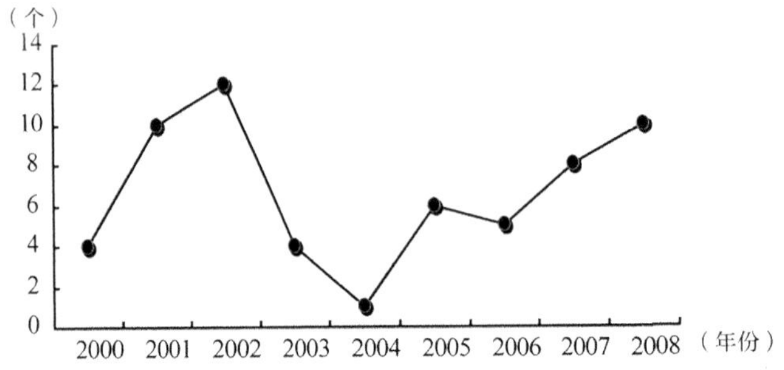

图 9-5　2000—2008 年成立的联盟数量变化趋势

进入 21 世纪，银行界、风险投资等金融资本介入中国半导体产业的比重急剧增加，导致企业间的竞争异常激烈，单品利润率持续下滑，厂商在增产的同时利润却没有大幅增长，导致投资者的心理受挫而纷纷撤资。伴随着一些金融资本的远离，相关企业研发经费投入萎缩，这在很大程度上阻碍了半导体产业的发展。此外，2004 年联盟个数下降到低谷可能与半导体产业难以消除的“硅周期曲线”① 有关。半导体的发展对社会经济状况有较强的依赖性，而 21 世纪初的前几年，全球经济正处于网络泡沫破灭、伊拉克战争以及 SARS 病毒暴发等引起的低迷之中。这些会影响到半导体终端产品的消费市场，从而直接延缓半导体产业的进一步发展。

近几年，在国家相关政策的指引下，经过多年的技术研发积累，同时受到太阳能设备市场及太阳能光伏电池工业的推动，半导体设计和制造产业发展态势良好，原来不均衡的局面正在被逐渐扭转，总的趋势是设计业与制造业所占比例上升。另外，伴随着国内市场对电子信息制造产品的强劲需求，国内设计企业不断挖掘市场、细分市场，从中低端向中高端产品方向发展，取得了丰厚的利润，促进了企业间的联盟合作，并在 IC 卡、信息家电、多媒体处理器、电源管理、嵌入式 CPU 以及数模混合信号等多个产品研发、生产与销售领域，取得了较好的业绩。

---

① “硅周期曲线”是指当年全球半导体市场对上年增长率的有规律变化曲线，它的高峰和低谷通常对应于当时某电子设备或某系统市场的兴衰，或者社会背景。

（二）半导体产业联盟创新网络演化影响因素分析

1. 技术变迁（Technological Changes）

由于环境的不确定性，技术创新变得越来越复杂，企业间通过紧密合作可以获取互补性创新资源，联盟是企业创新成功的重要途径（Powell W.，et al.，2005）①。在创新过程中，不仅企业间进行着知识交流，为寻求有用的异质性创新资源，企业之间的关系也在发生着变化。更多的企业希望能够参与、管理并指导技术变革的发生，能够界定未来的产业边界以及引导技术轨迹，制定标准与竞争的规则（Dosi G.，1982）②。另外，产业巨头在分销、制造以及管理方面具有先进的知识与经验，加上雄厚的资金优势，通常会主导中小企业，并利用这些优势将创新转化为利润丰厚的产品，它们长期占据网络的中心位置。还有一些新进入网络的企业，凭借着新颖独特的知识与技术逐渐移动到网络的中心，从而改变网络核心企业的霸主地位。因此，技术变迁是产业演化和形成联盟的一个重要驱动力。

2. 市场需求（Market Demand）驱动

研究表明：企业的创新 22%源于科技推动，31%源于生产需要，47%来自市场需求（肖磊，2009）③。企业进行创新并从中获益，更多取决于顾客对其产品的需求，而顾客对一种产品的需求常常派生自对另外产品的需求，如消费者对电脑处理器的需求源于对电脑运行的需要。然而，不同企业能够掌握的技术和知识是不同的，也是有限的，企业间的联盟合作就会

---

① POWELL，W.，WHITE，D.，KOPUT，K.，OWEN-SMITH，J. Network dynamics and field evolution：The growth of inter-organizational collaboration in the life sciences［J］. Chicago，US：American Journal of Sociology，2005，110（4）：1132-1205.

② DOSI，G. Technology paradigms and technological trajectories：A suggested interpretation of the determinants and directions of technical change［J］. Research Policy，1982，11（3）：147- 162.

③ 肖磊. 基于技术变革的价值生态系统演进——内涵、结构及演化［D］. 电子科技大学，2009.

融合或创造出新的知识与技术，从而派生出新的应用及需求（M’Chirgui Z.，2009）①。因此，市场需求的驱动可以促使创新网络参与者之间的竞争、创新以及联盟的建立，从而影响战略联盟网络的演化。

3. 产业分工（Industrial Division）

生产分工已经从产业间分工以及产业内分工模式深化为基于价值链的分工模式（曾铮、王鹏，2007）②。分工的深化形成了大量的中间产品，多数企业仅占据价值链的一个环节，成为全球价值链的一部分。企业间联盟并进行创新分工，壮大了产品的市场规模，提升了创新能力。对于半导体产业来说，其产业链正在加速转移，成功的企业总是向附加值更高的产业发展，而淘汰的产业转向诸多新兴国家或者国内的一些小企业。因此，产业分工的不断加剧改变了传统的企业组织形式和运行方式，提高了生产效率并促进了技术创新。

4. 企业特征（Firm Characteristic）

技术变迁、市场需求驱动以及产业分工是促使企业间联盟并发生网络演化的重要外部因素，然而在嵌入联盟网络时，企业更多的是基于自身特征来寻找合适的联盟伙伴，以获取所需要的联盟资源来提升市场竞争能力。例如，企业的性质、规模、创新能力以及联盟策略等都会影响企业间的联盟关系与伙伴的选择，进而影响企业间联盟网络的演化。近年来，较多研究已证明了网络内的企业依据自身特征的变化会重新嵌入与抉择新的联盟网络。

（三）联盟创新网络演化的 TMDC 模型

半导体企业为摆脱地域上的限制以谋求长远发展，纷纷依托联盟组织

① M’CHIRGUI Z. Dynamics of R&D networked relationships and mergers and acquisitions [J]. Research Policy, 2009, 38 (9): 1453-1467.

② 曾铮，王鹏．产品内分工理论与价值链理论的渗透与耦合［J］．财贸经济，2007（3）：121-125.

来获取重要的创新资源。战略联盟网络中的企业进行合作与交流，旨在产生、扩散和利用彼此的知识、信息以及资金等资源。技术变迁、市场需求的动态性、产业分工促进了企业间网络关系的演化，企业自身特征的变化也要求嵌入企业不断更新优化自身所处的联盟网络。图 9-6 表示影响半导体企业间关系网络演化因素的 TMDC 模型。

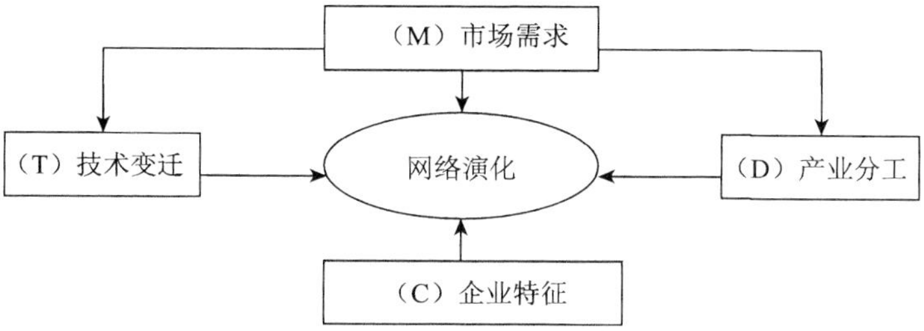

图 9-6　联盟网络演化的影响因素模型（TMDC 模型）

联盟创新网络演化受多种因素影响，其中，技术变迁、市场需求的驱动、产业分工以及企业自身特征是四个重要因素。企业自身特征（C）是最基本因素，企业将对嵌入网络的优化抉择建立在对自身特征的识别之上，才能进一步考虑技术变迁、市场需求变化以及产业分工的影响。市场需求的驱动在促使企业积极利用自身资源创新的同时，使企业更加注重寻找适应并满足市场需求变化的外部创新资源以获取更多的创新效益，在这一过程中会有更多的企业参与合作，进行创新资源的交换，企业间网络关系更加复杂化。同时，企业为了满足市场需求、提升市场竞争能力，愿意尝试技术的变革、加深产业分工的细化，这就促使企业间进行较高层次的合作以规避风险或提高市场效益，如成立研发联盟、产业链上下游分工合作等，这些又进一步促进了网络的演化。因此，市场需求（M）不但直接影响着战略联盟网络中企业间关系的发展变化，而且能够通过驱动技术变迁（T）与产业分工（D），间接影响战略联盟网络的演化。

三、研究结论与展望

（一）研究结论

本章以中国半导体行业中的战略联盟为样本，运用社会网络分析的方法和网络演化的相关理论就技术变迁、市场需求驱动、产业分工以及企业自身特征对中国半导体联盟网络演化的影响进行了案例研究，取得了一些有意义的结论。

第一，中国半导体联盟网络受技术变革与市场需求驱动的影响，而且技术与需求又会互相推动升级。新的需求会推动技术的更新换代，带动相关产业的发展，从而促进网络中联盟的组建以及各类参与者的分工协作；新的技术会创造新的需求，包括消费者的直接需求以及派生需求，从技术到产品的实现创造了成倍的生产要素参与其中，从而为各类参与者提供了较为广阔的发展空间，促进企业间的联盟合作，例如，苹果的诞生，奇迹般地促进了许多附属产业的发展，不管是山寨产品的疯狂普及，还是手机保护套的大肆流行，都推动了企业间联盟的组建。

第二，外国半导体巨头在中国半导体战略联盟网络的形成过程中起着重要作用，除四通集团外，它们在各个时期基本都占据着中心位置，吸引中国企业与其进行联盟合作。这些企业又长期攫取技术、生产许可与资金等资源，成为新进入者的最佳联盟对象，如初创企业、投资公司等。然而，新进入者往往具有原来网络中不曾流动的知识、技术及资源，具有发掘并占据中国利基市场的潜力。网络及联盟的动态性分析表明，伴随着一些技术或者需求的过时，一些企业从网络中退出，而新技术或新需求的出现也促使另外一些具有特殊竞争资源（技术或者资金）、能抓住利基市场的企业进入网络中，各类参与者不断进出联盟网络，联盟网络会随之演化。

第三，随着信息技术的发展，消费者个性化需求不断丰富多样，企业间的竞争日益激烈，半导体企业及其管理模式开始向“横向一体化”发展，更加促进了全球范围内的半导体企业间寻求合作，进而形成战略联盟。作为半导体消费大国的中国，也正吸引着各类产业参与者加入中国半导体战略联盟网络中来。另外，很多联盟是各个细分产业的企业间联盟，“大而全”的产业模式开始向“精而细”转变。例如，国内企业联合国外企业的研发力量与资源进行创新，中国半导体代工企业替本国或国外芯片设计企业进行芯片的加工制造或封装测试等。

（二）研究展望

本章以中国新材料产业的半导体为例，分析企业间网络关系的演化机制，从宏观层面进一步探讨了企业间网络关系演化的四个重要影响因素：技术变迁、市场需求驱动、产业分工以及企业自身特征，并提出了 TMDC 模型。事实上影响企业间网络关系变化的关键因素可能仅仅是微观层面的一个因素。如企业自身特征包含了多个微观层面的影响因素，有企业家层面的因素（教育程度、合作意识、风险承受度等），也有企业层面的因素（资源配置状况、人力资源导向、战略意图等）（邬爱其，2006）[①]，或许某一微观因素的变化就能决定企业间联盟关系的走向。因此，本章对宏观层面的分析有一定的局限性。

随着内外部环境的变化，企业间合作网络会不断演变，联盟创新网络也不例外，即联盟关系不是一成不变的，而是一个动态的演化过程。通过对企业间联盟创新网络的动态演化规律的研究可以更加深入洞悉企业创新与发展的规律，而对网络关系演化的影响因素研究是探索这一规律的重要一环。

---

① 邬爱其. 企业创新网络构建与演进的影响因素实证分析［J］. 科学学研究，2006，24（1）：141-149.

第十章　总结与研究展望

一、总结与研究结论

创新已成为经济发展和社会进步的助推器是不争的事实，其能够增强企业竞争能力、提高企业业绩也得到了一致的认可。那么如何才能更好地促进创新呢？有关创新的影响因素问题研究是其中的核心内容和关注焦点。对于企业来说，拥有较多创新资源是提升其创新能力的基础保障，不但要积极开发自身积累的创新资源，更要攫取外部创新资源为己所用。嵌入联盟创新网络并形成派系是企业有效获取外部创新资源的一种重要方式，并逐渐成为企业提高创新能力、赢取竞争优势的制胜武器。

本书以对我国经济发展起重大引领和带动作用的战略性新兴产业为研究对象，以企业间联盟创新网络中的派系问题研究为切入点，探索如何更好地促进产业创新驱动发展问题。具体研究内容主要包括以下几个方面：首先，本书对联盟创新网络中的企业嵌入及派系问题进行研究述评，并基于战略性新兴产业发展现状，寻求相关研究的突破口；其次，探讨联盟创新网络中派系内外企业间知识共享问题，寻找影响联盟企业间知识交流与转移的影响因素；再次，实证研究了联盟创新网络中上市企业的嵌入与创新问题，在产业层面以生物产业为例探索联盟创新网络结构对嵌入企业创新能力的影响，并进行了国内外相关研究的比较分析；又次，基于中国高端装备制造产业实证研究联盟创新网络中派系嵌入对企业创新能力的影响；最后，我们以新材料产业中的半导体为例对联盟创新网络的动态演化及影响因素进行初探。

总的来说，通过对我国战略性新兴产业联盟创新网络中的派系问题进行一系列研究与探索，主要得到以下结论：

第一，联盟创新网络中派系内外企业间知识共享模型构建与分析。派系是企业间合作创新而形成的局部网络集聚现象，企业知识共享的创新活动由于节点间较为紧密的联系产生不同于网络整体的运行机制。对创新起重要作用的知识获取是联盟企业进行合作的主要目的，选择派系嵌入联盟创新网络获取异质性知识是企业提升创新水平的一个主要方式。联盟创新网络中企业间直接联盟关系（派系）获得的知识、派系内外企业溢出的知识及其协同效应都会影响联盟创新网络派系内企业的创新绩效。派系内企业间知识不存在协同效应时，企业嵌入派系存在“搭便车”行为；当存在协同效应时，企业有较强的嵌入意愿以便能够获得更多的创新知识来提升自身的创新潜力；但随着企业嵌入派系的成本增加，企业选择派系嵌入联盟创新网络的积极性逐渐降低。

第二，联盟创新网络结构对企业创新能力的影响。企业嵌入较优的网络位置（中介中心）能够在联盟后短期内显著提升其创新能力；网络的稠密连接与企业创新能力的线性关系不显著，而是呈现显著的倒“U”形关系，即企业嵌入适度稠密连接的网络中才能够提升其创新能力。通过对生物产业的分析还发现较强的网络联通性（平均到达率）会弱化企业的创新能力，企业占据结构洞位置也并不能显著提高其创新能力。将研究结论与国内外同类研究比较可知，在不同国家、市场经济体制下联盟创新网络结构对企业创新能力的影响存在差异；不同的行业类别、企业规模、文化背景下，联盟网络结构对嵌入企业创新产出水平的影响也不尽相同。因此，企业为提升创新潜力，在选择嵌入联盟创新网络时，应综合考虑各种因素，不但要确保自身尽量嵌入较优的网络位置，而且要考虑全局网络的各种关系，争取使自己嵌入适度关联的联盟创新网络中。

第三，派系结构与企业创新——对中国高端装备制造产业的实证分析。整体网络中拥有较多派系能够有效提升嵌入企业的创新绩效，但这种影响具有明显的滞后性，在企业嵌入网络的第2年才显现出来；企业是否上市对派系数影响创新绩效具有显著的负向调节效应，即对于上市企业而言，较多的企业间抱团并不能显著促进企业创新，而对于非上市企业而言，较多的抱团则有利于企业创新；企业核心度对其创新的影响则呈现倒“U”形，即只有当企业嵌入适度的k-核子图中，企业才能有最好的创新产出，同时核心度对知识积累影响企业创新能力也呈现倒“U”形的调节效应。因此，企业在嵌入联盟创新网络时不但要争取嵌入拥有较多派系的网络中，而且还应充分考虑自身所嵌入派系的核心度情况，选择嵌入一个拥有适度规模关系的派系中。企业是否上市对派系数影响企业创新具有负向调节效应，这表明拥有较多资本的上市企业，更多的创新主要依赖于自身金融资本的投入，而非从派系团体的合作中攫取创新资源。但是对于非上市企业来说，由于自身资本的限制，其创新资源主要基于企业间合作进行知识共享而获得。此外，战略联盟作为企业间知识共享与交流的重要途径，相关政府部门要鼓励企业间建立互惠的联盟关系，形成紧密合作的派系团体，增加企业获取创新资源的机会，有效提升企业的创新潜力。

第四，案例分析：节能环保产业联盟创新网络结构与企业创新。节能环保产业联盟创新网络结构对企业创新有着重要的影响、激发和制约作用。研究结论表明，企业创新积累、集聚系数、中介中心性能够提升企业的创新能力；而平均网络距离（路径长度）、整体网络密度、派系数则会影响甚至阻碍企业的创新。因此，企业应积极增加自身的创新积累，嵌入具有适度的联盟创新网络稠密连接（网络密度）中，充分强化派系团体企业间的知识流动与转移效果，避免企业间联盟派系流于形式，甚至阻碍企业创新资源的获取而影响企业创新。为提高联盟创新网络中三元闭合结构数量，更多地形成合作小团体，企业要寻找较优的网络位置，提高自身的中介中心性，更多地扮演信息沟通、资源交换的中间人和桥梁的角色。同时，间接联盟关系应尽可能转化为直接的联盟关系，以降低平均网络距离，整个行业的联盟创新网络应建立更多的网状连接，而非星形连接或链式连接。

第五，以新材料产业的半导体为例初探联盟创新网络动态演化及其影响因素。主要探索企业间联盟创新网络的演化机制，构建了联盟创新网络动态演化影响因素框架，即TMDC模型，从宏观层面探讨技术变迁、市场需求驱动、产业分工以及企业自身特征对联盟创新网络演化的影响。中国半导体联盟网络演化受技术变革与市场需求驱动的影响，而且技术与需求又会互相推动升级；外国半导体巨头在中国半导体战略联盟网络的形成过程中起着重要作用，除四通集团外，它们在各个时期基本都占据着中心位置，吸引中国企业与其进行联盟合作。伴随着一些技术或者需求的过时，一些企业从网络中退出，而新技术或新需求的出现也促使另外一些具有特殊竞争资源（技术或者资金）、能抓住利基市场的企业进入网络中，各类参与者不断进出联盟网络，联盟网络会随之演化。随着信息技术的发展，消费者个性化需求不断丰富多样，企业间的竞争日益激烈，半导体企业及其管理模式开始向“横向一体化”发展，更加促进了全球范围内的半导体企业间合作，进而形成战略联盟。

二、研究不足与展望

本书对我国战略性新兴产业联盟创新网络及派系问题进行研究，探索了联盟创新网络中派系内外企业间知识共享机制，分析了联盟创新网络结构尤其是派系结构对嵌入企业创新能力的影响，并初步探索了联盟创新网络的动态演化及影响因素，取得了一定的研究成果。但是，本书也存在一定的研究局限，有待深入探索与研究。

比如，当我们在进行派系内外企业间知识共享模型构建与分析时，仅考虑企业为实现利润最大化进行工艺创新是知识共享的主要目的，而没有考虑其他目的，对网络中派系内外企业间知识流动和转移问题仍需要深入探讨分析。比如，由于各类战略性新兴产业具有不同特征，处于不同发展阶段，不同产业的联盟创新网络派系结构对嵌入企业创新的影响也不完全一致。因此，本书研究中以具体产业为研究对象的分析结论推广到其他产业时要持谨慎态度。

本书基于半导体行业初步探索了网络的动态演化及其影响因素问题，但是对战略性新兴产业联盟创新网络的动态演化规律仍需深入探索。网络的形成与动态演化机制在一定程度上决定了网络结构（王文旭，2007）[①]，联盟创新网络也不例外，其派系结构不是一成不变的，而是一个动态的过程，因此，对联盟创新网络中派系的动态演化规律进行研究可以更加深入洞悉企业嵌入网络的规律。通过沿时间序列的纵向研究，深入探索派系内外网络关系、结构、知识转移与共享等作用机制的动态演进，企业可以根据自身所处发展阶段采取有效的派系嵌入策略，这对于企业实现竞争优势升级具有重要的理论指导意义。

① 王文旭．复杂网络的演化动力学及网络上的动力学过程研究［D］．中国科学技术大学，2007.

附录Ⅰ 数据库简要介绍

一、中国战略性新兴产业联盟数据库

近十年来，我们构建并逐步完善了中国战略性新兴产业联盟数据库，此数据库的联盟数据主要来自美国的 SDC Platinum 数据库以及中国企业联盟数据库的企业联盟数据，按照高端装备制造产业、节能环保产业、生物产业、新材料产业、新能源产业、新能源汽车产业、新一代信息产业等中国七大战略性新兴产业的划分标准①，构建了中国战略性新兴产业联盟数据库（2000—2016 年），并继续补充和完善。

SDC Platinum 数据库作为国际上大型联盟数据库（SDC、Merit-CATI、Core、Recap 和 Bioscan 等②）之一，是用于研究组织间关系最多的数据库，已用于较多的实证研究。SDC 是美国汤姆森公司的一个部门，SDC Platinum 数据库涵盖了多数金融交易信息（如债券、股票发行、证券交易、并购等），联盟关系数据只是该数据库的一部分，可以通过数据库的合并和收购部分获得。较多数据来源于证券交易委员会（及其国际同行）的文件、贸易出版物、新闻出版物等，而联盟关系数据主要来源于合资企业、研发协议、制造协议、许可协议等③。由于该数据库有关 2000 年之前的联

---

① 按照 2010 年 10 月 10 日我国颁发的《国务院关于加快培育和发展战略性新兴产业的决定》的划分标准。

② 这五个联盟数据库中，SDC、Merit-CATI 和 Core 是多个产业的综合数据库，而 Recap 和 Bioscan 是专门针对生物产业的联盟数据库。

③ SCHILLING，M. Understanding the alliance data ［J］. Strategic Management Journal，2009（30）：233-260.

盟数据较少，我们只提取并整理了2000年（含）之后含有China或Chinese的数据（可从参与者所在国家、交易条款或交易概要中搜索）。然后再核实参与者名称及合作概要，并基于参与企业及联盟的SIC代码，保留参与者具有高科技属性的联盟数据，在此基础上创建了中国企业联盟数据库，该数据库包含半导体、测控设备、航天设备、化学药品、计算机、家居音响设备、汽车车身与零部件、石油冶炼、通信、生物制药等10个行业的联盟数据。

笔者参与了创建、补充及完善中国企业联盟数据库的整个过程，基于该数据库对我国战略联盟的企业创新问题进行了较多的理论探索和实证研究，相关研究成果已发表于国内外管理学重要期刊上，揭示了中国企业间战略联盟的发展规律，并对中国企业的联盟实践有重要的指导意义。

随着我国明确加快培育和发展七大战略性新兴产业，以及这些产业对我国经济社会发展的重要影响，课题组相关研究人员基于SDC Platinum数据库以及中国企业联盟数据库创建了中国战略性新兴产业联盟数据库。截至目前，该数据库已有3378条联盟数据，基本上包含了七个战略性新兴产业的重要企业参与联盟的信息。其中各产业的联盟数量分布为：高端装备制造产业联盟280个（776个企业①）、节能环保产业联盟146个（336个企业）、生物产业联盟443个（1159个企业）、新材料产业联盟310个（747个企业）、新能源产业联盟377个（872个企业）、新能源汽车产业联盟439个（1115个企业）、新一代信息产业联盟1383个（3224个企业）。除节能环保产业联盟数量较少，新一代信息产业联盟数量较多外，其他产业联盟数量分布较为均匀。其联盟数量与产业发展存在一定的关联性，节能环保产业是近年来开始出现并逐渐兴起的新兴产业，较多企业的技术发展还比较滞后，应用范围有待扩展，且较多的节能环保技术属于企业自主研发创新。伴随着计算机、通信以及互联网技术几十年的发展及其广泛应

---

① 我们仅仅考虑了每个联盟（280个）参与的企业数量的加总，而参与企业联盟的实际企业数量要少于776个，因为存在一个企业参与多个联盟的情况。其他产业也存在类似的情况。

用，新一代信息产业联盟涉及的企业数量较多，企业间的联盟创新已成为流行的趋势。

二、中国战略性新兴产业联盟企业专利数据库

考虑企业的创新问题，国内外研究通常使用企业的发明专利数量来衡量企业创新能力，尤其对于高新技术企业。为便于利用中国战略性新兴产业联盟数据库来研究联盟企业的创新问题，课题组相关人员通过中国知识产权网（国家知识产权局官方网站，https：//www. cnipa. gov. cn）搜集获取并创建了中国战略性新兴产业联盟企业专利数据库（1995—2017 年）。

附录Ⅱ　联盟创新网络的生成

本书较多内容涉及联盟创新网络，那么如何通过联盟关系数据构建联盟创新网络呢？下面从两个视角介绍此网络是如何生成的。

一、二部图生成网络图

为方便介绍，下面通过一个例子来说明二部图如何投影生成网络图。为提高自身创新能力，获取异质性创新资源，假定有 9 个企业参与了联盟，其中企业 A、B、C、D 结成联盟 T1，企业 B、C、D、E、F 结成联盟 T2，企业 F、G、H、I 结成联盟 T3。如附表Ⅱ-1 所示。

附表Ⅱ-1　联盟及参与企业

联盟名称	参与企业
T1	A、B、C、D
T2	B、C、D、E、F
T3	F、G、H、I

由附表Ⅱ-1 可以画出二部图（见附图Ⅱ-1）。

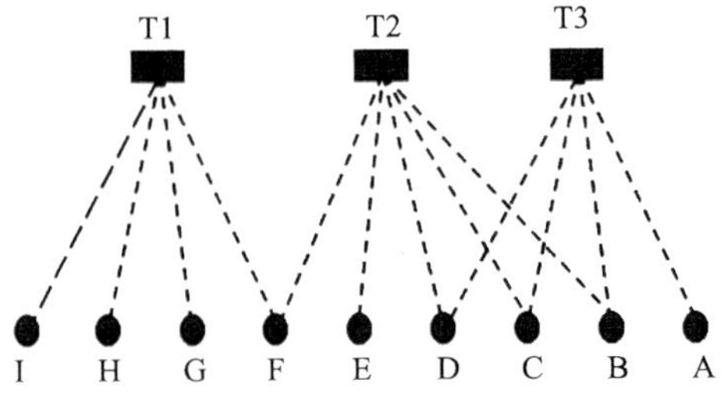

附图Ⅱ-1　企业间联盟的二部图

把附图Ⅱ-1所示的二部图向企业节点投影，即可得到单模式网络。共同参与某一个联盟的企业节点都有连边表示彼此间的合作关系。附图Ⅱ-1的投影如附图Ⅱ-2所示。

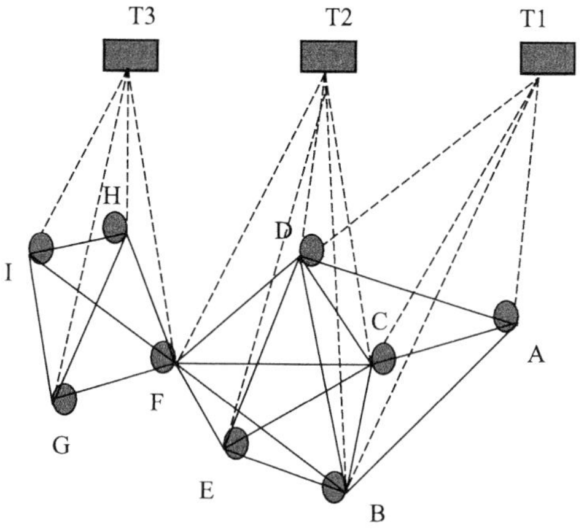

附图Ⅱ-2　二部图的投影

在附图Ⅱ-2中，节点间的实线连接表示企业间有直接的联盟关系。附图Ⅱ-3为投影得到的联盟创新网络结构图。

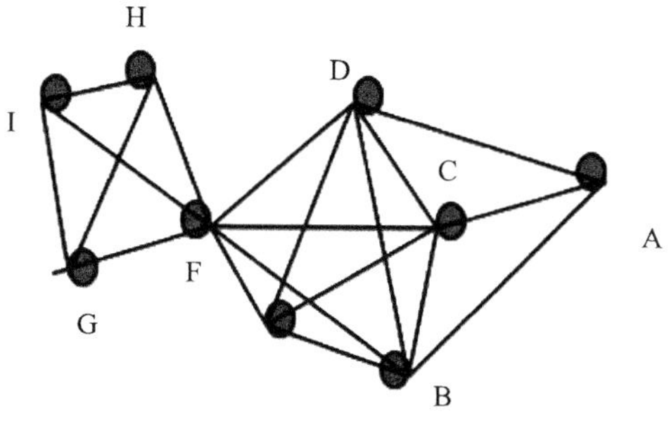

附图Ⅱ-3　投影得到的联盟创新网络结构图

二、邻接矩阵生成网络图

接下来，从另一个视角考虑网络图的生成。这就需要首先进行企业间关系矩阵描述，以便于利用计算机相关软件生成联盟创新网络，并进一步计算分析联盟创新网络的结构指标及其相关特征。因此，如何把企业间联盟关系转化为计算机能够识别的邻接矩阵描述是本书研究的一个关键环节。在介绍该生成方法之前，我们先了解一下什么是邻接矩阵。

首先考虑网络图的数学表达，由于网络图包含了节点和连边，我们可以记一个网络图 G=（P，E），P 和 E 分别是节点集合和连边集合。假定网络图中有 n 个企业节点，由于联盟关系是双向的，则邻接矩阵就是 $n\times n$ 的对称阵。其中，我们定义邻接矩阵节点元为：

$$a_{ij}=\begin{cases}1，若节点 j 与节点 i 邻接\\0，若节点 j 与节点 i 不邻接\end{cases}$$

在 G=（P，E）中，设定 $w(e)$ 为连边 E 的“权”，并且是关于 E 的非负函数。则邻接矩阵连边元就是：

$$w_{ij}=\begin{cases}w_{ij}，若节点 j 与节点 i 邻接，w_{ij} 邻接边的权\\0，若节点 j 与节点 i 不邻接\end{cases}$$

由于本书研究不考虑联盟企业节点连边上的权重问题，即存在连边的节点间的权重 $w(e)$ 都为 1，因此，邻接矩阵一般可表示为：

$$\begin{pmatrix} a_{11} & a_{12} & a_{13} & \cdots & a_{1n} \\ a_{21} & a_{22} & a_{23} & \cdots & a_{2n} \\ a_{31} & a_{32} & a_{33} & \cdots & a_{3n} \\ \cdots & \cdots & \cdots & \cdots & \cdots \\ a_{n1} & a_{n2} & a_{n3} & \cdots & a_{nn} \end{pmatrix}$$

其中，$a_{ij}=0$ 或 $a_{ij}=1$，因此，联盟创新网络的邻接矩阵为 0-1 对称方阵。基于此邻接矩阵，通过相关软件即可生成联盟创新网络结构图。附图

Ⅱ-3的联盟创新网络结构图可由附图Ⅱ-4邻接矩阵通过相关软件（如UCINET）得到。

	A	B	C	D	E	F	G	H	I
A	0	1	1	1	0	0	0	0	0
B	1	0	1	1	1	1	0	0	0
C	1	1	0	1	1	1	0	0	0
D	1	1	1	0	1	1	0	0	0
E	0	1	1	1	0	1	0	0	0
F	0	1	1	1	1	0	1	1	1
G	0	0	0	0	0	1	0	1	1
H	0	0	0	0	0	1	1	0	1
I	0	0	0	0	0	1	1	1	0

附图Ⅱ-4 附图Ⅱ-3对应的邻接矩阵

附录Ⅲ　邻接矩阵的生成

由附录Ⅱ可知联盟创新网络的结构指标及其相关特征值可由邻接矩阵计算获得。那么如何通过联盟关系得到联盟创新网络的邻接矩阵（0-1对称方阵）呢？课题组相关人员在长期研究探索的过程中，得到了两种通过企业间联盟关系生成邻接矩阵的方法：

一、邻接矩阵的生成方法一

需要安装的软件

有myeclipse、tomcat、MySQL、navicat for MySQL等四类软件，软件名称及其主要功能如附表Ⅲ-1所示：

附表Ⅲ-1　软件名称及其主要功能

软件名称	主要功能
myeclipse	用于Java开发的工作平台
tomcat	Java Web服务器
MySQL	数据库
navicat for MySQL	为MySQL设计的管理界面工具

需要运行的程序

主文件夹adjacency matrix，该文件夹包括三个小程序：文件夹Excel control，文件夹JDBCdriver 5.6，以及文件夹jexcelapi_ 2_ 6_ 6。

具体操作步骤

第一，打开MySQL软件。

第二，打开myeclipse，导入工程包（如Excel control文件夹）。

第三，打开 navicat for MySQL，创建 Excel test 数据库，建好两张表。比如，本书在建表时命名及数据类型可设置为：tb_ company（id int 4 0/company Name varchar 255 0），tb_ nameid（id int 4 0/num int 6 0/name varchar 255 0）。接着导入文件夹 adjacency matrix 中 JDBCdriver 5.6 中的压缩包 mysql -connector. java…。完成后可进行新建数据库连接驱动，点击 Excel test，测试 mysql 与 myeclipse 是否连接成功。URL：jdbc：mysql：//localhost：3306/exceltest。

第四，部署服务器，上传到 tomcat。

第五，启动 tomcat，打开网页输入网址（由于本书分配数值为“8080”或“8090”，我们输入 http：//localhost：8090/excelcontrol/final Excel. jsp），即可得到邻接矩阵。

下面是我们设计的部分程序截图：

```
<%@ page language="java" import="java.util.*" pageEncoding="gb2312"%>
<%@ page import="java.io.*" %>
<%@ page import="com.excelcontrol.servlet.*" %>
<%
    String fname = "数据转稀疏矩阵";
    OutputStream os = response.getOutputStream();//取得输出流
    response.reset();//清空输出流
    //下面是对中文文件名的处理
    response.setCharacterEncoding("UTF-8");//设置相应内容的编码格式
    fname = java.net.URLEncoder.encode(fname,"UTF-8");
    response.setHeader ("Content-Disposition", "attachment; filename="+new
String(fname.getBytes ("UTF-8"),"GBK")+".xls");
    response.setContentType("application/msexcel");//定义输出类型
    FinalConclude sw = new FinalConclude();
    sw.createExcel(os);
 %>
```

二、邻接矩阵的生成方法二

此方法是借助 UCINET 软件来生成邻接矩阵，下面以一个简单的例子来说明邻接矩阵的生成步骤：

（1）首先我们要获得联盟数据，假定共有9个企业参与，A、B、C、D、E、F六个企业成立了一个派系，而企业G、H、I成立了另外一个派系，这些数据通常是Excel格式的，如附表Ⅲ-2表示了企业联盟数据的部分内容。

附表Ⅲ-2　企业联盟数据的部分内容

联盟成立日期	联盟参与企业
2018年1月25日	A、B、C、D、E、F
2018年6月22日	G、H、I

（2）我们按时间排序后，选择合适的行，复制第二列到文本文件[①]。结果如附图Ⅲ-1所示：

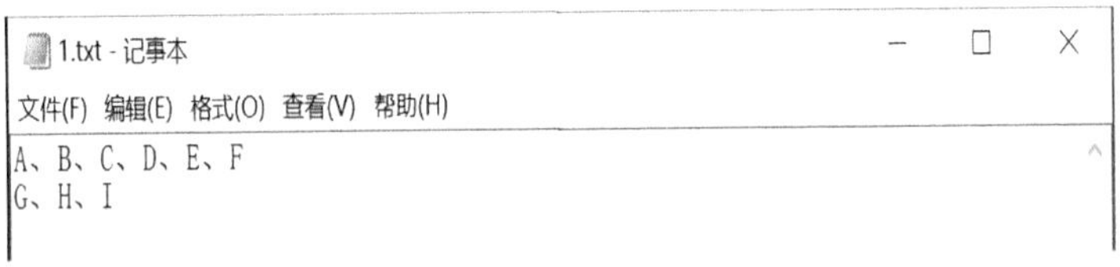

附图Ⅲ-1　Excel格式的参与企业转化为文本格式

（3）用Excel打开如附图Ⅲ-1所示的文本文件，分隔符号输入"、"，见附图Ⅲ-2。

接着，我们根据最多的参与联盟企业数量来确定Excel工作表数量，由于在两个联盟中参与企业数量最多的是六个企业，因此可复制六个工作表，附图Ⅲ-3是其中一个工作表。

① 如果联盟参与企业所在列有""（引号），需要删掉，英文公司名称中间的空格，要替换成_（下划线）。

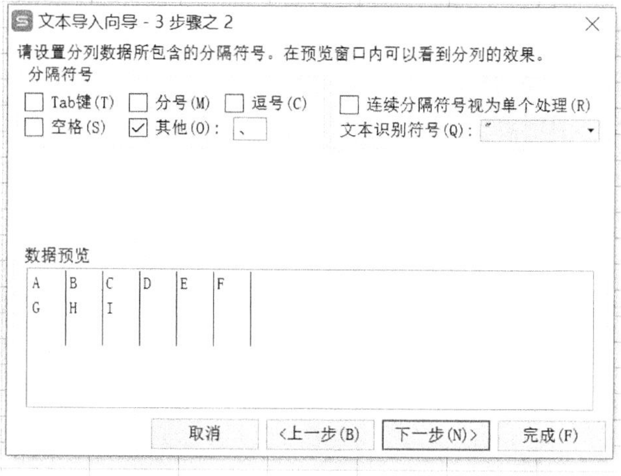

附图Ⅲ-2　文本数据导入 Excel 向导

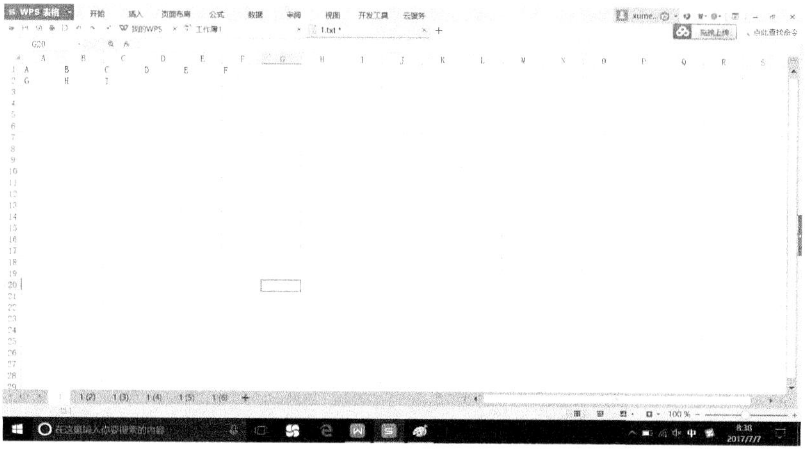

附图Ⅲ-3　其中一个工作表

六个工作表的制作过程是：在 1（2）表中把 A 列剪切插入最后，1（3）表中，把 A、B 列剪切插入最后，1（4）表中，把 A、B、C 列剪切插入最后，1（5）表中，把 A、B、C、D 列剪切插入最后，1（6）表中，把 A、B、C、D、E 列剪切插入最后。接着，我们把上面各表中的数据复制粘贴到文本文件中可得一个新的文本文件，见附图Ⅲ-4。

```
1.txt - 记事本
文件(F)  编辑(E)  格式(O)  查看(V)  帮助(H)
A	B	C	D	E	F
G	H	I
B	C	D	E	F	A
H	I				G
C	D	E	F	A	B
I				G	H
D	E	F	A	B	C
			G	H	I
E	F	A	B	C	D
		G	H	I
F	A	B	C	D	E
	G	H	I
```

附图Ⅲ-4　合成的文本数据

（4）在附图Ⅲ-4 的文本文件中开头添加程序语句（此处省略）得到新的文本，附图Ⅲ-5 是省略部分所编写程序语句的文本：

```
labels embedded
data:
A	B	C	D	E	F
G	H	I
B	C	D	E	F	A
H	I				G
C	D	E	F	A	B
I				G	H
D	E	F	A	B	C
			G	H	I
E	F	A	B	C	D
		G	H	I
F	A	B	C	D	E
	G	H	I
```

附图Ⅲ-5　省略部分程序语句的文本内容

到此，利用 UCINET 生成邻接矩阵需要导入的内容准备完毕。

（5）打开 UCINET 软件，导入附图Ⅲ-5 所示的文本文件，操作页面见附图Ⅲ-6：

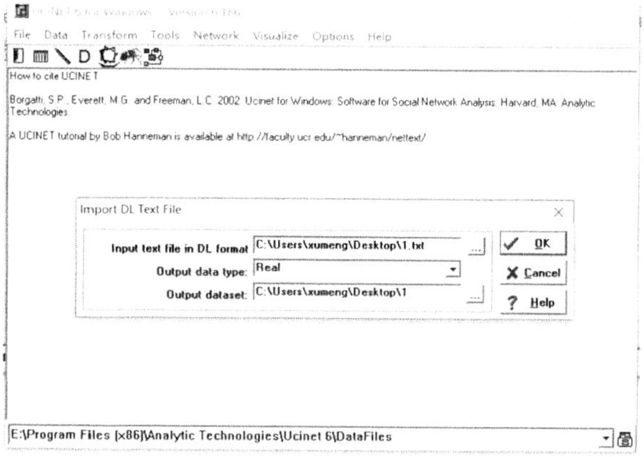

附图Ⅲ-6　导入文本的过程

点击附图Ⅲ-6 中的 OK 标识即可得到邻接矩阵，见附图Ⅲ-7：

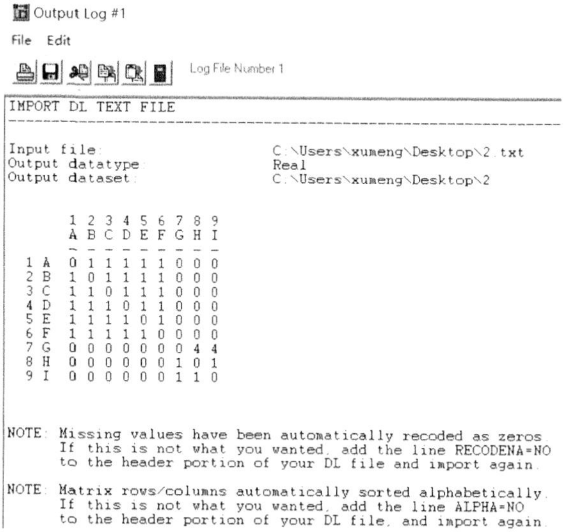

附图Ⅲ-7　UCINET 软件直接生成的邻接矩阵

（6）由于附图Ⅲ-7 的邻接矩阵中的元不全为 0 或 1（我们要得到 0-1 对称矩阵），因此，需要进行二值化操作，即选择 transform---Dichotomize，自动选择的是刚才操作的 UCINET 数据文件，如附图Ⅲ-8、附图Ⅲ-9 所示：

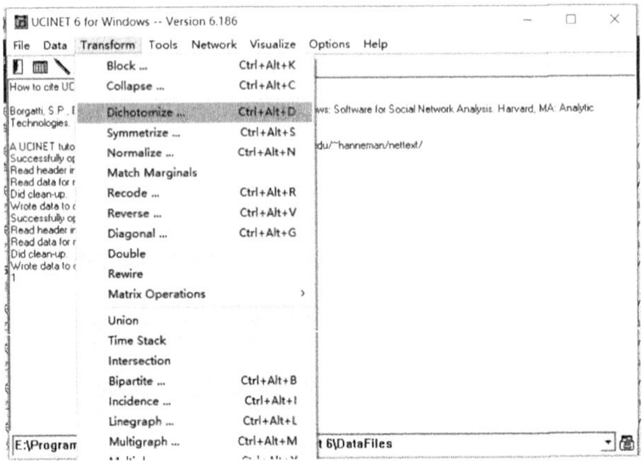

附图Ⅲ-8

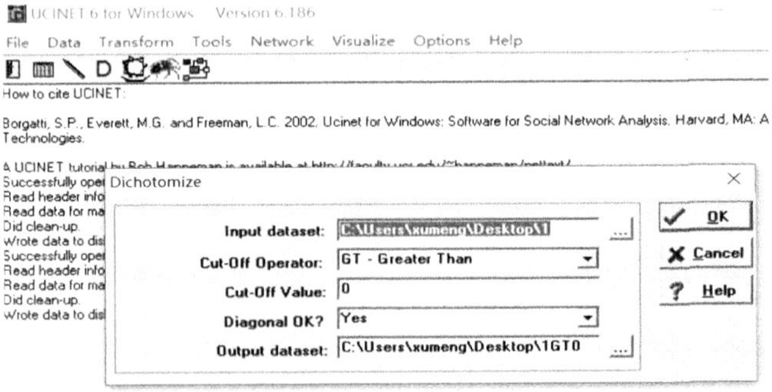

附图Ⅲ-9

然后点击 OK 标识即可得到 0-1 对称矩阵，如附图Ⅲ-10 所示：

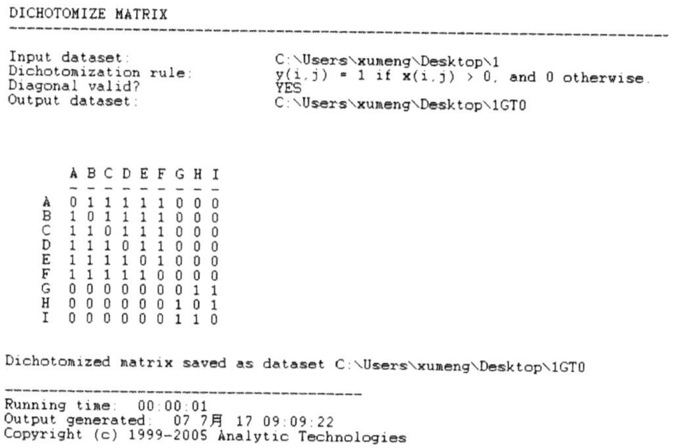

```
DICHOTOMIZE MATRIX
--------------------------------------------------------------------------

Input dataset:                C:\Users\xumeng\Desktop\1
Dichotomization rule:         y(i,j) = 1 if x(i,j) > 0, and 0 otherwise.
Diagonal valid?               YES
Output dataset:               C:\Users\xumeng\Desktop\1GT0


     A B C D E F G H I
     - - - - - - - - -
  A  0 1 1 1 1 1 0 0 0
  B  1 0 1 1 1 1 0 0 0
  C  1 1 0 1 1 1 0 0 0
  D  1 1 1 0 1 1 0 0 0
  E  1 1 1 1 0 1 0 0 0
  F  1 1 1 1 1 0 0 0 0
  G  0 0 0 0 0 0 0 1 1
  H  0 0 0 0 0 0 1 0 1
  I  0 0 0 0 0 0 1 1 0


Dichotomized matrix saved as dataset C:\Users\xumeng\Desktop\1GT0

-----------------------------------------
Running time:  00:00:01
Output generated:  07 7月 17 09:09:22
Copyright (c) 1999-2005 Analytic Technologies
```

附图Ⅲ-10 二值化操作后生成的0-1邻接矩阵

注意：现在的矩阵是双向的，不需要对称化处理。这时候可以直接导出邻接矩阵成 Excel 文件①，见附图Ⅲ-11：

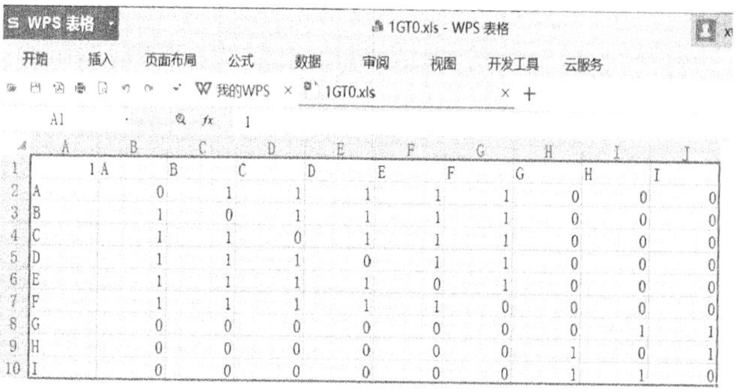

1	A	B	C	D	E	F	G	H	I
A	0	1	1	1	1	1	0	0	0
B	1	0	1	1	1	1	0	0	0
C	1	1	0	1	1	1	0	0	0
D	1	1	1	0	1	1	0	0	0
E	1	1	1	1	0	1	0	0	0
F	1	1	1	1	1	0	0	0	0
G	0	0	0	0	0	0	0	1	1
H	0	0	0	0	0	0	1	0	1
I	0	0	0	0	0	0	1	1	0

附图Ⅲ-11 利用 UCINET 直接生成邻接矩阵的 Excel 文件

① 注意行列数要小于256。

附录Ⅳ 关于第四章涉及专利数据的说明

一、专利数据的来源及使用说明

第四章内容所涉及的专利数据来源于国家知识产权局规划发展司2014—2017年所发布的《战略性新兴产业专利统计分析报告》以及2016年发布的《高端装备制造产业专利技术动向分析报告》《生物产业专利技术动向分析报告》《节能环保产业专利技术动向分析报告》《新材料产业专利技术动向分析报告》《新能源产业专利技术动向分析报告》《新能源汽车产业专利技术动向分析报告》《新一代信息技术产业专利技术动向分析报告》。以上是国家知识产权局公开发布的最新的战略性新兴产业专利统计相关数据。2018年以后，国家知识产权局不再公开发布有关战略性新兴产业专利统计数据。

总体创新发展现状涉及的专利数据来源于2017年发布的《战略性新兴产业专利统计分析报告》，该报告是国家知识产权局规划发展司于2017年对2012—2016年的战略性新兴产业发明专利的发展态势所进行的统计分析，当前最新数据截至2016年。

各产业创新发展现状涉及的专利数据来源于国家知识产权局规划发展司2016年发布的《高端装备制造产业专利技术动向分析报告》《生物产业专利技术动向分析报告》《节能环保产业专利技术动向分析报告》《新材料产业专利技术动向分析报告》《新能源产业专利技术动向分析报告》《新能源汽车产业专利技术动向分析报告》《新一代信息技术产业专利技术动向分析报告》。由于最新数据即2017年《战略性新兴产业专利统计分析报告》中公布的各产业数据不够详细，文中为了做横向和纵向的对比分析，部分数据使用的是2016年的分产业专利技术动向分析报告所公布的数据，报告中数据截至2015年，因此文中此部分数据截至2015年。

二、关于2014—2015年各产业专利统计数据存在下降趋势的说明

如上文所述，由于各产业的专利技术数据采用的是2016年的专利统计分析报告，报告中解释："2014—2015年的专利申请存在下降的趋势，可能的原因是专利申请的公开需要一定周期，而国内申请人2014年、2015年提交的部分申请以及国外申请人2013年以后提交的部分申请还未能公开，涉及这些年份的数据还不能统计完全，存在被低估的情况。"因此，文中各产业专利统计数据在2014年、2015年均出现下降趋势。

参考文献

[1] AHUJA, G. Collaboration networks, structural holes, and innovation: A longitudinal study [J]. Administrative Science Quarterly, 2000, 45 (3): 425-455.

[2] AHUJA, G., G. SODA, et al. The genesis and dynamics of organizational networks [J]. Organization Science, 2012, 23 (2): 434-448.

[3] ANAND, B. N., T. KHANNA. Do firms learn to create value? The case of alliances [J]. Strategic Management Journal, 2000, 21 (3): 295-315.

[4] AUSTER, E. R. The inter - organizational environment: Network theory, tools, and applications [A] //Williams F. and Gibson D. Technology Transfer. A communication perspective [M] . Sage Publications, Newbury Park, CA, 1990: 67.

[5] BAUM, J. A. C., A. V. SHIPILOV, T. J. ROWLEY. Where do small worlds come from? [J]. Industrial Corporate Change, 2003, 12 (4): 697-725.

[6] BENDERSKY, C., K. L. McGINN. Perspective—Open to negotiation: Phenomeno-logical assumptions and knowledge dissemination [J]. Organization Science, 2010, 21 (3): 781-797.

[7] BLUNDELL, R. R., R. GRIFFITH, J. VAN RENEE. Dynamic count data models of technological innovation [J]. The Economic Journal, 1995, 105 (429): 333-344.

[8] BORGATTI, S. P., EVERETT, M. G. Network analysis of 2-mode data [J]. Social Networks, 1997 (19): 243-269.

［9］ BOURDIEU P. The forms of capital ［A］ //Richardson J. Handbook of theory and research for the sociology of education ［C］. New York: Greenwood, 1985.

［10］ BRON, C. , KERBOSCH, J. Finding all cliques of an undirected graph ［J］ . Comm of the ACM, 1973 (16): 575-577.

［11］ BURT, R. S. Structural holes: The social structure of competition ［M］. Cambridge, MA: Harvard University Press, 1992.

［12］ BURT, R. S. Bandwidth and echo: Trust, information, and gossip in social networks ［A］ //A. Casella, J. E. Rauch, eds. Networks and markets: Contributions from economics and sociology ［M］ . Russel Sage Foundation, New York, 2001: 30-74.

［13］ CASPER, S. How do technology clusters emerge and become sustainable? Social network formation and inter-firm mobility within the san diego biotechnology cluster ［J］. Netherlands, 1000 AE: Research Policy, 2007, 36 (4): 438-455.

［14］ CHEN, Z. F. , GUAN, J. C. The impact of small world on innovation: An empirical study of 16 countries ［J］. Journal of Informetrics, 2010, 4 (1): 97-106.

［15］ COASE, R. H. The nature of the firm ［J］. Economica, N. S. , 1937 (4): 386-405.

［16］ COLEMAN, J. S. Social capital in the creation of human capital ［J］. American Journal of Sociology, 1988 (94): 95-120.

［17］ DOREIAN, P. Mathematics and the study of social relations ［M］. London: Weidenfeld & Nicolson, 1979.

［18］ DOSI, G. Technology paradigms and technological trajectories: A suggested interpretation of the determinants and directions of technical change ［J］. Research Policy, 1982, 11 (3): 147-162.

[19] FANG, C., J. LEE, et al. Balancing exploration and exploitation through structural design: The isolation of subgroups and organizational learning [J]. Organization Science, 2010, 21 (3): 625-642.

[20] FREEMAN, C. Networks of innovators: A synthesis of research issues [J]. Research Policy, 1991, 20 (5): 499-514.

[21] FREEMAN, L. Centrality in social networks: Conceptual clarifications [J]. Social Networks, 1979, 1 (3): 215-239.

[22] GOYAL, S., VEGA- REDONDO, F. Network formation and social coordination [J]. Games and Economic Behavior, 2005 (50): 178-207.

[23] GRANOVETTER, M. The strength of weak ties [J]. American Journal of Sociology, 1973, 78 (6): 1360-1380.

[24] GRANOVETTER. Economic action and social structure: The problem of embededness [J]. American Journal of Sociology, 1985, 91 (3): 481-510.

[25] GUIMERA, R., LUIS, A. N., AMARAL, L. Cartography of complex networks: Modules and universal roles [J]. Journal of Statistical Mech anics, Theory, and Experiments, 2005 (2): 2-12.

[26] GULATI, R. NOHRIA, N. Mutually assured alliances [R]. Working Paper, 1992.

[27] GULATI, R. Alliances and networks [J]. Strategic Management Journal, 1998 (19): 293-317.

[28] GULATI, R., M. GARGIULO. Where do interorganizational networks come from? [J]. American Journal of Sociology, 1999, 104 (5): 143 9-1493.

[29] HARARY, F. Graph theory [M]. Reading, Massachusetts: Ad dison-Wesley, 1969. 中译本：图论 [M]. 李慰萱，译. 上海：上海科学技术出版社，1980.

[30] HE, J., HOSEIN FALLAH, M. Is inventor network structure a predictor of cluster evolution [J]. New York, USA: Technological For Ecasting & Social Change, 2009, 76 (1): 91-106.

[31] INKPEN, A. C., TSANG, E. W. K. Social capital, networks and knowledge transfer [J]. Academy of Management Review, 2005, 30 (1): 146-165.

[32] JACK, S. Approaches to studying networks: Implications and outcomes [J]. Journal of Business Venturing, 2010 (25): 120-137.

[33] JENNIFER, W. SPENCER. Firms' knowledge-sharing strategies in the global innovation system: Empirical evidence from the flat panel display industry [J]. Strategic Management Journal, 2003, 24 (3): 217-233.

[34] JOHN - NASH. Non - cooperative games [J]. Annals of Mathematics, 1951, 54 (2): 286-295.

[35] JULIA, L. Lin, et al. Network embeddedness and technology transfer performance in R&D consortia in Taiwan [J]. Technovation, 2009, 29 (11): 763-774.

[36] KAJIKAWA, Y., Y. TAKEDA, et al. Multiscale analysis of interfirm networks in regional clusters [J]. Technovation, 2010, 30 (3): 168-180.

[37] LAVIE D. Alliance portfolios and firm performance: A study of value creation and appropriation in the U. S. software industry [J]. Strategic Management Journal, 2007 (28): 1182-1212.

[38] LEWIS, K., J. KAUFMAN, et al. Tastes, ties, and time: A new social network dataset using facebook. com [J]. Social Networks, 2008, 30 (4): 330-342.

[39] LUCE, R., PERRY, A. A method of matrix analysis of group struct ure [J]. Psychometrika, 1949 (14): 95-116.

[40] M'CHIRGUI, Z. Dynamics of R&D networked relationships and mergers and acquisitions [J]. Research Policy, 2009, 38 (9): 1453-1467.

[41] MALERBA, F. Innovation and the evolution of industries [J]. Journal of Evolutionary Economics, 2006, 16 (1): 3-23.

[42] MAURA SOEKIJAD, ERIK ANDRIESSEN. Conditions for knowledge sharing in competitive alliance [J]. European Management Journal, 2003, 21 (5): 578-587.

[43] NAMBISAN, S, SAWHNEY, M. Orchestration processes in network- centric innovation: Evidence from the field [J]. Academy of Management Perspectives, 2011, 25 (3): 40-57.

[44] NONAKA, I., TAKEUCHI, H. The knowledge-creating company: How Japanese companies create the dynamics of innovation [M]. Oxford, England: The Oxford University Press, 1995.

[45] NONAKA I. The knowledge - creating company [J]. Harvard Business Review, 1991.

[46] OWEN - SMITH, J., W. W. POWELL. Knowledge networks as channe ls and conduits: The effects of spillovers in the Boston Biotechnology Community [J]. Organization Science, 2004, 15 (1): 5-21.

[47] POWELL, W. W., K. W. KOPUT, L. SMITH - DOERR. Interorganiz ational collaboration and the locus of innovation: Networks of learning in biotechnology [J]. Administrative Science Quarterly, 1996, 41 (1): 116-145.

[48] POWELL, W., WHITE, D., KOPUT, K., OWEN - SMITH, J. Network dynamics and field evolution: The growth of inter-organizational collaboration in the life sciences [J]. Chicago, US: American Journal of Sociology, 2005, 110 (4): 1132-1205.

[49] PROVAN, K. G., A. FISH, et al. Interorganizational networks at

the network level: A review of the empirical literature on whole networks [J]. Journal of Management, 2007, 33 (3): 479-516.

[50] RANK, C., O. RANK, et al. Integrated versus core-periphery structures in regional biotechnology networks [J]. European Management Journal, 2006, 24 (1): 73-85.

[51] SCHILLING, M. A., PHELPS, C. C. Inter-firm collaboration networks: The impact of large scale network structure on firm innovation [J]. Management Science, 2007, 53 (7): 1113-1126.

[52] SCHILLING, M. Understanding the alliance data [J]. Strategic Management Journal, 2009 (30): 233-260.

[53] SEIDMAN, S. Network structure and minimum degree [J]. Social Networks, 1983 (5): 269-287.

[54] SINGH, J., M. T. HANSEN, et al. The world is not small for everyone: Inequity in searching for knowledge in organizations [J]. Management Science, 2010, 56 (9): 1415-1438.

[55] STAUDENMAYER, TRIPSAS, et al. Inter-firm modularity and the implications for product development [J]. Journal of Product Innovation Management, 2005, 22 (4): 303-321.

[56] UZZI, B. Social structure and competition in inter-firm networks: The paradox of embedded ness [J]. Administrative Science Quarterly, 1997 (42): 35-67.

[57] UZZI, B. The source and consequences of embedded ness for the economic performance of organizations: The network effect [J]. American Sociological Review, 1996, 61 (4): 674-698.

[58] UZZI, B., J. SPIRO. Collaboration and creativity: The small world problem [J]. American Journal of Sociology, 2005, 111 (2): 447-504.

[59] VALENTE, T. W. Network models of the diffusion of innovations

[J]. Computational & Mathematical Organization Theory, 1996, 2 (2): 163-164.

[60] VERSPAGEN, B., DUYSTERS, G. The small worlds of strategic technology alliances [J]. Technovation, 2004, 24 (7): 563-571.

[61] VON NEUMANN, MORGENSTERN. Theory of games and economic behavior [M]. Princeton University Press, 1944.

[62] WASSERMAN, S., K. FAUST. Social network analysis: Methods and applications [M]. Cambridge University Press, 1995.

[63] WELLMAN, B., WORTLEY, S. Different strokes from different folks: Community ties and social support [J]. The American Journal of Sociology, 1990, 96 (3): 558-588.

[64] WERNERFELT, B. A resource - based view of the firm [J]. Strategic Management Journal, 1984 (5): 171-180.

[65] WHITTINGTON, K., OWEN-SMITH, J., POWELL, W. Networks, p ropinquity, and innovation in knowledge- intensive industries [J]. Administrative Science Quarterly, 2009, 54 (1): 90-122.

[66] WILLIAMSON, O. E. Transaction cost economics: The governance of contractual relations [J]. Journal of Law and Economics, 1979 (22): 3-61.

[67] YAMAGUCHI, K. The flow of information through social networks: Diagonal-free measures of inefficiency and the structural determinants of inefficiency [J]. Social Networks, 1994, 16 (1): 57 -86.

[68] ZAHRA, S. A., GEORGE, G. Absorptive capacity: A review, reconceptualization and extension [J]. The Academy of Management Review, 2002, 27 (2): 185-203.

[69] ZANDER, U., B. KOGUT. Knowledge and the speed of the transfer and imitation of organizational capabilities: An empirical test [J]. Organization

Science，1995，6（1）：76-92.

［70］ZENG，S.，XIE，X.，TAM，C. Relationship between cooperation networks and innovation performance of SMEs［J］. Technovation，2010，30（3）：181-194.

［71］ZHIXING XIAO，ANNE S. TSUI. When brokers may not work：The cultural contingency of social capital in Chinese high-tech firms［J］. Administrative Science Quarterly，2007，52（1）：1-31.

［72］蔡宁，吴结兵，殷鸣．产业集群复杂网络的结构与功能分析［J］. 经济地理，2006，26（3）：378-382.

［73］曾铮，王鹏．产品内分工理论与价值链理论的渗透与耦合［J］. 财贸经济，2007（3）：121-125.

［74］柴国荣，宗胜亮，王璟珮．创新网络中的企业知识共享机理及其对策研究［J］. 科学学研究，2010，28（2）：295-298.

［75］车宏安，顾基发．无标度网络及其系统科学意义［J］. 系统工程理论与实践，2004，24（4）：11-16.

［76］陈雪颂，王志玮，陈劲．外部知识网络嵌入性对企业设计创新绩效的影响机制——以意义创新过程为中介变量［J］. 技术经济，2016（7）：27-31+96.

［77］陈子凤，官建成．合作网络的小世界性对创新绩效的影响［J］. 中国管理科学，2009，17（3）：115-120.

［78］池仁勇．区域中小企业创新网络形成、结构属性与功能提升：浙江省实证考察［J］. 管理世界，2005（10）：102-112.

［79］戴勇，朱桂龙，肖丁丁．内部社会资本、知识流动与创新［J］. 科学学研究，2011，29（7）：1046 -1055.

［80］范莉，钟书华．企业技术联盟的成本变化分析［J］. 科技进步与对策，2003（9）：21-23.

［81］范如国，许烨．基于复杂网络的产业集群演化及其治理研究

[J]. 技术经济，2008，27（9）：76-81.

[82] 高太山，柳卸林．企业国际研发联盟是否有助于突破性创新？[J]. 科研管理，2016，37（1）：48-57.

[83] 顾元勋，孙林岩，侯卓生．企业联盟与企业集团的组建及运行成本分析比较 [J]. 系统工程理论与实践，2001（8）：75-79.

[84] 黄晓，胡汉辉，于斌斌．产业集群式转移中新集群网络的建构与演化——理论与实证 [J]. 科学学研究，2015，33（4）：539-548.

[85] 金雪涛，李琳．超越交易成本理论与企业战略联盟 [J]. 商业经济，2005（5）：8-10.

[86] 来向红．伙伴选择方式对创新网络绩效影响的仿真 [J]. 南京信息工程大学学报（自然科学版），2014，6（1）：17-25.

[87] 雷家骕，秦颖，郭淡泊．中国的自主创新：理论与案例 [M]. 北京：清华大学出版社，2013.

[88] 李金华．广义创新网络的演化结构及其现实意义 [J]. 科学学与科学技术管理，2008，29（2）：101-107.

[89] 李守伟，钱省三，沈运红．基于产业网络的创新扩散机制研究 [J]. 科研管理，2007，28（4）：49-54.

[90] 李新春．战略联盟、网络与信任 [M]. 北京：经济科学出版社，2006.

[91] 李勇，屠梅曾，史占中．企业集群创新网络动态演化模型 [J]. 系统工程理论方法应用，2006，15（2）：180-184.

[92] 刘军．社会网络分析导论 [M]. 北京：社会科学文献出版社，2004：12.

[93] 刘雪峰．网络嵌入性与差异化战略及企业绩效关系研究 [D]. 浙江大学，2007.

[94] 刘元芳，陈衍泰，余建星．中国企业技术联盟中创新网络与创新绩效的关系分析——来自江浙沪闽企业的实证研究 [J]. 科学学与科学

技术管理，2006，27（8）：72-79.

［95］陆立军，郑小碧．企业网络化创新的创新网络——社会资本研究框架［J］．科研管理，2011，32（8）：34-41.

［96］罗家德，张田，任兵．基于“布局”理论视角的企业间社会网络结构与复杂适应［J］．管理学报，2014，11（9）：1253-1264.

［97］吕一博，程露，苏敬勤．组织惯性对集群网络演化的影响研究——基于多主体建模的仿真分析［J］．管理科学学报，2015，18（6）：30-40.

［98］吕政．《中国战略性新兴产业发展研究》评介［J］．经济学动态，2012（4）：160.

［99］彭伟，符正平．联盟网络、资源整合与高科技新创企业绩效关系研究［J］．管理科学，2015，28（3）：26-37.

［100］皮埃尔·杜尚哲，贝尔纳·加雷特．战略联盟［M］．北京：中国人民大学出版社，2006.

［101］钱锡红，杨永福，徐万里．企业网络位置、吸收能力与创新绩效——一个交互效应模型［J］．管理世界，2010（5）：118-129.

［102］人民网．战略性新兴产业—支撑高质量发展［EB/OL］．http：//www.industry.people.com.cn/n1/2018/1128 /c413883 - 30429303.html，2018 - 11-28.

［103］任胜钢，胡春燕，王龙伟．我国区域创新网络结构特征对区域创新能力影响的实证研究［J］．系统工程，2011（2）：50-55.

［104］任志安．知识共享与规模经济、范围经济和联结经济［J］．科学学与科学技术管理，2005（9）：119-124.

［105］赛迪顾问公司．中国半导体产业发展演变研究［J］．电子工业专用设备，2010（9）：62-64.

［106］沈祖志，景劲松，徐操志．应对知识竞争的企业联盟范式的转变——产品联盟到知识联盟［J］．电子科技大学学报（社会科学版），

2003, 5 (2): 50-54.

[107] 宋晶，孙永磊，陈劲. 基于调节定向的网络惯例对合作创新绩效的作用研究 [J]. 科学学与科学技术管理，2017 (2): 127-135.

[108] 宋志红，李常洪，李冬梅. 技术联盟网络与知识管理动机的匹配性——基于 1995—2011 年索尼企业的案例研究 [J]. 科学学研究，2013, 31 (1): 104-114.

[109] 孙耀吾，卫英平. 高技术企业联盟知识扩散研究——基于小世界网络的视角 [J]. 管理科学学报，2012, 14 (12): 17-26.

[110] 谭劲松，何铮. 集群自组织的复杂网络仿真研究 [J]. 管理科学学报，2009 (4): 1-14.

[111] 田钢，张永安，兰卫国. 基于刺激—反应模型的集群创新网络形成机理研究 [J]. 管理评论，2009, 21 (7): 49-55.

[112] 万炜，曾德明，冯科，周昕. 产业创新网络派系演进及其对技术创新的影响 [J]. 湖南大学学报（自然科学版），2013, 40 (11): 120-124.

[113] 王斌. 知识联盟中知识转移效率作用机理研究 [J]. 科研管理，2016, 37 (6): 159-167.

[114] 王海珍，刘新梅，张永胜. 派系形成对员工满意度的影响及机理：社会网络视角的研究 [J]. 管理评论，2011, 23 (12): 116-123.

[115] 王静宇，刘颖琦，ARI KOKKO. 社会网络视角下的产业联盟技术创新——中国新能源汽车产业联盟的实证 [J]. 中国科技论坛，2017 (5): 186-192.

[116] 王敏，唐泳，银路. 集群创新系统（CIS）的学习效率探析——基于复杂网络的观点 [J]. 研究与发展管理，2007, 19 (6): 38-43.

[117] 王文旭. 复杂网络的演化动力学及网络上的动力学过程研究 [D]. 中国科学技术大学，2007.

［118］魏江，徐蕾．知识网络双重嵌入、知识整合与集群企业创新能力［J］．管理科学学报，2014，17（2）：34-47.

［119］邬爱其．企业创新网络构建与演进的影响因素实证分析［J］．科学学研究，2006，24（1）：141-149.

［120］吴灏．芯片封装测试行业发展概况［J］．环球市场，2016（1）：9-10.

［121］吴鹏．基于本体论的社会关系网络信息可视化研究［D］．国防科学技术大学，2011.

［122］吴晓波，许冠南，杜健．网络嵌入性：组织学习与创新［M］．北京：科学出版社，2011.

［123］向永胜，魏江，郑小勇．多重嵌入对集群企业创新能力的作用研究［J］．科研管理，2016，37（10）：102-111.

［124］肖磊．基于技术变革的价值生态系统演进——内涵、结构及演化［D］．电子科技大学，2009.

［125］谢永平，王晶．技术不确定环境下联盟关系对创新绩效的影响研究［J］．科学学与科学技术管理，2017（5）：60-71.

［126］徐二明，张晗．企业知识吸收能力与绩效的关系研究［J］．管理学报，2008，5（6）：841-848.

［127］杨桂华．技术创新联盟的理论与效应分析［D］．复旦大学，2003.

［128］姚小涛，席酉民．社会网络理论及其在企业研究中的应用［J］．西安交通大学学报（社会科学版），2003（9）：22-27.

［129］贠晓哲．战略联盟理论与实践［M］．北京：经济科学出版社，2006.

［130］张宝建，胡海青，张道宏．企业创新网络的生成与进化——基于社会网络理论的视角［J］．中国工业经济，2011（4）：117-126.

［131］张红娟，谭劲松．联盟网络与企业创新绩效：跨层次分析

[J]. 管理世界，2014（3）：163-169.

[132] 张树义，郭强，袁磊. 试论企业战略联盟形成的内部原因 [J]. 软科学，2001，15（4）：6-10.

[133] 张英华，彭建强. 科技型小微企业联盟网络关系特征对企业创新绩效的影响——基于创新资源的中介作用 [J]. 科技管理研究，2016，36（17）：140-147.

[134] 赵炎，冯薇雨，郑向杰. 联盟网络中派系与知识流动的耦合对企业创新能力的影响 [J]. 科研管理，2016，37（3）：51-58.

[135] 赵炎，郭霞婉. 结构洞度对联盟网络中企业创新绩效的影响研究——基于中国家用视听设备制造业企业联盟网络 [J]. 科技进步与对策，2012，29（17）：76-81.

[136] 赵炎，刘忠师. 联盟中企业网络位置与资源位置对创新绩效影响的实证研究——基于中国化学药品行业联盟的分析 [J]. 研究与发展管理，2012（5）：73-82.

[137] 赵炎，孟庆时，郑向杰. 对中国汽车企业联盟网络抱团现象的探析 [J]. 科研管理，2016，37（1）：547-557.

[138] 赵炎，孟庆时. 创新网络中基于结派行为的企业创新能力评价 [J]. 科研管理，2014，35（7）：35-43.

[139] 赵炎，王冰，周瑞波. 社会网络视角下战略联盟研究的“新思维”——基于文献综述 [J]. 软科学，2012，26（9）：138-141.

[140] 赵炎，王冰. 战略联盟网络的结构属性、资源属性与企业知识创造——基于中国生物医药产业的实证研究 [J]. 软科学，2014，28（7）：59-64.

[141] 赵炎，王琦，郭霞婉. 战略联盟企业间创新网络的创新绩效研究 [J]. 华东经济管理，2014，28（1）：108-112.

[142] 赵炎，王琦. 联盟网络的小世界性对企业创新影响的实证研究——基于中国通信设备产业的分析 [J]. 中国软科学，2013（4）：

108-116.

［143］赵炎，郑向杰．网络聚集性、连通性与企业知识创新——基于中国10个高科技行业的联盟关系网络分析［J］．科学学与科学技术管理，2013，34（3）：23-32.

［144］赵炎，郑向杰．网络嵌入性与地域根植性对联盟企业创新绩效的影响——基于中国高科技上市公司的实证分析［J］．科研管理，2013，34（11）：9-17.

［145］赵炎，王燕妮．越强越狭隘？企业间联盟创新网络的证据——基于资源特征与结构特征的视角［J］．科学学与科学技术管理，2017（5）：117-127.

［146］赵炎，等．创新管理［M］．北京：北京大学出版社，2012.

［147］郑向杰，赵炎．联盟创新网络中企业间知识共享的博弈分析［J］．软科学，2013，27（10）：83-86+96.

［148］郑向杰，赵炎．联盟创新网络中企业嵌入与区域位置对企业知识创造能力影响的实证研究［J］．研究与发展管理，2013，25（4）：20-29.

［149］郑向杰．合作网络的“小世界性”对企业创新能力的影响——基于中国汽车行业的企业间联盟网络的实证分析［J］．科技进步与对策，2014，31（13）：40-44.

［150］郑向杰．基于企业嵌入视角的联盟创新网络中知识共享与创新研究［D］．上海大学，2014.

［151］郑向杰．战略联盟网络结构对企业创新能力的影响及其比较分析［J］．软科学，2016，30（5）：64 - 68.

［152］郑准，余亚军，王国顺．战略性新兴产业内企业联盟网络的演化机理——基于耗散结构论的视角［J］．财经科学，2012（6）：54-61.

［153］中国半导体行业协会，中国电子信息产业发展研究院．中国半导体产业发展状况报告［R］．2009.

[154] 中国海洋工程装备市场规模现状及需求结构分析 [EB/OL]. 海洋网，http：//www. hellosea. net/ Economics /1/2017-09-15/44059. html.

[155] 钟书华. 技术联盟：类型、效益与成本分析 [J]. 科学学与科学技术管理，1998，19（8）：25-27.

[156] 周建. 企业战略联盟的竞争力研究：核心竞争能力的观点 [J]. 南开管理评论，2000，3（1）：42-48.

[157] 周钟，陈智高. 产业集群网络中知识转移行为仿真分析——企业知识刚性视角 [J]. 管理科学学报，2015，18（1）：41-49.

[158] 邹波，张庆普，孙锐. 基于个体行为与网络结构互动的知识团队成员吸收能力研究 [J]. 研究与发展管理，2011，23（4）：19-28.

[159] "十三五" 国家战略性新兴产业发展规划 [EB/OL]. http：//www. gov. c n/zhengce/content/2016 -12/19/content_ 5150090. htm.

[160] 2017年中国智能制造装备行业市场规模预测分析 [EB/OL]. 中商情报网，https：//www. askci. com/ news/chanye/20171103/164854111110. s html.

[161]《节能环保产业专利技术动向分析报告（2016年)》。

[162]《生物产业专利技术动向分析报告（2016年)》。

[163]《新材料产业专利技术动向分析报告（2016年)》。

[164]《新能源产业专利技术动向分析报告（2016年)》。

[165]《新能源汽车产业专利技术动向分析报告（2016年)》。

[166]《新一代信息技术产业专利技术动向分析报告（2016年)》。

[167]《战略性新兴产业发展"十二五"规划》。

[168]《战略性新兴产业专利技术动向分析报告——高端装备制造产业（2016年)》。

[169]《战略性新兴产业专利统计分析报告（2014年、2015年、2017年)》。

后　记

在定稿之际，感慨颇多，该著作能够顺利完成，离不开众多人的参与、关心和帮助，在此一并感谢。

首先感谢的是我的同仁张磊、徐猛和张楠三位学者以及校外专家王敬斋和王晓平两位教授，正是他们的积极参与和辛勤付出才使得相关研究和撰写工作得以顺利完成。其中，第四章有关战略性新兴产业及其发展分析的主要内容由张楠搜集数据资料撰写完成，第八章有关节能环保产业联盟创新网络结构与企业创新的内容主要由徐猛进行数据整理和分析的工作。此外，张磊、王敬斋和王晓平三位学者在数据搜集、数据库建设、理论研究、统计分析工具选择方面做了大量的工作，为后续的实证分析奠定了良好的研究基础。

其次感谢的是上海交通大学赵来军教授和上海大学赵炎教授，非常荣幸本书的研究工作能够得到该研究领域两位专家的认可，他们在百忙之中多次为书稿提出非常中肯的修改意见，并专门为该书作序，使我备感欣慰，进一步增强了我在该领域持续研究的动力。

最后要感谢的是负责书稿出版校对的老师，她们负责、严谨、求精的工作态度，保证了本书出版的质量，尤其是要感谢编辑张梦初老师，正是在她的帮助下，不断保持信息沟通和交流，才确保本书最终顺利出版。